贵州民族大学法学区域内一流建设学科建设成果

程 南◎著

MINSHANGSHI
DIANXING ANLI YANJIU

民商事
典型案例研究

中国政法大学出版社

2022·北京

图书在版编目（ＣＩＰ）数据

民商事典型案例研究/程南著. —北京：中国政法大学出版社，2022.6
ISBN 978-7-5764-0510-1

Ⅰ.①民… Ⅱ.①程… Ⅲ.①民法－案例－中国②商法－案例－中国Ⅳ.①D923.05

中国版本图书馆 CIP 数据核字 (2022) 第 108652 号

出 版 者	中国政法大学出版社
地　　址	北京市海淀区西土城路 25 号
邮寄地址	北京 100088 信箱 8034 分箱　邮编 100088
网　　址	http://www.cuplpress.com (网络实名：中国政法大学出版社)
电　　话	010-58908586(编辑部) 58908334(邮购部)
编辑邮箱	zhengfadch@126.com
承　　印	北京朝阳印刷厂有限责任公司
开　　本	720mm×960mm　　1/16
印　　张	15
字　　数	260 千字
版　　次	2022 年 6 月第 1 版
印　　次	2022 年 6 月第 1 次印刷
定　　价	59.00 元

贵州黔坤律师事务所简介

　　贵州黔坤律师事务所是一家中型律师事务所，现有执业律师22人（包括主任律师1人、副主任律师3人）、高级顾问4人、行政辅助人员3人，本所以一体化为主，规模化、品牌化为辅。注重专业化、行业化、金融化、科技化，以房地产、建筑、金融、公司为主要业务领域，以"高效、专业、协作"为服务理念，汇集了贵州省相关法律理论与实务界的专家学者，力求成为贵州省法律服务市场的主力军。本所坚持一体化管理，注重律师的个人发展，让每一位成员成为彼此的伙伴，让每一位成员在充实、轻松的氛围中成长，集大家的智慧与力量为客户提供优质高效的法律服务。

　　本所在贵州金融城自购1000平方米的办公室，办公环境宽敞明亮、高端大气，独具一格。

一、主要业务部门

　　本所下设各专业部门及执行小组（负责所有执行程序的案件），均由主任、副主任、出庭律师、辅庭律师、律师助理组成团队，团队律师均以该部门所涉专业领域为主要业务范围，各部门主要业绩情况如下：

　　1. 房地产建筑部

　　房地产及建筑业是本所的主要法律服务领域，本所在代理再审、上诉案件以及其他重大疑难复杂的房地产及建筑纠纷中具有丰富的实战经验，拥有由事务所主任、清华大学贵州校友会副会长贾倞等多位专业律师、辅庭律师、律师助理组成的专业团队，曾在房地产纠纷、专项法律顾问、仲裁与诉讼等法律服务中取得卓越成就。

　　先后为贵州省人民大会堂、南明河治污工程、南环地产、花果园彭家湾项目、遵义市民广场、贵阳市房地产业协会、贵阳市房地产商会、花溪公园扩建、贵州旅游集团、地矿局、普天、万科、招商、中铁、创盟地产、恒大、远大、新世界地产、元龙地产、振华地产、银通地产、灵达地产、安徽外经建设集团、胜记仓投资公司、双龙温泉综合开发公司等提供了拆迁、一级土地整理、二级开发、项目重组、金融化、法律风险控制、对销售及物业管理方案进行法律论证等一系列的专业服务。

为贵州省建筑业协会、广厦集团贵州公司、中科建设公司、省建工集团一、三、九公司、贵州腾龙实业集团、化建总公司、省建工监理、合力工程管理公司、贵阳市政公司、贵阳德盛置业有限公司等提供了一系列顾问、法律风险防控及维权等专业服务。

典型案件包括：本省第一个群体案件（兴隆城市花园会所）、第一个装修污染案件、第一个公摊案件、诉被告股东承担 2 亿元补充责任案件，以及采光及拆迁条例几次修改时的冲突处理等。

2. 公司金融部

公司金融部是本所的重要领域，以贵州省高级人民法院执行工作局原局长为团队咨询专家，拥有资深的律师团队和丰富的实战经验。律师在企业并购、资产重组、股份制改组、企业破产清算等诉讼与非诉讼领域积累了丰富的理论和实践经验，可以为公司的不良资产处理与诉讼、投资融资等业务提供更优质的专项、综合法律服务。力争最大限度降低公司业务风险，为客户提供专业化和人性化的服务。

在金融服务方面，为本省唯一金融股权交易中心的设立提供了全程服务，也是海通证券、深圳市创新投资集团有限公司的合作单位；上股交投资咨询有限公司贵州联络处挂牌本所；为东方世纪、雅光电子、正业工程三个公司新三板的上市挂牌提供法律服务，其中东方世纪已于 2013 年 12 月挂牌上市，是贵州省第一家在新三板挂牌上市的企业；为贵州交通系统改制提供法律服务；为中国银行贵州省分行、贵州银行、贵州省国家开发银行、信达资产、宏源证券、海通证券、工银国际、美宜投资、全林小额贷款公司、黔信小额贷款公司等代理过金融诉讼并提供法律服务。

在并购重组方面，为贵州旅游投资集团并购西江千户苗寨、修文苏格兰牧场等提供了尽职调查、方案谈判、金融协助、合同履行等法律支持。为贵州旅游投资集团引进国际顶级酒店品牌"悦榕庄"提供全程法律服务。为深圳市创新投资集团有限公司对贵州雅光电子科技股份有限公司引资、增资扩股等并购重组提供了全程法律服务，为其上新三板作了良好铺垫。

在公司服务方面，先后为南环地产、花果园彭家湾项目、花溪公园扩建、贵州旅游集团、贵州省地矿局、普天、万科、招商、中铁、创盟地产、恒大、远大、新世界地产、元龙地产、振华地产、银通地产、灵达地产、阳光城等百余家企业提供了一系列法律顾问专业服务。

3. 民事综合部

民事综合部是本所传统法律服务部门，由贵州师范大学法学院副院长、贵州省高级人民法院民事审判第一庭原副庭长、资深律师文永辉教授领衔。主要负责能源电力、劳动关系和其他民商事纠纷。

医事领域是民事综合部的重要组成部分，本所律师作为贵阳医学院附属医院的法律顾问，长期为其提供法律服务，处理相关医疗纠纷，具有丰富经验。

二、黔坤核心成员

贾惊，贵州黔坤律师事务所主任，1991 年毕业于清华大学，1997 年开始从事律师工作，2003 年在瑞典斯德哥尔摩国际商事仲裁院担任访问学者为期一年，先后获"省优秀青年""省优秀律师""全国百强建筑业律师""省律师协会房地产建筑专业委员会副主任、秘书长""贵阳市仲裁员""清华大学贵州校友会秘书长、副会长"等荣誉称号，服务的客户包括省水利厅、农业农村厅、省会展中心等，为南明河治污工程、花果园彭家湾棚户区改造，以及本省第一起诉日、诉美、涉 400 亿美元投资管辖诉讼等案件提供了法律服务支持。

王勇前，贵州黔坤律师事务所副主任，中共党员，安徽师范大学文学学士，贵州大学法律硕士，贵州省人民政府行政复议委员会专家咨询组委员，贵州民族大学人文科技学院客座研究员，贵州省民法学经济法学研究会常务理事，贵阳市律师协会理事，曾多次被评为贵阳市"优秀律师"。主攻建筑工程、房地产开发、矿产资源领域，发表有《公司社会责任法律问题研究》《浅论我国"楼花按揭"

纠纷及解决机制》《贵州省矿业权转让实务操作》《试论第三人不作为能否构成合同当事人抗辩条件》等多篇论文。先后担任几十家企业、单位的法律顾问，多次参与国有大中型企业的改制、引资重组、增资扩股等，为相关企业提供优质高效的专业法律服务。

王学明，贵州黔坤律师事务所副主任，公司金融部主任，1983年从事律师工作至今，1988年被评定为"三级律师"（中级职称），1990年参加司法部在北京举办的第二届"高级律师、高级公证员专业培训班"，1992年被选任为贵州省第二届律师协会理事、刑事专业委员会委员。主攻公司、金融方面的法律研究，具有丰富的理论与实践经验。

文永辉，贵州黔坤律师事务所副主任，1976年2月出生，贵州师范大学法学院教授、副院长、硕士生导师、法学博士。

教育背景：1993年至2000年，贵州大学法学本科、硕士；2003年至2007年，中山大学法学博士；2012年至2015年，西南政法大学民商法学院法学博士后。

工作经历：2000年起在广东工业大学、贵州师范大学担任教师，任讲师、副教授、教授。1999年通过全国律师资格考试，2001年至2014年分别在广东立得律师事务所、贵州法治时代律师事务所执业，2014年12月起为贵州黔坤律师事务所律师。在从事律师工作期间，办理过60多起民商事、行政、刑事案件，担任贵州省海事局、铁五建置业公司等单位的常年法律顾问，有丰富的民商事法律理论和实践经验。曾为贵州省交通厅、省人民银行、中石油、省各级法院等几十家单位开展法治培训和讲座。

社会兼职：贵州省法学会理事，贵州省民法经济法研究会、贵州省建筑工程与房地产法学研究会、贵州省诉讼法学研究会、贵州省青年法学会副会长，贵州省政协立法协商专家库专家、贵阳市人大立法咨询专家、贵阳市政法委案件评查专家。

研究经历：在《河北法学》《民族研究》《贵州社会科学》《广西社会科学》等重要、核心期刊发表论文 30 多篇，出版专著 1 部，主持中国博士后科学基金、教育部人文社科项目、贵州省哲学社会科学重大招标课题等项目 7 项。

三、黔坤律师团队

陈立，贵州省六盘水市人。现为贵州黔坤律师事务所房地产建筑部、综合部专职律师，擅长处理建筑工程合同纠纷。

卢世伟，执业律师、贵州省民法学经济法学研究会理事。毕业于贵州大学法学院，曾就职于贵阳市衡律公证处（贵阳市南明区公证处），担任公证员职务，现就职于贵州黔坤律师事务所，担任贵州黔坤律师事务所党支部书记，擅长办理包括商品房合同纠纷、民间借贷纠纷、交通事故、建筑施工工程合同纠纷、行政诉讼等民商事、行政案件。

袁仲锜，贵州黔坤律师事务所律师，江西财经大学法学、注册会计专业本科毕业。先后参与贵州省西江千户苗寨文化旅游发展有限公司及其关联公司并购法律尽职调查、贵阳黔秀农业开发有限公司及其关联公司并购法律尽职调查、贵州雅光电子科技股份有限公司新三板项目、贵州贵安建设集团有限公司非公开发行公司债券项目，代理广厦建设贵州分公司、大唐贵州发电公司、中国银行股份有限公司贵州省分行、交通银行股份有限公司贵州省分行等一系列民商事诉讼案件，现担任南明区政府、中储粮贵州分公司、贵旅集团下属雷山板块子公司等多家政府、企业单位的法律顾问。

刘如越，女，江西九江人，贵州民族大学民商法学硕士研究生，2012 年通过司法考试，获得法律职业资格 A 类证书，先后实习于广东晟晨律师事务所、贵州驰宇律师事务所，并发表多篇学术文章，2016 年于贵州黔坤律师事务所执业，担任多家房地产企业和政府的法律顾问，现为贵州黔坤律师事务所政府法律服务部、房地产建筑部专职律师。

瞿洁，女，毕业于华东政法大学经济法学专业，2015 年通过国家司法考试，获得法律职业资格 A 类证书。2016 年进入贵州黔坤律师事务所从业至今，担任贵阳中铁置业、贵阳首开龙泰等多家房地产开发有限公司的法律顾问，代理过多起群体性商品房买卖合同纠纷诉讼案件。业务擅长领域为房地产、建筑工程、民商事诉讼。

罗伶俐，南昌大学法学学士，贵州大学法律硕士。2014年获年度贵州法治时代律师事务所优秀律师。现为贵州黔坤律师事务所专职律师，业务擅长领域为建筑工程纠纷、刑事纠纷。

吴延馥，本科毕业于贵州民族大学法学专业，2014年8月开始在贵州黔坤律师事务所实习，于2016年7月7日取得律师执业资格证。现为贵州黔坤律师事务所专职律师。在债权债务纠纷、合同纠纷、医疗损害责任纠纷等诉讼案件处理方面，经验丰富。

杜汉杰，本科毕业于湖北文理学院，2012年毕业后从事律师行业。贵州黔坤律师事务所专职律师，主攻房地产、建设工程、人身损害专业领域，曾先后受聘担任中铁置业、广厦贵州分公司、贵阳市卫计委（现为卫健委）、贵州医科大学附属医院等政府机关、大型企事业单位的法律顾问。执业以来，已办理各类诉讼、非诉纠纷上百余件，拥有较为丰富的法律实践经验。

陈秋薇，2014年参加国家司法考试并以416分顺利通过考试，2015年毕业于中国青年政治学院。2015年6月至今，任职于贵州黔坤律师事务所。执业期间，主要办理公司金融案件、刑事案件。公司金融方面，主要为多家大型企业、国家机关单位提供法律顾问服务；为银行代理金融纠纷案件；为银行、房地产公司提供法律尽职调查服务等。刑事方面，主要办理贩卖毒品、虚开增值税、诈骗、受贿等案件，其中，2018年期间，办理一起涉案人数多、社会影响大的现货诈骗案件，经辩护，成功将诈骗罪改判为非法经营罪。经过不断实践，在金融纠纷、刑事辩护以及非诉法律顾问服务方面，积累了一定经验。

四、黔坤服务优势

1. 专业团队

本所下设各专业部门及执行小组（负责所有执行程序的案件），均由主任、副主任、出庭律师、辅庭律师、律师助理及专家顾问组成团队，团队律师均以该部门所涉专业领域为主要业务范围，常年法律顾问服务过程中的专业问题均系由专业部门的律师负责处理、对接，各部门、各律师之间均会相互协助、快速反应。

2. 权威支持

本所聘请了省内司法系统包括民事、刑事、行政、执行等各专业领域的实务专家以及省内高校法学理论界权威作为本所高级顾问,为本所各专业团队提供权威支持,每周共同参与案件讨论、决策、协调等。本所高级顾问及外聘专家名单如下:

姓　名	职　称	职　务
邹　渊	教授	贵州省仲裁法学(民商)研究会会长、贵阳仲裁委终身仲裁员、贵州省宪法法理研究会顾问、民商法研究会顾问、金融法研究会学术委名誉主席
吴大华	教授	贵州省社会科学院院长、党委副书记
冷传莉	教授	贵州大学法学院院长、党委委员
宋　强	教授	贵州民族大学法学院院长
刘　鹏	教授	贵州警官职业学院院长
陈小平	教授	贵州省人大常委会咨询专家、贵阳市人大咨询专家、贵州省政府行政复议专家
何其荣	教授	贵州警官职业学院教授、资深仲裁员
田勇军	教授	曾挂职任贵州省高级人民法院行政庭副庭长
司法系统其他资深专家(省法院、最高院)		

3. 经验成果

(1)本所近三年为中国银行贵州省分行、交通银行贵州省分行、长城资产贵阳办事处提供过数十起贷款清收、尽职调查、收包等法律服务。

(2)本所近三年为很多政府部门、国有企事业单位提供常年法律顾问服务、诉讼服务、非诉讼专项服务等,包括但不限于:贵阳市人民政府、贵阳市卫生和计划生育委员会、中国人民银行贵阳中心支行、贵阳市南明区人民政府、龙里县政府及县属各部门、贵阳市南明区司法局、贵州省交通建设工程质量监督局、贵阳市市政公用事业建设发展有限公司、广厦建设集团有限责任公司贵州分公司、贵阳中铁置业有限公司、贵州地矿投资有限公司、国家电投集团贵州金元股份有限公司、中广核风电有限公司贵州分公司、大唐贵州发耳发电有限公司、贵州新华印刷厂等。

（3）本所律师为贵州省冶金设计研究院、贵州省交通科学研究院、贵州旅游集团下属公司、贵州天峰化工有限责任公司、贵州东方世纪科技股份有限公司、雅光电子科技公司、贵州正业工程技术投资有限公司、罗甸县民生水利投资开发有限公司等多家企事业单位的改制、并购、重组、新三板上市提供了全程的专业法律服务，积累了丰富的经验。

4. 贵州省法学会唯一合作律所

2015 年 7 月 20 日，本所与省委省政府的法学智库——贵州省法学会签订了《合作框架协议》，旨在各展所长，充分发挥贵州省法学会广泛联系的枢纽作用和本所法律实务团队的实践能力和经验，共同为全面推进依法治国及法治贵州建设作出努力。

贵州省法学会与贵州黔坤律师事务所

合作框架协议

日期：2015 年 7 月 20 日

前言 Preface

　　本书是贵州民族大学法学院与贵州黔坤律师事务所法律硕士培养合作项目的项目成果。由贵州黔坤律师事务所提供典型案例素材，贵州民族大学法学院法律硕士专业师生完成案例研究写作。在法律人眼中，个案交织着各种事实问题和法律问题，对个案事实进行识别的过程，就是将书中的"法律"适用于现实生活、形塑社会关系的过程。写作目的，旨在培养法律硕士的法律专业技能，在解析实务案例的过程中，提高对现实法律问题的辨识和分析能力，习得法律思维；同时，充分感受办案律师的职业素养和职业道德。因此，与实务部门的合作项目是法律硕士培养方式的一种创新性尝试，使学生在书本知识之外，获得一个通过案例素材文本与执业律师对话、观察法律服务的宝贵机会。

　　全书案例研究在编排体例上，每个典型个案在提炼案例问题的基础上，均从【法律服务】【基本案情】【法院裁判】【承办律师及意见】等方面层层递进以展现案件代理的情况；最后的【法律适用评析】，通过引入问题背景，系统分析相关法律规定、理论和实务认识，得出案例问题的分析结论并总结个案经验。总之，通过体例编排设计，紧扣案例问题，既充分关注对个案法理的挖掘，又充分注重对个案代理诉讼策略适当性的考量，侧重展现律师思维。通过案例研究可以使人感受到，每一个个案的成功代理，均依赖承办律师对法律内在价值的把握和对法律调整目的的理解，进而准确识别个案关键事实，成功说服裁判者、最大限度地为当事人争取利益，同时也直接反映了贵州黔坤律师事务所案件代理的专业水平。

　　全书案例研究的内容，根据案例素材所属专业领域，划分为建设工程合同、房地产合同、公司金融和侵权责任四个部分。第一个部分，建设工程合同涉及建设工程纠纷中的实务热点和难点。建设工程因其资金量需求大、工期长、环节多，参与主体众多、社会关系复杂，鉴于其分析难度较大且作为第一部分其内容直接形塑全书写作体例特点，故写作任务由程南教授承担。其他三个部分，则由贵州民族大学法学院硕士研究生在导师的指导下完成。孙天皓、田宏连、黄路婷和冯小玲分别完成房地产合同、公司金融和侵权责任的医疗损害赔偿责任与高压触电损害赔偿责任。应该说，对于法学教育来说，四大案例类型所反映的具体民商事领域的市场化发展背景、个案诉讼策略、个案事实认定以及相关法律知识的分析与适用，是在平常的课程理论体系讲授中鲜有涉及的；实务训练所展现出的法治内涵，远非理论逻辑展开，旨在回应现实。

法治，既要有对实践需要的洞见，也要为问题解决提供最优方案，更关键的是要凝聚各方共识。法治的实现，需要法律人全力以赴，尤其是为当事人提供法律服务的律师群体，要不断精进法律人的叙事水平、提升用法律进行社会交往的能力，从而助力市场经济活动的高效开展、预防和化解风险。所以，在对法律人的培养中开展民商事案例教学，就是为了培养学生在市场经济发展过程中对社会关系的法律调整的洞察力，感受和内化法治理性。在法学教育中，案例教学应该得到根本重视。贵州民族大学法学院的法律硕士培养，注重案例教学，充分锐化法律硕士的法律职业能力。法学院导师团队积极开展案例教学教研，自2014年贵州省学位办开启研究生教育教学改革课题以来，获得了十余个专业硕士研究生培养案例教学方式改革项目和法学案例库建设项目。为更好地推广案例教学法，特将案例教学教改成果即程南教授于2017年完成的省级研究生教育教学改革课题成果列为本书附录。

本书案例研究内容，实务针对性强，类型丰富，适合作为法学院校本科生、研究生案例教学的教材，以及法律专业人士如法官、律师和企业法律顾问等的培训教材；亦可作为房地产建设工程、公司金融和侵权责任领域专业学习的辅导用书。

CONTENTS **目 录**

建设工程合同

建设工程合同体现了建筑市场的法治特色。第一，在合同效力方面，牵涉到对于建筑资质主体市场的准入管理，特别是对合同无效的处理。第二，在合同履行方面，事关国计民生的工程项目的完成需要当事人双方的密切配合。既规定了承包人对在建工程的担保义务，即履约保证金和质量保证金条款；又规定了发包人对在建工程的协助义务，明确停工、窝工损失赔偿责任。第三，在合同终止方面，对于实现了合同目的的工程款支付，既要充分平衡双方利益又要兼顾工程安全所代表的公共利益，故区别工程竣工验收和验收备案，前者是发包人支付工程款的条件，而后者是发包人对公共管理部门的义务。第四，在违约责任方面，因为涉及资金数额大、周期长，这类合同往往约定了高额违约金以规避违约成本。

建筑市场主体，除了建设合同双方当事人即发包方和有建筑资质的承包方，还有工程分包、劳务分包的下一手分包人，包括建设工程实际施工人以及周转材料租赁合同当事人等；在发包人背后可能还有代建人或者合作开发人等。围绕工程款支付，出于维护自身利益往往会直接越过合同当事人，找到更有资金实力的一方要求承担支付责任。特别是为了解决建筑市场存在的农民工讨薪问题，对实际施工人的保护立法明确支持突破合同相对性追究合同责任。司法裁判中也不乏连带责任，但突破合同相对性，实际上并不利于建筑资质管理风险防范以及企业的成本核算。因此，应识灵活适用个案场景，厘清主体责任。

总之，建筑市场各主体建设项目承发包双方及相关参建单位间的争议多发。这是由建设工程合同履行期间长、影响因素多等因素所决定的。伴随建筑市场的发展，合同效力、违法转包、损失赔偿、合同履行工程款结算、质量保证金返还、违约责任认定等问题频发，层出不穷、性质复杂。

因此，在市场经济条件下，建设项目参与方从事建筑活动，应立足法律，在合同中采取风险防范措施，尽可能预判风险，化解风险。而具体的相关立法和司法解释本身有多重价值取向，包括保障建设工程质量、保护农民工等弱势群体利益、维护建筑市场秩序、促进建筑业健康发展、平衡各方当事人利益等。其中，保障建设工程质量，保护人民群众人身和财产安全始终是第一位的。

第一节　合同主体的界定

实际施工人的身份确认标准是什么？仅存在施工行为，是否足以支持直接要求发包人支付工程款的诉求？

【法律服务】

接受被告（承包人）委托，出任诉讼代理人。用充分的证据证明，本案存在多个"实际施工人"，A、B 和 AB 的联合都基于不同法律关系而有所牵涉。最终，审理法院采纳代理意见，回避多重法律关系界定，认定合伙中的单个合伙人对合伙债务没有单独起诉的诉讼资格，裁定驳回原告 B 的起诉。

【基本案情】

原告 B 诉称：2012 年 3 月 26 日，广厦分公司受广厦公司的指定与 A 签订《广厦建设工程内部责任承包合同》（以下简称《内部承包合同》），约定将金沙县新城区和产业园区的 2、7 号路工程项目中的路面施工（包括水稳层、油路面、人行道、路侧石等）分包给 A。2012 年 8 月 10 日，A 与 B 签订《金沙县产业园 2、7 号路沥青砼路面施工合作协议》（以下简称《施工合作协议》），约定双方合作完成 2、7 号路工程项目中的路面施工。2013 年 9 月 17 日，2、7 号路路面工程包括 B 负责施工的沥青混凝土路面分项工程全部竣工，并经工程设计、监理单位联合验收合格。2014 年 3 月 14 日，在金沙投资的组织协调下，广厦分公司、金沙投资、A、B 各方共同参与的协调会形成《结算协调意见》，确定"B 及 A 所施工的 2、7 号路沥青面层工程结算相关事宜由 B 直接与广厦公司、广金公司进行工程款结算，结果以审计确认结果为准"。2014 年 4 月 12 日，A 与 B 签订的《分割协议》约定，双方于 2012 年 8 月 10 日签订的《施工合作协议》作废，将 2、7 号路路面工程中沥青混凝土路面分项工程分割出来，由 B 独立与广厦分公司签订承包合同，独立承担并享有沥青面层分项工程的权利与义务，B 直接与广厦分公司办理该沥青路面分项工程施工的权利与义务，对于 A 供应给 B 的沥青款、垫款、材料款等从广厦分公司应付给 B 的工程款中直接扣除并支付给 A。2014 年 12 月 15 日，经多方结算审计确定，B 施工部分的工程款为 89 797 566.09 元，扣减 A 公司指定广金公司支付给 B 的工程预付款 27 836 600 元，并扣减 A 的沥青款、垫款、材料款等相关费用 24 343 623 元（该相关费用应由 A 公司支付）后，参照《内部承包合同》的约定，A、广金公司等被告应向原告 B 支付工程款。

后 B 作为原告以被告一直拖延拒付工程款造成巨大经济损失为由，诉至法院，要求：①判决被告广厦公司、广厦分公司、广金公司、A 连带向原告支付工程款及损失 56 480 998.77 元，自 2015 年 11 月 11 日起每月按欠付工程款的 2% 向原告支付欠付工程款损失，直至付清之日止；②判决被告金沙投资在其未付本案涉及项目工程款的范围内与被告 A 公司、广厦分公司、广金公司、A 向原告 B 承担连带清偿责任；③本案诉讼费用由被告承担。

【法院裁判】

诉讼中，经审理法院对本案所涉及的法律关系释明后，原告 B 坚持本案中的诉讼请求。审理法院认为：

首先，从 B 的诉请"被告广厦公司、广厦分公司、广金公司、A 连带向原告支付工程款及损失""被告金沙投资在其未付本案涉及项目工程款的范围内与被告广厦公司、广厦分公司、广金公司、A 向原告 B 承担连带清偿责任"来看，本案应定性为建设工程施工合同纠纷。

其次，从 B 与 A 签订的《施工合作协议》"按照业主和监理有关的全部签证和 2004 定额套价计算出的沥青砼路面工程总工程造价为双方的总收入，减去以上第一部分费用后为双方共享利润。利润分配比例为甲方占 50%，乙方占 50%"的约定来看，就涉案工程而言，B 与 A 之间因《施工合作协议》的签订与履行形成了个人合伙关系，并非工程分包或转包。在 B 与 A 没有就合作期间产生的债权、债务等进行清算的情况下，B 与 A 之间因履行《施工合作协议》而产生的合伙关系并不会因《分割协议》约定"《施工合作协议》作废"就当然结束，也不存在因《分割协议》的达成就由合伙关系转变为建设工程转包合同关系。

最后，《内部承包合同》的合同主体为 A 与广厦分公司，B 与本案所有被告之间均不存在涉案工程的建设工程施工合同关系，与被告广厦公司及其分公司之间形成建设工程分包合同关系的主体是 A 与 B 所成立的个人合伙，并非 B。《最高人民法院关于适用〈中华人民共和国民事诉讼法〉的解释》第 60 条规定："在诉讼中，未依法登记领取营业执照的个人合伙的全体合伙人为共同诉讼人。个人合伙有依法核准登记的字号的，应在法律文书中注明登记的字号。全体合伙人可以推选代表人；被推选的代表人，应由全体合伙人出具推选书。"可见，若 B 要求广厦公司、广金公司等支付涉案工程款，其应与 A 一起作为原告来主张，而无权以个人名义直接向广厦公司、广金公司等被告主张工程款。

综上所述，B 不是本案的适格原告。根据《最高人民法院关于适用〈中华人民共和国民事诉讼法〉的解释》第 208 条第 3 款"立案后发现不符合起诉条件或者属于民事诉讼法第一百二十七条规定情形的，裁定驳回起诉"的规定，本案应裁定驳回。

最终，审理法院依照《中华人民共和国民事诉讼法》（2012 年修正）第 119 条、第 154 条、《最高人民法院关于适用〈中华人民共和国民事诉讼法〉的解释》第 60 条、第 208 条第 3 款之规定，裁定如下：

"驳回原告 B 的起诉。"

【律师意见】

B 不是本案的适格原告。实际施工人制度，由于在法益价值取向上倾斜保护实际施工人，导致个案当事人权利失衡，催生了较多的实务问题。本案中的原告，并不当然适用实际施工人法律关系来支持其给付工程款的诉求。

第一，B 与广厦公司、广金公司、广厦分公司之间均无合同关系，且从《施工合作协议》中可以确定，本案应该是 B 与 A 之间的合伙纠纷。因此，广厦公司、广金公司、广厦分公司均不是本案的适格被告。

第二，《内部承包协议》表明 A 才是涉案工程的实际施工人，B 不是涉案工程的实际施工人。

第三，A 和 B 签订的《分割协议》，不能约束第三人，不改变双方间个人合伙的性质。A 和 B 于 2014 年 4 月 12 日签订的《分割协议》载明："就 2、7 号路路面工程，A 与广厦分公司于 2012 年 3 月 26 日签订《内部承包合同》，

A、B 双方于 2012 年 8 月 10 日就沥青混凝土施工分项工程签订了《施工合作协议》，鉴于施工中存在的实际问题以及结算中存在的纠纷，2014 年 3 月 14 日，经金沙投资见证并经广厦分公司同意，A、B 双方达成协议。"另，该《分割协议》的抬头部分还记载"丙方：广厦分公司；丁方（见证方）：金沙投资"，但广厦分公司与金沙投资均没有在该《分割协议》上签字盖章。

 【承办律师】

贾倞，贵州黔坤律师事务所主任。1991 年清华大学毕业，1997 年开始从事律师工作。在处理疑难复杂的房地产纠纷及建筑纠纷案件方面具有丰富经验。

【法律适用评析】

一、实际施工人概念厘定

2005 年 1 月 1 日实施的《最高人民法院关于审理建设工程施工合同纠纷案件适用法律问题的解释》（以下简称《建设工程司法解释》）正式提出了实际施工人制度，其第 26 条规定："实际施工人以转包人、违法分包人为被告起诉的，人民法院应当依法受理。实际施工人以发包人为被告主张权利的，人民法院可以追加转包人或者违法分包人为本案当事人。发包人只在欠付工程价款范围内对实际施工人承担责任。"可见，该司法解释规定实际施工人可以直接以发包人为被告向其追讨久拖不决的工程欠款，不必再依赖于转包人或违法分包人的意志，进而一并解决农民工工资按时发放的问题。[1]这实际上突破了合同相对性，使得实际施工人可从程序和实体两方面向发包人主张权利。

最高人民法院明确指出《建设工程司法解释》第 26 条第 2 款的制定，主要是直接针对当时存在的大量从事建筑业的农民工由于转包和违法分包而造成无法得到工资的问题，其制定的初衷和目的就是有力地保护农民工权益。从现实的角度讲，在尚待规范的建筑工程行业中，转包和违法分包的现象大

---

〔1〕 中华全国律师协会民事专业委员会编：《建设工程不动产律师实务》（第 4 辑），中国法制出版社 2009 年版，第 94 页。

量存在，承包人作为发包人和实际施工人的中间人，往往只是签了合同即把施工的义务转给或分给实际施工人。一旦承包人破产或经营恶化，就可能导致其既不向实际施工人付款又不积极向发包人主张权利，这样必然导致实际施工人囿于合同相对性而无从取得工程款，实际施工人无法取得工程款也就是农民工无法取得工程款。而与此同时，发包人也不当地逃脱了支付工程款的义务，产生了不当的利益。基于此，有条件地突破合同相对性的限制，赋予实际施工人向发包人起诉的权利，也符合朴素的实质公平和实质正义的理念。[1]

理论研究认为，对不具备相应建筑资质或资质不达标的实际施工人的保护，深层直击我国建筑资质管理制度存在的问题。纵观建筑资质管理制度的形成发展过程，一方面因建筑业取得资质的企业只是少数而"供不应求"，许多建设单位苦于找不到相关工程承包人，只能默许没有资质的企业借用资质；另一方面，一些拥有资质的企业因不适应市场经济体制的变化而无法承揽到工程，故只能以出租资质收取管理费的方式维持生计，以求达到"双赢"局面。所以，合法的承包人必须具有相应资质，但这只是就发包人与承包人之间的合同主体资格而言；至于承包人的具体施工，则采取多种方式分包、转包给不具资质的实际施工人。这样，有资质的承包人在建筑市场中凭借身份签订两份合同以赚取差价。对此，以设定资质准入标准的形式来保障建设工程质量的建筑市场管理制度的思路，值得反思。[2]

在法律上，关于不具备建筑主体资质的实际施工人的合同主体资格，在现有的法律框架中并未得到认可。《招标投标法》[3]《合同法》[4]《建筑法》《建设工程质量管理条例》等建筑工程相关法律法规均对建筑主体资质有明确规定。《招标投标法》第 26 条规定，投标人应当具备承担招标项目的能力；国家有关规定对投标人资格条件或者招标文件对投标人资格条件有规定的，投标人应当具备规定的资格条件。同时，《合同法》第 272 条第 3 款规定：

---

〔1〕 杜万华主编，最高人民法院民事审判第一庭编：《民事审判指导与参考》（总第 62 辑），人民法院出版社 2015 年版，第 262 页。

〔2〕 白贵秀："建筑业资质监管制度研究"，载《法学杂志》2011 年第 8 期。

〔3〕 为论述方便，本书中所提及的法律名称，除法院判决引述全称之处，其他情况均省略"中华人民共和国"字样，下不赘述。

〔4〕 2020 年 5 月 28 日第十三届全国人民代表大会第三次会议通过《中华人民共和国民法典》，并于 2021 年 1 月 1 日开始实施，《民法通则》《合同法》《物权法》《债权责任法》等法律因《民法典》颁布而失效。因案例记录时间关系，引用原文件中所涉及之表述，下不赘述。

"禁止承包人将工程分包给不具备相应资质条件的单位。禁止分包单位将其承包的工程再分包。建设工程主体结构的施工必须由承包人自行完成。"《建筑法》在"从业资格"章节中对建筑施工企业的资格进行了严格设定,同时该法第26条、第27条、第28条和第29条对不具备资质、超越资质、违法分包转包的行为进行了规定,根据相关法律,施工主体资格不符,包括两种情况,即不具备资质(一般表现为个人作为施工人)和超越资质。《建筑工程质量管理条例》还规定即使分包给具有相应资质的单位,也属于违法分包。

对此,理论界认为现有法律规定过于绝对,主张司法实务中对合同效力的认定应分情况而定。针对违法分包,对于承包人未经建设单位同意将部分非主体工程分包给具有资质的施工单位的,不宜认定合同无效。对我国《建筑法》第29条第1款[1]、第3款[2]的规定,学者认为其中的限制性条件不是认定施工合同无效的依据,因为不能因合同之外第三人的认可就改变合同的效力;不能将此规定作为强制性规定并以此作为合同无效的依据,其只是认定承包人的分包行为没有法律或合同原因将对发包人承担违约责任的依据;而且,具有相应资质的转包人对工程质量有一定的保证,认定合同有效不会损害社会公共利益。针对借用资质的情形,有学者指出《建筑法》第26条未区分借用人是否具备相应资质,凡是借用他人名义承揽工程的行为均在禁止之列。但《建筑法》并不直接指向合同行为,认为对合同效力的认定不应一概而论,还应结合立法目的做体系解释、从法律倡导的精神及原则等因素综合考虑认定。如果认为在第一层级的合同中均为有效,有效保护了无过错方的信赖利益,发包方对实际施工人承担欠付的工程款后,可依与承包方的施工合同追究承包人的违约责任。而在第二层级的施工合同关系中,承包方将建筑工程分包给具有相应资质的单位不易认定合同无效,更能维护建筑关系的稳定和减少诉累。[3]

总之,现有法律偏重管理型规定,旨在保证建筑质量而要求建筑市场中

---

[1] 《建筑法》第29条第1款:"建筑工程总承包单位可以将承包工程中的部分工程发包给具有相应资质条件的分包单位;但是,除总承包合同中约定的分包外,必须经建设单位认可。施工总承包的,建筑工程主体结构的施工必须由总承包单位自行完成。"

[2] 《建筑法》第29条第3款:"禁止总承包单位将工程分包给不具备相应资质条件的单位。禁止分包单位将其承包的工程再分包。"

[3] 龚雪林:"转包、分包和借用资质情形下的建设工程施工合同效力分析——兼论建设工程施工合同司法解释有关效力规定",载《法律适用》2014年第12期。

的主体具备相应的法定资质，但在现实建筑市场经济发展的过程中，供给和需求的矛盾、监管问题等又导致了事实上存在不符合资质的主体承担施工行为的情状。这种不具有相应资质的建设队伍，导致了大量经济纠纷和社会问题。特别是实际施工人的合同法律地位得不到认可，通常采取更激烈的手段引起政府关注，并最终由政府出面解决。在这样的背景下，《建设工程司法解释》以司法解释的形式首次提出了"实际施工人"的概念。

从立法和司法的角度理解，"实际施工人"是为了对应和区别《合同法》在"建设工程合同"一章中表示的"施工人"概念。依据《合同法》的相关条款，"施工人"是指有效的建设工程施工合同下的所有施工主体。为了进行区别，《建设工程司法解释》使用了"实际施工人"的概念，其是指因转包、违法分包、肢解合同等违法行为施工合同被认定为无效，而实际从事工程建设的主体为实际施工人。实际施工人内部法律关系实际为劳动合同关系或劳务合同关系，因为农民工工资或劳务报酬在工程款中的占比很高。

所以，在涉及实际施工人个案纠纷解决的司法实务中，法律价值的判断具有多元性。实际施工人只是施工人中的一部分，正如最高人民法院所强调的，确认施工人主体资格有重要意义，对施工人主体资格的规范，不仅涉及审判中选择不同标准确定债权债务问题，还直接关系到在审判的层面如何促进建设工程领域有序健康发展的问题。[1]

二、限缩解释的司法政策导向及个案诉讼代理策略

《建设工程司法解释》第 26 条包括两个条款，第 1 款是"实际施工人一转包人、违法分包人为被告起诉的，人民法院应当依法受理"，这是程序性规定，即使合同无效，实际施工人依合同相对性原理，还是应该把起诉转包人、违法分包人作为维权的主渠道。第二款是"实际施工人以发包人为被告主张权利的，人民法院可以追加转包人或违法分包人为本案当事人。发包人只在欠付工程价款范围内对实际施工人承担责任"，该条款包括程序性和实体性的规定，附条件地赋予实际施工人突破合同相对性，向发包人主张权利。

但实务中，存在对司法解释含义的误读。一方面，很多实际施工人起诉

---

〔1〕 中华人民共和国最高人民法院民事审判第一庭编：《中国民事审判前沿》（总第 2 集），法律出版社 2005 年版，第 223 页。

讨要工程款时，第一选择就是起诉发包人而不是起诉合同相对方，或不加区分地将其列为共同被告；另一方面，一些审判人员也认为凡是实际施工人起诉发包人的，发包人只要存在欠付工程款的事实，则其必须与承包人承担连带责任，有的甚至认为只要发包人有偿付能力就适用《建设工程司法解释》第26条第2款将发包人纳入偿付主体中。这样的认识和做法，实际上忽视了司法解释背后的价值和目的。长此以往，若形成对《建设工程司法解释》第26条第2款适用的宽泛与随意，既有悖合同相对性这一基本原则，还可能进一步恶化建设工程市场秩序。

所以，司法实务的个案审查应坚持以合同相对性为原则的理念，厘清《建设工程司法解释》第26条第2款的适用条件，严格限缩合同相对性的突破范围。首要的就是，必须严格界定实际施工人的概念，特别是对不涉及农民工利益的情况，则不应纳入第26条第2款的适用范围。[1]

本案中，作为发包人的诉讼代理人，承办律师正是秉持"施工人主体身份不等于实际施工人身份"的辨识标准进行判断的。夯实证据事实部分，梳理出时间先后关系的事实：发包人通过合同将建设工程承包给A而非原告B，原告B是在A获得项目后与其签订合作开发协议；由于合作期间权利义务的分割纠纷，A、B双方在自愿达成的分割协议中牵涉到发包人等第三人。因此，根据最高人民法院限缩解释的指导性原则，对事实进行准确的法律定性：从合同相对性原理出发，与原告B发生关系的主体是A，A和B共同处于一个合作开发涉案工程的合伙关系中；被告发包人，与A没有直接的合同法律关系，故B无要求发包人承担工程款支付合同责任的诉讼主体资格。所以，本案的纠纷定性应该是因A、B之间合伙的分割纠纷引发的建设工程施工合同纠纷，自然不存在突破合同相对性的实际施工人法律适用问题。

另外，还值得说明的是，本案的关键事实是合伙法律关系，是合伙与涉案工程承包人之间就具体的施工子项签订的分包合同。具体的合伙法律关系，包括对外和对内两个层次：首先是合伙与承包人之间的建设工程施工合同下涉案项目的工程款结算等；其次才是合伙内部法律关系，即各合伙人之间的投入和产出、收益分配的纠纷解决。在处理合伙对外签订的建设工程施工合

---

〔1〕 杜万华主编，最高人民法院民事审判第一庭编：《民事审判指导与参考》（总第62辑），人民法院出版社2015年版，第263页。

同法律关系纠纷时，应以合伙为当事人一方。从建筑施工的实践角度看，合伙对外与承包方之间的合同签署形式一般有三种，即所有合伙人参与签署、单独一个合伙人签署和起字号的合伙签署。本案属于第二种情形。合伙中的单个合伙人，不能单独就个别履行主张相应款项的支付，只能针对合伙起诉，方成立建设工程施工合同的诉由。

司法实务中，在处理涉及建设工程施工合同当事人之外的第三人诉讼时，往往会遇到合同相对性以及合伙主体责任承担的焦点问题。合同相对性是指除法律另有规定之外，合同项下的权利义务只能由签订合同的双方当事人承担，合同只能对签订合同的双方当事人产生拘束力。合伙则为共担风险、共享收益的个体联合，而且合伙收益分割属于合伙内部法律关系。

总之，本案体现出建设工程纠纷的主体复杂性。作为承包方的诉讼代理人，承办律师成功抓住了原告所处的合伙法律关系这一关键事实，诉讼策略契合了司法政策导向对实际施工人制度适用的限缩解释。通过向法庭阐明本案不涉及农民工利益而是合伙分割纠纷，最终成功地说服了法官。这也是审理法院采纳代理人意见，径行驳回原告起诉的关键所在。

委托代建合同有何特点？合同相对性对诉讼主体资格是否有影响？委托代建合同与委托合同区别何在？

 【法律服务】

接受被告 B 公司（委托人）的诉讼委托，担任上诉代理人。本案中被告系国有企业，仅违约金就超过 6000 万元，一旦败诉就会面临追责，故诉讼压力较大。诉讼策略是，坚持本案基础法律关系为代建合同，根据合同相对性提出诉讼管辖权异议。最终成功促成原告知难和解、撤诉。专业的法律服务得到委托人的充分肯定。

 【基本案情】

A 公司以 B 公司是案涉电厂工程的建设方、B 公司与 C 公司是委托建设法律关系为由，向 B 公司提起偿还工程款的诉讼。被告 B 公司提出管辖权异议。

管辖确定的事实证据包括：B 公司与 C 公司分别于 2003 年 10 月 13 日及 2011 年 11 月签订的《工程委托建设协议书》。同时，由于 A 公司以"请求 B 公司支付工程款"作为诉讼请求内容，故提起本案诉讼的事实依据也包括 A 公司与 C 公司签订的《施工承包合同》及《补充协议》。按照《施工承包合同》第 67.3 条的约定，双方争议解决方式为"交由贵阳仲裁委员会仲裁"。但是，A 公司与 C 公司签订的《补充协议》第 5 条约定：根据乙方（A 公司）要求，双方同意将双方于 2004 年 1 月 7 日签订的《施工承包合同》第 67.3 条约定的争议解决方式"交由贵阳仲裁委员会仲裁"修改为"双方争议应协商解决，协商不成提交人民法院解决"。

【法院裁判】

二审法院认为，《补充协议》中有关管辖内容的约定是 A 公司及 C 公司的真实意思表示，应为有效。由于《补充协议》同是本案的基础合同，该《补充协议》与《施工承包合同》《工程委托建设协议书》之间存在事实和法律上的关联，且 C 公司作为第三人参与到本案诉讼中，故该《补充协议》有关管辖的约定应当适用于本案诉讼。至于 B 公司与 C 公司的委托法律关系是否成立，以及 A 公司是否为本案的适格原告，属于审理中应当解决的其他法律问题。

因此，二审法院认为，一审法院认定《补充协议》有关法院管辖约定对 B 公司具有约束力，并无不当。

遂依照《中华人民共和国民事诉讼法》（2012 年修正）第 170 条第 1 款第（一）项、第 171 条规定，裁定如下：

"驳回上诉，维持原裁定。"

【律师意见】

代理人接受 B 公司的委托，代为上诉。发表如下意见：

第一，B 公司与 C 公司、C 公司与 A 公司分别属于两个独立的法律关系，一审法院认定 B 公司与 C 公司属于委托法律关系，缺乏事实及法律依据。B 公司的成立时间为 2005 年 8 月 24 日，B 公司与 C 公司于 2003 年 10 月 13 日签订的《工程委托建设协议书》系事后补签，C 公司已于 2004 年左右开工建设案涉工程项目，故没有委托代理的可能。根据《工程委托建设协议书》的约定，C公司作为代建方，承担本工程从开始至达标投产交付等所有工作，以"交钥匙方式"完成工作成果进行交付，并对工程质量、安全责任、工程造价等事项承担责任。B公司与C公司实际履行该协议，施工单位所有工程进度款均系由C公司独立控制、审批并拨付，工程建设发票均系施工单位向C公司开具，与B公司并无关联。

综合上述事实，B公司与C公司之间不存在委托代理的事实及法律关系，而是属于委托代建合同关系。C公司与A公司属于建设工程施工合同关系。A公司与C公司签订的《施工承包合同》，以及《补充协议》所约束的对象是C公司与A公司，对合同之外的主体B公司不具有法律约束力。

第二，A公司并非本案的适格原告，B公司不应参与到本案诉讼中。委托代建合同与施工合同是两个独立的法律关系，按照合同相对性原则，原则上在审理建设工程施工合同纠纷案件中，不宜追加委托人为案件当事人，不宜判令委托人对发包人偿还工程欠款承担连带责任。

【承办律师】

贾㤇，贵州黔坤律师事务所主任。1991年从清华大学毕业，1997年开始从事律师工作。在处理疑难复杂的房地产纠纷及建筑纠纷案件方面具有丰富经验。

【法律适用评析】

本案系委托代建纠纷，承包人施工单位A公司越过代建人C公司而请求委托人B公司直接承担支付工程款的义务。对此，作为被告方B公司的诉讼代理人，律师在诉讼策略上以B公司与C之间无委托代理合同关系而是代建合同关系为由，提出管辖权异议，即主张原告A公司与B公司之间并无法律关系。

一、委托代建与建设工程施工之间的关系辨析

委托代建制度，最初适用于政府工程建设。代建制是我国在市场经济条件下政府投资体制改革的一项重要举措，也是我国工程项目管理模式改革的新尝试，对改变"投、建、管、用四位一体"的传统管理体制、转变政府职能、提高投资效益和项目管理水平等方面均有重要意义。《国务院关于投资体

制改革的决定》规定，对非经营性政府投资项目加快推行"代建制"，即通过招标等方式，选择专业化的项目管理单位负责建设实施，严格控制项目投资、质量和工期，竣工验收后移交给使用单位。截至 2009 年，全国有 45 个省、直辖市开展了代建制工作，29 个省、直辖市、自治区先后出台适合本地情况的项目代建制管理规范文件，如北京市政府颁布实施的《北京市政府投资建设项目代建制管理办法（试行）》。[1]

政府投资建设工程推行代建制，旨在根本解决政府职能定位不清的问题。试点模式中即使由政府作为合同一方参与建设，但也会因为其在项目中仍然兼具业主和管理者的双重职能，产生因"建、管不分"所带来的权力约束不足。所以，在相关部门的发文中，明确代建人是项目建设期的法人，不以委托人的名义而是以自己的名义办理委托事务。[2]国家在非经营性政府投资项目中推行代建，目的是使代建单位作为项目建设期法人，全权负责项目建设全过程的组织管理，通过专业化的项目管理形式有效规范政府和部门的行为，控制项目投资的规模与风险。代建单位的职责包括进行施工招标，选择施工单位、签订施工合同，负责项目全部工程质量，承担工期延误的责任等，这些都表明其实际成了该建设项目的项目法人，应独立对外承担法律责任。

委托代建制的进一步推广，则是契合项目管理日益专业化的需要，一定意义上属于建筑市场专业分工发展的产物。委托人为代建人的专业代建服务付费；而代建人则最大限度地为了委托人利益而组织和监管施工建设。委托代建制的突出特点，是整个建设工程项目由建设单位委托给专业的机构进行管理，管理机构不仅需要负责施工方案的设计、施工材料和设备的选择等，还要对整个工程进行全过程的管理和监督。[3]比如，银行委托房地产公司为其建设营业楼，在银行与房地产公司之间，成立委托代建合同关系；而为组织工程建设施工，房地产公司进一步作为发包人，选择施工单位。

委托代建中包括两层法律关系，一是发包人与承包人之间的建设工程施工合同，二是委托人与代建人之间的委托代建合同。一旦委托人选定代建人、

---

〔1〕 严玲、周国栋："我国政府投资项目代建制的实施现状及问题分析"，载《北京理工大学学报（社会科学版）》2009 年第 5 期。

〔2〕 梁昌新、吕永忠："2005 年北京市国民经济和社会发展报告 案例 1 代建制试点"，载 http://www.bjpc.gov.cn/zhjh/jjshfz/2005/2005_1_2/200511/t100316.htm，2020 年 4 月 2 日访问。

〔3〕 李鹏："建设工程项目代建制的隐形矛盾及其对策"，载《居舍》2021 年第 12 期。

签订委托代建合同，则由代建人负责完成建设，再将完成建设的工程交付给使用单位。代建人作为发包方，选择承包人，组织负责、管理和监督工程施工。

二、委托代建纠纷的司法处理

委托代建法律关系与建设工程施工法律关系，二者之间存在一定的重叠性，这直接引发了司法实践中的不同认定。对于委托代建合同的工程款结算，承包人往往将项目委托人和项目代建人作为共同被告，要求两者就工程价款承担连带责任。审判实践中，委托人对代建人的行为是否应承担法律责任存在三种观点：一种意见认为，委托人不应承担法律责任。委托代建合同和施工合同是两种不同性质的合同关系，不宜追加委托人为当事人。另一种意见认为，委托人和代建人应承担连带责任，既然属于委托合同，该合同对委托人亦有约束力。还有一种观点认为，在委托人已向代建人支付了工程价款的情况下，施工人应当按照合同相对性原则向代建人主张权利，如没有全额支付工程款，则委托人应当承担法律责任。

总之，各地法院对委托代建法律关系存在以下三种处理方式：①适用改革举措，承认代建人的独立法人地位；②认定为委托代理关系，适用《合同法》关于委托合同的规定处理；③采取折中原则，综合委托人、代建人欠付工程款等合同履行情况、施工单位主张等来对案件进行裁判。还有观点指出，具体处理应该区分政府项目强制委托代建和其他项目自主委托代建两类情形处理，前者承认代建人为法人，后者则适用委托合同或利益平衡。[1]

针对委托代建纠纷的处理，最高人民法院的司法指导意见是：委托代建合同与施工合同是两个独立的法律关系，原则上在审理建设工程施工合同纠纷案件中，不宜追加委托人为本案当事人，不宜判令委托人对发包人偿还工程欠款承担连带责任。委托人也无权以承包人为被告向人民法院提起诉讼，主张承包人对工程质量缺陷承担责任。委托人与代建人就委托代建合同发生的纠纷，也不宜追加承包人为当事人。[2]

---

〔1〕 秦旺："建设工程造价结算前沿问题研究"，载《法律适用》2017年第5期。

〔2〕 中华人民共和国最高人民法院民事审判第一庭编：《民事审判指导与参考》（总第33辑），法律出版社2008年版，第85页。

本案一审时，第三人（代建人）与原告 A 公司（承包人）为理顺管辖，在起诉前事先书面约定取消了合同仲裁条款，以便原告可以获得直接起诉被告 B 公司（委托人）的资格。管辖约定的变更效力，在本案管辖权异议之诉中，虽然获得了二审法院生效裁定的支持，但正如二审裁定指出的"实体关系仍要进入审判程序中查明"一样，委托和代建合同的法律关系性质有待实体程序查明。

作为委托方被告 B 公司的代理人，在代理意见中突出关键事实，C 公司独立与 A 公司发生各种建设工程业务往来，阐明被告 B 公司与第三人 C 公司之间代建合同的性质和第三人作为代建人与原告 A 公司之间施工合同的性质。从而，在管辖权异议之诉中即使二审败诉，诉讼的努力也成为后续争取原告方和解撤诉的坚实基础。

总之，法律规定可以为双方和解确定底线。本案委托代建法律关系中的委托人即被告 B 公司，其代理人对法律关系本质的确切把握，对本案的和解起到了积极作用，最终促成原告方接受和解、主动撤诉。

关于承包方连带责任的法律风险，实践中如何区分三类合同即工程分包合同、劳务分包合同和周转材料租赁合同？案涉包工头签订的建筑周转材料租赁合同，能否认定构成表见代理，追究承包方连带责任？

【法律服务】

接受发包方的委托代理申请再审，贵州省高级人民法院提审本案，积极促成再审改判，由发包方甲公司对租赁合同违约责任承担补充责任。不同于以往 B 市地区针对同类型案件多判决承担连带责任的司法实践，本案是一个突破，是在法律适用层面对回归合同相对性原则的积极探索。

【基本案情】

陈某与黄某经营的某建筑材料租赁站（个体工商户，以下简称"某租赁站"）于 2011 年 5 月 25 日签订《周转材料租赁合同》（以下简称《租赁合同》），约定由陈某租赁某租赁站的建筑材料使用，陈某向某租赁站支付相应租金。《租赁合同》对租赁材料的名称、单价、运输费用的承担、违约责任等均作出了明确约定。陈某在"乙方负责人"处签字，丙公司在"乙方"处盖章。2011 年 9 月 4 日，甲公司因建设某安置房项目与被告陈某签订《外架、脚手架搭拆及钢管扣件供应合同》（以下简称《供应合同》），约定由陈某向甲公司供应外架、脚手架及钢管扣件，同时由陈某负责项目外架、脚手架的搭拆及安全网的布设、工程防护工作。《供应合同》同时对供应价格、违约责任、工程支付等事宜进行了约定，该合同签订后，甲公司遂按照该合同履行了相应的合同义务。

2014 年 5 月 20 日，陈某因未按照《租赁合同》约定向某租赁站支付租金被诉至 C 省 B 市 A 区人民法院，某租赁站要求陈某向其支付租金、违约金及返还相应的建筑材料；因陈某租赁的建筑材料用于甲公司承建的某安置房项目，某租赁站还要求甲公司对上述诉请承担连带责任；同时主张丙公司作为担保人也应承担连带责任。

一审查明，出租单位名为某租赁站（甲方）与承租单位名为甲公司某安置房项目部（乙方）于 2011 年 5 月 25 日签订《租赁合同》。该合同尾部的乙方负责人签名为陈某，印章为被告丙公司。2014 年 6 月 27 日，被告丙公司提起鉴定申请，一审委托贵州警官职业学院司法鉴定中心进行司法鉴定。2015 年 4 月 22 日，该鉴定中心作出鉴定意见书，意见为：所送检落款日期标示为 2011 年 5 月 25 日的《租赁合同》第四页落款部分"乙方单位（章）"一栏处的"丙公司"印文与所提供比对的"丙公司"印文不是同一枚印章所盖印。

至今尚未归还某租赁站的器材扣件 31 296 套、顶托 1072 套。结算截至 2014 年 1 月 5 日，累计所欠租金费用 719 994.59 元。某租赁站认为甲公司、陈某的行为损害了其合法权益，遂诉至法院提出如前诉请。

另查明，在庭审中，被告陈某承认租赁事实及其租金金额、尚未归还材料数量的事实；被告甲公司承认其承建某安置房项目的事实。

再查明，某租赁站为原告黄某个体经营。

二审确认一审查明的事实。另查明，陈某无高空相关特种作业证，其对本案所涉工程外架、脚手架的搭拆无施工资质。

【法院裁判】

一审中，针对丙公司的连带责任，丙公司主张其在《租赁合同》"乙方"处所盖的公章并不是其向行政主管部门备案的公章，诉讼中向 A 区人民法院申请进行鉴定，经鉴定，《租赁合同》"乙方"处所盖的公章确实不是其向行政主管部门备案的公章。一审法院遂判决驳回某租赁站要求丙公司承担连带责任的诉讼请求。

针对甲公司的连带责任，A 区人民法院认为：①甲公司确实有承建某安置房项目的事实；②《供应合同》名为供应合同，但其本质为工程分包合同，陈某并不具备相关资质，《供应合同》依法为无效合同；③本案诉争的建筑材料实际用于甲公司的项目工程，甲公司为实际受益人。最终，基于以上三点理由，A 区人民法院判决："解除租赁合同，陈某向某租赁站个体经营户黄某支付租金、返还租赁物，并承担违约金，甲公司与之共同承担连带责任。"

一审宣判后，甲公司不服，遂向 B 市中级人民法院提起上诉，二审中陈某辩称关于租金的问题，系因其与甲公司约定的合同工期为 2012 年 6 月 30 日到期，超期租金由甲公司支付。

二审法院认为，本案争议的焦点在于，甲公司是否应当对本案所涉材料返还、租金、违约金承担连带责任的问题。

首先，《租赁合同》虽然没有甲公司签章，但该合同所涉架料系实际用于甲公司所承建的某安置房项目，甲公司系该合同的实际受益人，其已实际使用了案涉架料。甲公司认为其并不知晓案涉《租赁合同》的抗辩理由不成立，不予采信。

其次，从甲公司与陈某签订的《供应合同》内容来看，陈某不仅负责的向甲公司供应钢管扣件等架料，而且还负责脚手架搭拆、安全网布设及工程范围内的全部安全防护，该合同名为供应合同，实为工程分包合同，而陈某并不具有从事高空作业的相关资质，甲公司的分包行为违反了相关法律法规的规定，故陈某就本案所涉工程从事的相关民事活动，其法律责任应由甲公司承担。因此，甲公司以陈某非其项目负责人或经办人，亦不构成表见代理为由，主张其相应法律后果应由陈某自行承担不符合事实依据及法律规定，不予支持。

对于《供应合同》的效力问题，因本案当事人未就此进行主张，且该合同效力问题并不影响本案的判决结果，故原判径行认定该合同无效显属不当，依法予以纠正。而原判对于其他法律条款的适用并无不当，对该上诉理由不予支持。另依照《最高人民法院〈关于适用中华人民共和国民事诉讼法〉的解释》第59条之规定，本案应将某租赁站列为诉讼参与人，原判列其经营者黄某为诉讼当事人不符合法律规定，依法予以纠正。

综上，二审法院认为原判认定事实清楚，但适用法律错误，依法予以纠正，判决如下："由陈某向某租赁站偿付租金、违约金、返还租赁物、甲公司与陈某承担连带责任。"

再审法院认为，综合再审各方当事人的再审诉辩意见，本案的争议焦点为：根据《供应合同》甲公司是否应对陈某差欠某租赁站的债务承担连带责任。

首先，陈某在与甲公司签订《供应合同》之前，已经以甲公司某安置房项目的名义与某租赁站签订了《租赁合同》，承租方落款签名为陈某个人，虽然有丙公司的盖章做担保，但某租赁站在陈某没有提供甲公司的相关授权文书、营业执照或涉案项目分包合同的情况下即与其签订租赁合同，合同成立。但不符合表见代理的构成要件，不构成表见代理。

其次，丙公司在《租赁合同》上的印章在一审中已申请鉴定并非该公司真实印章，但某租赁站签订协议的当时并不了解印章的真实情况，且甲公司自认其承建诉争合同所涉项目的事实，涉及的租赁材料事实上也是用于甲公司的某安置房项目，可以认定甲公司实际上参与了《租赁合同》的履行，是合同的实际受益人。

最后，甲公司明知陈某并无高空相关特种作业证，其对本案所涉外架、脚手架的搭拆工程无施工资质，仍然与陈某签订《供应合同》，有借此转移工程施工安全风险的意图。

基于上述理由，甲公司对本案纠纷的发生负有过错，且未归还的扣件尚在甲公司涉案的工程上，其应按照陈某违约所应承担的违约责任，承担相应的补充赔偿责任。

综上，再审法院认为原判认定事实清楚，但适用法律错误，依法予以纠正，改判："甲公司对陈某上述判决不能清偿的款项承担补充赔偿责任，并对租赁物返还义务承担补充责任。"

【律师意见】

关于争议焦点的确定：基本事实是原告某租赁站提供确切证据证明欠付租金及未返还租赁物，所以根据《租赁合同》判决陈某向某租赁站支付租金及违约金，返还租赁物，争议不大。另外，丙公司的备案公章经过鉴定可知，与《租赁合同》上丙公司的公章并不是同一枚印章，因此判决丙公司不承担法律责任，争议也不大。所以，本案的主要焦点在于：甲公司，是否要对陈某向某租赁站支付租金及违约金以及返还租赁建筑材料承担连带责任。

仔细推敲审理法院的裁判理由，均存在问题。现一、二审法院都认为：①甲公司确实有承建某安置房项目的事实；②《供应合同》名为供应合同，但其本质为工程分包合同，陈某并不具备相关资质，《供应合同》依法为无效合同；③本案诉争的建筑材料实际用于甲公司的某安置房项目，甲公司为实际受益人。由此，认定甲公司承担连带责任。问题在于：

（1）甲公司与陈某之间的关系，已被一、二审法院认定为"建设工程施工合同"法律关系，而陈某与某租赁站为"租赁合同"法律关系。二者为不同法律关系，受不同法律规定调整。可一、二审法院判决甲公司承担责任的依据，却主要是陈某与某租赁站签订的《租赁合同》。所以，问题是从合同法律关系来看，甲公司不可能是合同当事人。

首先，甲公司不是该合同的签约人，甲公司没有在合同上盖公章，不是该合同的履约主体和责任主体。《租赁合同》的主体是陈某与某租赁站。

其次，陈某在《租赁合同》上的签字，不能代表甲公司或其项目部。陈某既非甲公司职工，也无甲公司授权，又非甲公司建设项目负责人。陈某在《租赁合同》上的签字是其个人行为，与甲公司无关。

再次，甲公司从未出具授权委托书或者以其他方式授权陈某代理甲公司与某租赁站签订《租赁合同》，甲公司与陈某之间不存在代理关系，陈某的行为更构不成表见代理，《租赁合同》只能约束陈某与某租赁站。

最后，《租赁合同》签订后，陈某在接下来的合同履行过程中未将合同中的债权债务转移给甲公司，该合同自始至终都是该合同双方在履行双方约定的义务、享有合同双方约定的权利，甲公司并未参与合同履行的整个过程，并没有以实际行为追认《租赁合同》。

因此，根据合同的相对性原理，决定了《租赁合同》只能约束该合同签订的双方，而该合同与甲公司没有关系。无论，甲公司与陈某之间的合同效力如何，均不能导致甲公司直接向某租赁站承担付款责任的法律后果。不能把陈某与某租赁站之间的合同债务转嫁给作为合同第三人的甲公司。

（2）B市中级人民法院认定：甲公司是陈某与某租赁站签订的《租赁合同》的实际受益人，且甲公司已实际使用了涉案架料，陈某与甲公司之间的《供应合同》属工程分包合同。并以该合同违反了相关法律规定为由，认定陈某与某租赁站签订的《租赁合同》的法律责任应由甲公司承担。结论的推导逻辑混乱，违反了法律适用的基本规则。

首先，甲公司并未实际使用架料。甲公司已将外架、脚手架搭拆工程承包给陈某，该部分工程的架料由陈某提供，并由其使用，其也因此得到甲公司支付的相应价款。

其次，《供应合同》是否有效，是否违法，均不能直接将本案责任转嫁于甲公司。即使《供应合同》是违法的分包合同，甲公司承担的也只是针对《供应合同》违反法律法规产生的责任。陈某作为完全民事行为能力人，在没有甲公司任何授权的情况下，自主与某租赁站签订《租赁合同》，产生的法律后果当然应由陈某承担，与甲公司无关。

在再审申请中，律师的代理意见主要有以下三点：

（1）陈某与某租赁站（黄某）签订的《租赁合同》与甲公司无关。第一，从该合同的签约主体来说，该合同的签约主体有陈某、丙公司，甲公司不是该合同的签约人，也没有在合同上盖公章，不是该合同的签约主体。该合同只能约束陈某、黄某以及丙公司，与甲公司无关。第二，《租赁合同》是合同各方当事人的真实意思表示，不违反法律法规的强制性规定，属于有效合同。陈某与黄某应全面履行该合同约定的义务，行使约定的权利。依据合同相对性原理，陈某既然未按照合同约定履行义务，就应该承担相应的违约责任，没有法定事由就不能突破合同相对性要求甲公司承担责任。

（2）原二审判决认定甲公司违法分包从而判决甲公司向某租赁站（黄某）承担连带责任，属于适用法律错误。第一，按照《最高人民法院关于审理建设工程施工合同纠纷案件适用法律问题的解释》第2条的规定，即使分包合同无效，甲公司承担的也仅是按照合同约定向陈某支付工程款的义务，而不是突破合同相对性向某租赁站（黄某）支付租金的义务。第二，《供应合同》和《租赁合同》的主体、内容、客体均有不同，分属于两个不同的法律关系，无论《供应合同》是否有效均不能导致甲公司突破合同相对性向另一个法律关系中的主体承担连带责任的后果。第三，即使按照司法解释的相关规定，甲公司需要对黄某作为实际施工人在欠款范围内承担责任，但甲公司在庭审过程中已经提供充分证据证明自己已经与陈某履行了《供应合同》的约定义务，已经付清了陈某的建筑工程款项。在已经结清了与陈某工程款的前提下再要求甲公司承担连带责任，既违反合同和法律规定，也显失公平。因为甲公司在依约履行情况下，承担了双倍责任。

（3）陈某与黄某签订《租赁合同》的行为不可能对甲公司构成表见代理。《租赁合同》只能约束陈某与黄某，如果说要构成表见代理也只能针对丙公司构成表见代理，而不是甲公司。《供应合同》是否有效，在甲公司已经向陈某付清了工程款项的情况下无论如何都不能导致甲公司再向黄某承担连带责任。

 【承办律师】

杜汉杰，贵州黔坤律师事务所房地产、建设工程、人身损害领域专业律师。

 【法律适用评析】

引发本案纠纷的是陈某与某租赁站之间签订的《租赁合同》，合同是有关建筑周转材料的租赁，在诉讼中，作为出租方的某租赁站要求租赁合同之外的第三人甲公司承担违约责任。根源是依照甲公司与陈某之间签订的《供应合同》约定，由陈某向甲公司供应外架、脚手架及钢管扣件，同时由陈某负责甲公司建设施工的项目外架、脚手架的搭拆及安全网的布设及工程防护工作。《供应合同》同时对供应价格、违约责任、工程支付等事宜进行了约定。甲公司已向陈某履行了合同义务。

针对甲公司应否承担租赁合同违约责任，一审法院一方面需认定陈某与某租赁站签订的《租赁合同》是否构成对甲公司的表见代理；另一方面需认定陈某与甲公司之间的《供应合同》中劳务分包的性质。最终，一审判决甲公司对《租赁合同》的违约承担连带责任。二审法院纠正了一审对劳务合同效力的认定，依据是民事诉讼的"不告不理"原则，但仍判决甲公司对《租赁合同》的违约承担连带责任。再审经省高级人民法院提审后，裁判理由强调甲公司的过错是导致《租赁合同》违约的原因，且未归还的扣件尚在甲公司涉案的工程上，遂据此改判其对《租赁合同》的违约责任承担补充赔偿责任。

本案中，甲公司、陈某和某租赁站三方当事人之间的关系，涉及两个合同，一是《租赁合同》，一是《供应合同》；而三级法院一审、二审和再审的裁判理由均涉及对两个合同的认定。实践中，建筑周转材料租赁合同纠纷和劳务分包合同纠纷，是建筑市场普遍存在的纠纷类型。

一、建筑周转材料租赁合同纠纷及其解决

建筑周转材料租赁合同，是指出租人将建筑周转材料交付承租人使用、收益，承租人支付租金的合同。因该类合同履行过程中产生的确认、变更、撤销等诉讼，都可列为建筑周转材料租赁合同纠纷案件。在民事案由的归类上，此类案件为"租赁合同纠纷"。建筑周转材料，是指建筑工程施工过程中，能保障施工安全和施工便利，在施工结束后能与建筑物分离的施工用料，比如钢管、扣件、竹架板、安全网、钢模、角模等材料。随着建筑行业的产业发展与分工的细化，从事这类材料租赁业务的行业已经初具规模。[1]从建筑市场来看，一方面，对于建筑企业而言，考虑到物资的周转、折旧以及相应的先进性更替等因素，会在诸多的材料设备方面采用租赁的方式来代替自行购买的行为，这不仅可以达到使用的目的，也可以更加灵活地筹划自身的资金、资产折旧等因素，增强自身的经营效率和效果。另一方面，对于周转材料行业来说，其具有依附性。因此，在经济活动中，建筑周转材料行业由于与建筑企业的业务关系而导致的合同风险，不仅涉及对建筑企业作为租赁方的权益保护，也涉及对周转材料企业的权益保护。

本案租赁合同，是典型的以包工头（个人）为承租人的租赁合同纠纷。其中，租赁合同上签字的是陈某，而盖章的丙公司印章经鉴定是伪造的。

这类情形下的被告资格和责任承担主体的认定，是实务中的难点。为此，形成了多种不同的司法观点：有观点认为，法律对建筑工程的转包和分包有严格的要求，《最高人民法院关于审理建设工程施工合同纠纷案件适用法律问

---

[1]　陈建新："建筑周转材料租赁合同纠纷主体认定及责任承担——以拖欠租金引发的纠纷为视角"，载《四川理工学院学报（社会科学版）》2011年第4期。

题的解释》第 4 条明确规定，承包人非法转包、违法分包建设工程或者没有资质的实际施工人借用有资质的建筑施工企业名义与他人签订建设工程施工合同的行为无效。因此，包工头的分包行为是违法的，其在分包期间签订的建筑周转材料租赁合同因违法而无效，所有责任应当由作为公司的总承包人或分包人承担，并据此将建筑工程的总承包人或分包人认定为被告。也有观点认为，包工头租赁建筑周转材料的行为，应当视为职务行为，由此产生的法律责任应当由具有法人资格的总承包人或分包人承担，因而应以建设工程的总承包人作为被告。还有观点认为，包工头租赁的建筑周转材料用于总承包人或分包人承包的建设工程，他们才是合同的受益人，因而应当以总承包人或分包人作为被告。

理论研究提出，应根据合同相对性，在建设单位与承租人之间已结清租金的情况下，应由承租人自行对建筑材料租赁合同的出租人承担责任，而建筑材料租赁合同的出租人也应承担审慎审查合同相对人的义务。根据责任自担的基本原则，因租赁合同产生的责任不应当转嫁至任何第三人，而必须由作为合同当事人的包工头作为被告来依法承担。因为，建筑周转材料租赁行业是一个准入门槛很低的行业，自然人、个体工商户都可以从事租赁行为。包工头与出租方签订的建筑周转材料租赁合同如果不违法，且系双方真实意思的表示，则应当认定为有效。至于包工头与总承包人或分包人的关系，即转包、分包是否违法的问题，属于另一法律关系，应当另案处理。此外，即使租赁的建筑周转材料用于建设工地，在总承包人和分包人已经将包括建筑周转材料租金在内的全部工程款支付给包工头，但包工头并没有根据租赁合同将建筑周转材料租金按约支付给出租人的情况下，也不能断言合法的总承包人与分包人就是租赁合同的受益人。租赁合同的直接受益人应当是合同当事人即包工头，适格的被告也应当是包工头个人。

即使保护建筑周转材料出租人的合法利益，也不能矫枉过正，不能不顾一切地保护出租人的利益。出租人在签订建筑周转材料租赁合同时，应当负担审慎审查对方主体资格的义务。对于因租赁合同对方系个人而可能缺乏履约能力的市场风险，出租人应当预见并自行承担。

民事案件的处理，法院应当依据法律关系的性质，通过证据来梳理案件事实，以便对案件作出公正的裁判，非法转包工程引起的债务纠纷也不例外。法院在处理该类案件时，在依法审理案件的同时，对案件中出现的违法乱纪现象，可以依职权向相关单位出具司法意见，以追究案件当事人的行政责任，而不应当为了保护债权人的利益，突破合同关系的相对性，让合同关系之外的承包商承担责任。这样做不但于法有据，也符合意思自治的基本原则，同时还可以避免承包商陷于恶意串通的虚假诉讼当中。换而言之，如果不论合同主体，一概将建设工程总承包人和分包人列为建筑周转材料租赁合同纠纷案件的被告，就会使建筑周转材料租赁行业成为一个没有任何市场风险的行业，也会在客观上起到帮助包工头逃避法律责任的效果，这显然是不符合市场规则的。[1]

最高人民法院在指导意见中也明确指出，个案审查中，应严格地对表见代理进行司法判断。《最高人民法院关于当前形势下审理民商事合同纠纷案件若干问题的指导意见》第 13 条指出："合同法第四十九条规定的表见代理制度不仅要求代理人的无权代理行为在客观上形成具有代理权的表象，而且要求相对人在主观上善意且无过失地相信行为人有代理权。合同相对人主张构成表见代理的，应当承担举证责任，不仅应当举证证明代理行为存在诸如合同书、公章、印鉴等有权代理的客观表象形式要素，而且应当证明其善意且无过失地相信行为人具有代理权。"[2]同时，该指导意见第 14 条还进一步指出："人民法院在判断合同相对人主观上是否属于善意且无过失时，应当结合合同缔结与履行过程中的各种因素综合判断合同相对人是否尽到合理注意义务，此外还要考虑合同的缔结时间、以谁的名义签字，是否盖有相关印章及印章真伪，标的物的交付方式与地点、购买的材料、租赁的器材、所借款项的用途、建筑单位是否知道项目经理的行为、是否参与合同履行等各种因素，作出综合分析判断。"

从本案的司法审查来看，一审法院以建设单位是租赁材料的实际受益人为由，判决甲公司承担连带责任；二审法院则根据查明的实际使用材料的事实，对甲公司上诉理由所称"不知租赁合同存在"，未予采信；再审法院省高级人民法院，则根据最高人民法院的裁判指导意见，从租赁合同相对人的举证责任角度，认定陈某在与甲公司签订《供应合同》之前，已经以甲公司某

---

〔1〕 陈建新："建筑周转材料租赁合同纠纷主体认定及责任承担——以拖欠租金引发的纠纷为视角"，载《四川理工学院学报（社会科学版）》2011 年第 4 期。

〔2〕 《合同法》第 49 条规定："行为人没有代理权、超越代理权或者代理权终止后以被代理人名义订立合同，相对人有理由相信行为人有代理权的，该代理行为有效。"

安置房项目部的名义与某租赁站签订《租赁合同》，承租方落款签名为陈某个人。但某租赁站在陈某没有提供甲公司的相关授权文书、营业执照或涉案项目分包合同的情况下即与其签订《租赁合同》，合同虽然成立，但不符合表见代理的构成要件，不构成表见代理。可见，三审法院对以包工头（个人）名义签订的合同责任承担主体的审查，实际上存在不同的审查标准。

再审中，省高级人民法院的裁判审查标准，一方面，是对最高人民法院裁判指导意见的贯彻；另一方面，也与甲公司再审代理人准确的诉讼策略定位直接相关，再审申请的重点正是立足于甲公司的租赁合同责任豁免诉求而强调合同相对性原理。

另外，值得注意的是，本案中还涉及建筑周转材料租赁合同上加盖的假公章对被告主体资格认定及责任承担的影响问题。丙公司虽然在租赁合同的当事人即"乙方"处盖章，但诉讼中丙公司抗辩盖章系伪造并非其真实意思表示，经申请鉴定，确认系伪造。这也是较为多发的纠纷情形，周转材料企业为了控制与包工头之间签订的合同风险，要求其提供所属的建设单位或其他公司做担保人。同类典型案例有《人民法院报》2011年4月20日登载的冯某与H建工集团及R出租站之间的建筑周转材料租赁合同纠纷。H建工集团提出抗辩意见，称租赁合同上加盖的该集团B项目部的公章系冯某私刻的假公章。司法审查中，凡是庭审中有被告提出租赁合同上公章不真实抗辩意见的，人民法院亦认为租赁合同上的公章真伪确为查清案件事实的关键证据时，应该询问被告是否申请鉴定。人民法院应当依申请或依职权追加在租赁合同上签字的自然人作为被告或第三人，以便查明租赁合同签订的经过及与公章加盖有关的事实。一旦鉴定结论认定公章系伪造，人民法院可以认定被告抗辩意见成立，援引《最高人民法院关于适用〈中华人民共和国民事诉讼法〉若干问题的意见》第49条"……他人冒用法人、其他组织名义进行民事活动，……以直接责任人为当事人"之规定，判决由在租赁合同上签字的自然人承担责任。所以，本案中，关于丙公司的租赁合同当事人地位，审理法院均认定其并非合同主体。

二、劳务分包合同的认定及其效力

根据相关司法解释，在建设工程施工中，若存在工程分包，分包合同无效；若构成劳务分包，则可能分包合同合法有效。《最高人民法院关于审理建设工程施工合同纠纷案件适用法律问题的解释》第 4 条规定："承包人非法转包、违法分包建设工程或者没有资质的实际施工人借用有资质的建筑施工企业名义与他人签订建设工程施工合同的行为无效。人民法院可以根据民法通则第一百三十四条规定，收缴当事人已经取得的非法所得。"第 7 条规定："具有劳务作业法定资质的承包人与总承包人、分包人签订的劳务分包合同，当事人以转包建设工程违反法律规定为由请求确认无效的，不予支持。"

劳务分包的法律概念，源自《房屋建筑和市政基础设施工程施工分包管理办法》第 5 条第 3 款规定："本办法所称劳务作业分包，是指施工总承包企业或者专业承包企业（以下简称劳务作业发包人）将其承包工程中的劳务作业发包给劳务分包企业（以下简称劳务作业承包人）完成的活动。"

在司法实务中，存在大量施工企业将转包、违法分包等违法行为包装为劳务分包，借劳务分包之名行转包或违法分包之实，意图使违法行为合法化的现象。因此，如何具体界定合法的劳务分包成为问题的关键，对此，各地高级人民法院的规定也不尽相同。一般而言，区分劳务分包与转包，并防止借劳务分包之名订转包合同违法之实，首先需要明确界定劳务分包。《福建省高级人民法院关于审理建设工程施工合同纠纷案件疑难问题的解答》第 2 条规定，劳务分包是指建设工程的总承包人或者专业承包人将所承包的建设工程中的劳务作业（包括木工、砌筑、抹灰、石制作、油漆、钢筋、混凝土、脚手架、模板、焊接、水暖、钣金、架线等）发包给劳务作业承包人完成的活动。转包是承包人将所承包的全部建设工程转由第三人施工完成。劳务分包既不是转包，也不是分包；转包及违法分包为法律所禁止，劳务分包则不为法律所禁止。《北京市高级人民法院关于审理建设工程施工合同纠纷案件若干疑难问题的解答》第 4 条规定，同时符合下列情形的，所签订的劳务分包合同有效：①劳务作业承包人取得相应的劳务分包企业资质等级标准；②分包作业的范围是建设工程中的劳务作业（包括木工、砌筑、抹灰、石制作、油漆、钢筋、混凝土、脚手架、模板、焊接、水暖、钣金、架线）；③承包方式为提供劳务及小型机具和辅料。合同约定劳务作业承包人负责与工程有关的大型机械、周转性材料租赁和主要材料、设备采购等内容的，不属于劳务分包。所以，判断是否属于劳务分包的关键，在于分包作业的范围是否属于劳务作业。

对于工程分包和劳务分包的区别，最高人民法院在典型案例的裁判要旨中明确指出：建设工程分包合同的主要法律特征是承包方将其承包的部分工程交给第三方完成，第三方就其施工交付的工程获得工程价款；劳务分包合同的主要内容指向的是工程施工中具有较强专业技术性的劳务作业，其对象是计件或者计时的施工劳务，主要指人工费用以及劳务施工的相应管理费用。因此，承包人将部分工程交由他人施工并负有支付工程价款义务的，虽名为劳务分包，但构成工程分包。典型案例中，江西通威公司与黄某盛先后签订两份《公路建设工程施工劳务承包合同》，约定的主要内容是江西通威公司将其承包泉三高速公路公司的泉三高速公路 QA4 合同段路基、土石方、涵洞、防护排水、土建工程交给黄某盛施工，双方按照江西通威公司与泉三高速公路公司签订的中标单价下浮一定比例结算工程价款。江西通威公司与黄某盛、林某勇实际履行了上述合同。上述合同约定内容符合工程分包合同的法律特征，一审判决将其认定为工程分包合同，并以黄某盛、林某勇不具备相应资质承揽工程违反法律禁止性规定为由，认定合同无效，适用法律正确。[1]

从法律依据来看：《建筑法》第 29 条规定，建筑工程总承包单位经发包人同意，可以将承包工程中的部分工程发包给具有相应资质条件的分包单位。依据上述法律规定，建设工程分包合同的主要法律特征是承包方将其承包的部分工程交给第三方完成，第三方就其施工交付的工程获得工程价款。住房和城乡建设部颁布的《房屋建筑和市政基础设施工程施工分包管理办法》将劳务作业分包定义为，施工总承包企业或者专业承包企业将其承包工程中的劳务作业发包给劳务分包企业完成的活动。原建设部颁布的《建筑业劳务分包企业资质标准》规定，木工、砌工、抹灰、油漆等十三种作业类别属于劳务作业范围。在行政主管部门规章中，劳务分包合同的主要内容指向的是工程施工中具有较强专业技术性的劳务作业，其对象是计件或者计时的施工劳务，主要指人工费用以及劳务施工的相应管理费用。

总之，结合本案，首先要区分三类合同，即工程分包合同、劳务分包合同以及周转材料租赁合同。三类合同目的都是建筑工程建设，但却并非发包方与承包方签订的施工合同。而一旦出现纠纷，三类合同费用的给付，可能

---

[1] 黄某盛、林某勇与江西通威公路建设集团有限公司、泉州泉三高速公路有限责任公司建设工程分包合同纠纷二审民事判决书（最高人民法院［2013］民一终字第 93 号）。

使得建设工程承包人被动涉诉。因此，合理规避三类合同风险，是建筑企业需要注意的。本案最终再审法院改判甲公司承担补充责任。显然对于发包人的法律风险控制而言，补充责任作为一种次后于主债务人的责任，与连带责任有着根本区别。

第二节　合同无效的认定

违反主管部门清单招标的建设工程合同，是否当然无效？工程价款结算的依据如何确定？

◈【法律服务】

代理人接受仲裁申请人的委托，提出代理意见。针对建设工程合同效力问题，虽然被申请人主张合同因违反《招标投标法》及 2000 年原国家发展计划委员会的招标清单而无效，看似理由充分，但申请人律师提出的招标清单的历史意义、被申请人在合同中应该遵守诚实信用原则以及申请人已完成施工并验收合格等专业意见，最终得到仲裁庭认可，支持申请人申请对合同效力先行裁决的请求。经过努力最终成功促成被申请人接受和解。

◈【基本案情】

申请人称：申请人与被申请人于 2009 年签订了《建设工程施工合同》，合同约定：由申请人负责施工被申请人位于某县的"中城天下"工程项目，工程名称是"中城天下"工程项目，工程内容是"中城天下"工程一期项目 1~4 号楼，建筑面积为 92 418 平方米，地下 1 层，裙楼 3 层，塔楼 28 层，共 4 幢，框剪结构。2012 年 3 月 19 日，双方签订了《补充协议》，对《建设工程施工合同》部分内容进行了变更与修改。2015 年 4 月 29 日，申请人本着互谅互让的原则与被申请人签订了《补充协议》，该《补充协议》第 1 条对施工许可手续的提供时限、套数等进行了约定，因被申请人未履行上述合同和补充协议，提出如下仲裁请求：

一、裁决被申请人支付工程款 18 228 537.66 元及以《补充协议》之约定送达《解除合同通知书》之日起至今的资金占用费 85 218.41 元（按送达

《解除合同通知书》之日 2015 年 6 月 12 日计算至 2015 年 7 月 15 日，具体以对方实际支付该进度款之日计算）。

二、裁决被申请人支付 2015 年 1 月 4 日"全面停工"前签字认可的停工损失 670 177.40 元。

三、裁决被申请人支付 2015 年 1 月 4 日至 2015 年 4 月 15 日期间的停工、窝工损失 202 000 元（按双方于 2012 年 3 月 19 日约定的停工、窝工损失计算方法计算，即 2000 元/天）。

四、裁决被申请人支付 2015 年 6 月 3 日至 2015 年 7 月 27 日期间的停工、窝工损失 540 000 元（按双方于 2012 年 4 月 29 日约定的停工、窝工损失计算至 2015 年 7 月 27 日，具体以裁决解除合同并实际完毕之日计算，即 10 000 元/天）。

五、裁决被申请人支付前期购买的材料费及基础设施投入，包括钢材、活动板房的建制、配电房等投入的损失约为 598 001.08 元（其中钢材约 231 257 元，活动板房约 216 726.08 元，配电房两个约 150 000 元）。

六、裁决被申请人支付交纳劳保统筹费用 204 250 元。

七、裁决被申请人支付申请人可期待利益 11 800 000 元。

八、裁决被申请人赔偿申请人就本案支付的律师费 207 142 元。

九、仲裁费及保全相关费用（保全费用 5000 元）由被申请人承担。

被申请人答辩称：

一、申请人与被申请人签订的《建设工程施工合同》因违法而无效，属无效合同，不存在合同解除的情形。

二、因合同无效，申请人第 1 项的资金占用损失，第 2、3、4、5、7、8 项的仲裁请求不应支持。

三、申请人仲裁请求第 1 项中的 18 228 537.66 元工程款是申请人单方报送的工程量，双方未进行审核结算。

四、申请人施工的"中城天下"工程项目 1~4 号楼，1、2 号楼的基础未施工完毕，3、4 号楼根本没有动工。现申请人因无力垫资继续施工，已擅自撤出施工工地，其并未将已施工的工程交付给被申请人，更不存在验收，故应当对 1、2 号楼已施工部分的工程的质量承担责任。

五、关于申请人已施工的 1、2 号楼的基础部分工程款的问题，应当按照《最高人民法院关于审理建设工程施工合同纠纷案件适用法律问题的解释》第

2、3 条的规定进行处理。

六、申请人对《建设工程施工合同》无效存在过错，应当承担相应责任。

【仲裁调解】

申请人与被申请人双方达成调解协议：同意解除合同；由被申请人向申请人支付工程款及其他费用 1950 万元。双方还对具体支付期限和方式以及未按期全额支付的后果进行了明确。

【律师意见】

合同效力，是本案的关键。一旦无效，事关申请人利益损失赔偿的违约责任诉求就不能实现。相反，只要合同有效，双方就有较大的协商余地。针对被申请人主张合同因违反《招标投标法》及 2000 年原国家发展计划委员会的招标清单而无效，应据理反驳。

第一，申请人并未违反公共利益。主张被申请人作为发包的业主方对于项目招投标有更直接的管控能力，应承担项目开工前遵守招投标相关规定的法律义务，以及符合招投标所规定的社会公共利益的公共政策要求。

第二，申请人现已完成工程施工，在满足建设工程竣工验收合格及没有损害社会公共利益的前提下，理应适用当事人真实意思表示并实际履行的合同约定调整双方之间的法律关系。

第三，申请人要求被申请人支付工程款及追究一系列违约责任，有事实和法律依据。

【承办律师】

贾倞，贵州黔坤律师事务所主任。1991 年从清华大学毕业，1997 年开始从事律师工作。在处理疑难复杂的房地产纠纷及建筑纠纷案件方面具有丰富经验。

【法律适用评析】

一、违反订立程序的合同效力认定

对合同效力的审查，是合同纠纷审查的第一步。本案建设工程施工合同

涉及的建设项目，属于根据原国家发展计划委员会发布的《工程建设项目招标范围和规模标准规定》中应该公开招标的项目，应按照《招标投标法》规定的程序进行，但实际上却未经招投标。

违反对招投标程序的规定，是认定合同无效的原因。本案属于应招标而未招标的情形，该无效情形，区别于中标备案合同与实际履行合同实质不一致的"黑白合同"情形即多份施工合同共存的情形。但二者因为违法合同订立程序，会共同面临"如何确定工程实际建设完成后的工程款结算依据"、终止合同法律关系的问题。

违反对招投标程序的规定，认定合同无效的法律依据有：第一，2000年1月1日施行的《招标投标法》全面规范招标投标活动，为建设工程招标投标确立了基本规则。该法第3条规定必须招标的范围包括三类：一是大型基础设施、公用事业等关系社会公共利益、公众安全的项目；二是全部或者部分使用国有资金投资或者国家融资的项目；三是使用国际组织或者外国政府贷款、援助资金的项目。对于前述项目的具体范围和规模标准，由国务院发展计划部门会同国务院有关部门制定。第二，2000年由原国家发展计划委员会发布的《工程建设项目招标范围和规模标准规定》对《招标投标法》第3条规定的必须进行招标的工程建设的具体范围和规模标准进行了具体规定。第三，2005年1月1日施行的《建设工程司法解释》对建设工程招投标的两种情形予以规定。其中，该解释第1条明确规定了建设工程必须进行招标而未招标或者中标无效的建设工程施工合同无效；第21条则规定了另一种"黑白合同"的情形。因此，个案合同效力的认定结论，考虑到招投标法律中公共政策需要，优先适用公共利益保护原则。

合同无效的处理后果上，关于工程款结算依据的确定，《建设工程司法解释》第2条规定："建设工程施工合同无效，但建设工程经竣工验收合格，承包人请求参照合同约定支付工程价款的，应予支持。"该规定主要考虑建设工程的特殊性，虽然合同无效，但施工人的劳力和建筑材料已经物化在建筑工程中，承包人还是可以依据合同约定主张工程价款。但对于该条的理解实践中有疑问的是：建设工程施工合同无效，承包人对参照合同约定结算或者按实结算是否享有选择权，发包人是否有权请求参照合同约定支付工程价款？

对此，存在两种实务观点。第一种意见认为，《建设工程司法解释》第2条实际上赋予承包人对工程价款结算方式以选择权，即承包人可以主张参照合同约定的结算方式进行结算，也可以主张按实结算，并没有给予发包人选择按合同约定价款结算的权利。建设工程施工合同被认定无效后，关于双方如何结算的问题，应当适用《合同法》第58条"合同无效后或者被撤销后，因该合同取得的财产，应当予以返还；不能返还或者没有必要返还的，应当折价补偿"的规定。第二种意见认为，按照《建设工程司法解释》第2条规定的精神，对于经验收合格的工程，建设工程施工合同被认定无效后，承包人可以请求按照合同约定支付工程款，发包人同样可以请求按合同约定支付工程款，无论发包人或承包人选择与否，均应参照合同约定支付工程款，除非双方另行协商一致按实结算。实务中多主张适用《合同法》关于合同无效处理"折价补偿"的规定。[1]

另外，司法实务中也不是将违反对招投标程序的规定都一律认定为无效，存在顺应建筑业招投标制度改革发展的观点。2000年原国家发展计划委员会发布的《工程建设项目招标范围和规模标准规定》规定的范围较宽，大量的建设工程都需要进行招投标。但2014年5月，住房和城乡建设部下发《住房和城乡建设部关于开展建筑业改革发展试点工作的通知》，将吉林、广东、江苏、安徽作为建筑市场监管综合试点地区，改革招投标监管方式。2014年7月，住房和城乡建设部下发《住房和城乡建设部关于推进建筑业发展和改革的若干意见》，提出要调整非国有资金投资项目发包方式，试行非国有资金投资项目建设单位自主决定是否进行招标发包。强制招投标与最终的建设质量保障之间没有因果关系。回应建筑业招投标制度试点改革，司法没必要再"一刀切"地对此做否定性评价。[2]

强制招标项目的法律依据，也有了发展变化。2017年修正的《招标投标法》第3条仍规定具体范围和规模标准，由国务院发展计划部门会同国务院有关部门制定，报国务院批准。2018年6月1日，国家发展和改革委员会发布的《必须招标的工程项目规定》取代之前《工程建设项目招标范围和规模标准规定》。所以，对建设项目是否必须经招投标程序，有了新的法律指引。

二、合同效力认定与承包人利益维护

建设项目是否属于必须强制招投标的范围，事关施工合同的效力评价，

---

〔1〕 潘军锋："建设工程施工合同案件审判疑难问题研究"，载《法律适用》2014年第7期。
〔2〕 李后龙等："建设工程招投标纠纷案件审判疑难问题研究"，载《法律适用》2017年第7期。

进而会影响工程款结算、违约金或损失赔偿主张等关键性问题，对建设工程领域发包和承包双方均具有重要意义。一旦合同无效，其处理后果会造成承包人的合同利益难以被有效维护。具体来说，会适用"折价补偿"承包人物化在工程中的投入来结算工程款；在对方违约的情况下不能主张合同约定的违约金条款；损失赔偿适用过错责任也会加重承包人的举证责任。

本案的基本事实是，申请人作为承包人已完成建设工程施工并经验收合格，但建设工程合同项目却有违招标清单。本案在仲裁过程中，作为承包方的代理人，承办律师成功抓住了合同效力应认定为有效的关键立足点。强调：第一，仲裁与法院审判不同，仲裁适用的规则应该是诚实信用，这优于一般的具体法律规定。本案中标通知书虽明标暗招，但过错在被申请人。第二，违反原国家发展计划委员会的清单，并不导致合同当然无效。实际上，2000年原国家发展计划委员会的清单已远远不能适应社会的发展，国务院再行制订了新的标准。所以，应用发展的眼光看此清单，而2018年新的清单出台，足以支持这种看法。即使在司法实践中，针对这类合同也非认定绝对无效。有相关判例可支持。第三，我方要求仲裁庭对效力问题先予裁决，以便促成与被申请人的进一步协商。最终，成功说服仲裁庭，对合同效力作出有利的先行裁决。这直接促成双方协商和解，达成了申请人依据合同约定追偿欠付工程价款和其他法律责任的利益最大化目标。

第三节　合同无效的处理

建设工程施工项目纠纷"案中案"：合同无效后的损失赔偿，应如何举证损失的大小和过错？停工损失赔偿，与合同无效后的损失赔偿是否相同，司法审查标准是什么？实际施工人认定，坚持合同相对性的理由何在？

【法律服务】

代理人接受承包方（B 公司）委托，参与同一建设工程所涉三个案件的诉讼。案一是发包方与承包方之间的合同纠纷，经代理人上诉后，二审法院裁定发回重审。案二是实际施工人与分包方建设工程合同的无效处理，代理人诉称一审法院基本事实认定不清，得到支持。案三是实际施工人甲诉承包人 B 公司和分包人 C 公司的案件，经代理人上诉后，二审法院裁定发回重审。从专业角度，尽力争取到客户最大利益。

【基本案情】

案例一：发包方与承包方解除合同和工程价款支付纠纷

被上级二审法院发回一审基层法院重审，原告（反诉被告）发包方 A 公司以承包方 B 公司一直停工且未按照合同约定时间支付履约保证金，构成违约为由，将其诉至法院，要求：①判决解除原、被告签订的《水月产业园区2、3 号标准化厂房（BT）建设工程合同》；②判令被告从水月产业园区2、3 号标准化厂房工地撤出；③本案诉讼费由被告承担。

被告（反诉原告）承包方 B 公司辩称，请求驳回原告的诉讼请求，根据原告所提交的证据，原告与被告签订的《水月产业园区2、3 号标准化厂房（BT）建设工程合同》属于无效合同，非因有效而解除。在双方签订的合同中，原告并没有履行支付被告工程款的义务，原告没有履行完其义务，不应拆除设施及厂房。

被告（反诉原告）承包方 B 公司，主张自己实际已支付 600 万元（其中第一次支付约 144.6 万元作为工资支付，第二次支付 403.296 万元作为工资和材料款进行代付）的履约保证金，并按合同约定完成了 466.7 万元的工程，但 A 公司至今未给付工程款。B 公司曾多次向 A 公司主张该工程款和保证金未果。另外，A 公司至今未依法办理完成施工前的建设手续和施工现场的拆迁工作，导致项目停工并造成 B 公司重大经济损失。特提起反诉，要求：①判令反诉被告支付反诉原告已完成工程款 466.7 万元及按 12% 支付投资收益率 56 万元；②判令反诉被告全额退还反诉原告履约保证金 52.1 万元及其利息 16.2 万元；③判令反诉被告赔偿反诉原告经济损失 409.9 万元；④本案诉讼费由反诉被告承担。

原告（反诉被告）A 公司对反诉辩称，本案双方合同的模式是 BT 工程，即 A 公司是向 B 公司购买成品，在 B 公司没有把工程施工完毕并经验收合格以前，按合同约定是不能支付工程款的，现在 B 公司所施工的场地仍然是空地一块，不符合合同约定的支付工程款条件。另外，按照合同约定，拆迁及附着物补偿费用是纳入全部工程款范围的，因为 B 公司没有资金支付占地的补偿款才导致停工，停工原因完全由 B 公司所导致。因此，A 公司当然不应支付 B 公司任何经济损失，至于 B 公司提到应退还保证金 52.1 万元，此部分费用 A 公司同意退还，但是履约保证金的目的是促使 B 公司按合同约定施工，并不是 A 公司向 B 公司的借款，并且在 B 公司施工期间，A 公司按照 B 公司要求用履约保证金支付了部分农民工工资，所以 B 公司要求支付履约保证金的利息既无法律规定，也不公平。

【法院裁判（案一）】

一审法院查明，2013 年 9 月 28 日，A 公司与 B 公司签订《水月产业园区 2、3 号标准化厂房（BT）建设工程合同》，约定由 B 公司向 A 公司承建水月产业园区 2、3 号标准化厂房建设工程，并于合同签订后 15 日内交纳履约保证金 600 万元，合同还约定了其他事项。

2013 年 10 月 21 日，B 公司在未取得 A 公司同意的情况下，与 C 公司签订《合作协议》，将该工程交由 C 公司施工。2013 年 12 月 3 日，A 公司通知

B 公司开始进场施工。

2013 年 12 月 2 日、2014 年 7 月 28 日、2014 年 8 月 8 日，B 公司分别向 A 公司支付保证金合计 600 万元。

2014 年 4 月 23 日，B 公司向水月产业园区管委会提交报告称施工过程中发现周边农户存在危房，如继续施工，可能影响周边房屋安全，要求停止施工，待新方案产生后复工。

2014 年 4 月 24 日，水月产业园区管委会住建局出具处理意见，表明暂时停止施工，待周边民房拆迁完毕后再行施工。

2014 年 8 月 14 日，经水月产业园区党工委书记周某主持协调，双方约定将原签订的 BT 合同中第 17 条第 2 款变更为："由于乙方原因导致工程连续停工两个月以上，甲方有权单方解除合同。甲方按经审计确认后已经完成的合格工程的 70%工程量结算，乙方缴纳的保证金甲方在两个月内全额退回。"并约定："1. 在 8 月 20 日正式启动该项目的招投标工作，费用由园区负责，由 B 公司垫付；2. 园区 8 月 15 日正式启动项目红线范围内拆迁工作，10 月 15 日完成拆迁任务，若因拆迁影响施工，园区全权负责，并同意将工期延续，工程按 2014 年 10 月 15 日起开始计算工期；3. B 公司在 8 月 19 日前处理好施工方提出的相关问题，确保不出现影响社会稳定的因素。"B 公司至今未能恢复施工。

另查明，在原庭审中，B 公司自认已从 A 公司处支取了 547.9 万元。

B 公司于 2015 年 6 月 16 日向法院申请对其在水月产业园区 2、3 号标准化厂房项目中所做的工程量及工程造价进行鉴定评估，法院启动鉴定程序后，因 B 公司不能按照鉴定机构要求提供鉴定证据材料，于 2015 年 10 月 28 日向法院申请撤回司法鉴定申请。

2015 年 12 月 14 日，法院向 B 公司发出通知，限其于 2015 年 12 月 20 日前向法院说明在该工程工地是否尚存在属于 B 公司的机械设备、临时用房、人员等，B 公司并未给予答复。在重审庭审中，A 公司自认，B 公司方已从该工程工地搬走，现工地现场是空地一块；B 公司自认，B 公司与 C 公司都已从该工程工地全部撤出。

一审法院认为：A 公司与 B 公司签订的《水月产业园区 2、3 号标准化厂房（BT）建设工程合同》，有双方的签名及加盖公章予以确认，系双方的真实意思表示，但根据《中华人民共和国招标投标法》的规定，该合同所约定的事项属于应当公开招标的范畴，但双方均未提供证据证明该合同的签订经过了招投标的法定程序，故该合同违反法律法规的强制性规定，为无效合同，故对 A 公司主张解除合同的诉请不予支持。

合同签订后，B 公司已向 A 公司支付 600 万元保证金，该工程已实际进场施工，因合同无效，A 公司应当返还 B 公司所支付的保证金及已完成的工程项目的工程款项。现 B 公司自认已向 A 公司支取 547.9 万元，故 A 公司还应返还 B 公司保证金 52.1 万元，故对 B 公司主张由 A 公司返还保证金 52.1 万元的反诉请求予以支持。

对 B 公司主张的利息 16.2 万元及经济损失 409.9 万元，B 公司系自愿支付保证金，且并未提交有效证据证明因该工程不能继续实施给其造成的损失。并且双方在签订合同时对该合同未经过招投标程序均是明知，但双方仍然签订该合同，故双方均有过错。对因此造成的损失由双方各自承担，故对 B 公司主张的利息及经济损失不予支持。

对 B 公司主张的工程款 466.7 万元及投资收益 56 万元，因其无有效证据证明已完成的工程量及对应工程款，故对该主张二审法院不予支持。

对 A 公司主张从该工程工地撤出的诉请，因双方在庭审中均自认已经撤出，该诉请已不存在。依照《中华人民共和国合同法》第 52 条第（五）项、第 56 条、第 58 条，《中华人民共和国招标投标法》第 3 条，《中华人民共和国招标投标法实施条例》第 2 条，《最高人民法院关于适用〈中华人民共和国民事诉讼法〉的解释》第 90 条之规定，判决如下：

"一、驳回原告（反诉被告）A 公司的本诉请求；

"二、原告（反诉被告）A 公司于本判决生效后十日内返还被告（反诉原告）B 公司保证金 52.1 万元；

"三、驳回被告（反诉原告）B 公司的其他反诉请求。"

【基本案情（案二）】

案例二：承包人 B 公司与分包人 C 公司的建设工程合同施工纠纷

C 公司上诉请求：①撤销一审判决书第二项判决；②依法改判被上诉人 B 的总公司、B 公司与 A 公司赔偿上诉人 C 公司停工损失人民币 5 801 812.00 元；③依法改判被上诉人 B 的总公司、B 公司向上诉人 C 公司支付代付资金人民币 200 万元的利息（计算标准为年息10%，从 2013 年 12 月 4 日起计算至民事判决确定给付之日止）；④依法改判被上诉人B的总公司对一审判决书第一项判决承担无限连带责任。

事实与理由：①一审判决将上诉人停工损失与工程成本费用混同，以上诉人与被上诉人B公司签订的《合作协议》系无效合同为由，认定上诉人应当自行承担停工损失，属于《民事诉讼法》第170条第（二）项规定的原判决认定事实错误的情形，应当依法改判、撤销或者变更；②上诉人要求被上诉人承担代付资金200万元的利息主张依法应当得到法律保护，一审判决未支持错误；③B公司作为适格主体依法应当承担相应的民事责任。

B公司辩称：C公司所主张的580万元我方已支付完毕，关于200万元，应为相互还款，对一审所认定的事实无异议。对方涉嫌恶意诉讼的情况，应当予以驳回。一审法院基本事实未认定清楚，我方建议也可以发回重审处理。

B公司上诉请求：①请求依法撤销一审判决，改判驳回被上诉人C公司一审诉讼请求或者发回重审；②本案一审、二审诉讼费全部由被上诉人承担。事实与理由：①一审判决未对上诉人已付被上诉人C公司7 862 792元的事实予以确认系案件事实认定不清，未根据无效合同相互返还的法律规定判决被上诉人返还已付工程款系法律适用错误；②本案是涉及实际施工人的建设工程合同纠纷，一审法院应将建设单位与施工单位、施工单位和实际施工人之间的账款算清才能依法判决。鉴于二审法院中，上诉人与建设单位A的建设工程纠纷案件正另案审理。为查清案件事实依法处理本案，本案一审应中止审理直至A与上诉人的案件审结，或者将两个案件合并进行审理。

C公司二审辩称：①本案争议的是停工损失和垫付资金，与工程量无关，不涉及工程量的质量是否合格等问题；②我方已向公安机关报案，其涉及职务侵占，甲并不为实际施工人，也不具备施工资质；③关于200万元的返还情况，我方认可一审所认定的内容，由于对方违约原因导致协议无法履行，与合同是否有效无关。对对方提出的支付我方700多万元金额无异议，但对金额的性质有异议，因此不认可对方所述因合同无效而相互返还的情况。本案的核心应当为停工是哪方造成的以及对停工所导致的损失情况的认定。

【法院裁判（案二）】

一审法院认定事实：2013年9月28日，被告A公司作为甲方，被告B公司作为乙方，共同签订了《水月产业园区2、3号标准化厂房（BT）建设工程合同》，合同第 1 条为"项目基本情况：工程名称：水月园区 2、3 号标准化厂房建设工程，工程项且地址：六盘水水月产业园区内，工程内容：水月产业园区 2、3 号标准化厂房，总用地面积 16 236.45 平方米，厂房总建筑面积 44 454.2 平方米，本次施工按照设计图纸中所规定的所有内容，含水、电、消防及室外所有附属工程"，合同还对其他内容进行了约定。

2013 年 10 月 21 日，被告 B 公司作为甲方与作为乙方的原告 C 公司签订《合同协议书》，双方就上述工程合作事宜达成以下协议内容："一、依据 BT 合同，本项目地址为六盘水水月产业园区内，总用地面积 16 236.45 平方米，总建筑面积 44 454.2 平方米，本项目施工包括设计图纸中所有内容，含水、电、消防及室外所有工程。二、经双方协商约定，本项目按甲方与建设方结算总价一次性下浮 12%（不含税费，税费由甲方代收代付）交由乙方实施，其结算方式取费标准依照甲方与建设方签订的 BT 合同有关结算条款执行。工程款由甲方按月进度进行支付，支付比例为应支付款的 80%。工程竣工交付使用，工程款支付至应付款的 90%，待竣工结算审计完毕支付至应付款的 95%，余 5% 保修金，保修期满后一次性付清。保修期按总包合同执行。三、乙方负责临时设施建设，并按照要求无偿提供共五间给项目业主、监理及甲方使用。乙方应配置与本项目配套的施工管理人员及劳务队伍，健全安全生产及文明施工建设，强化劳务队伍的管理。四、按照 BT 合同要求，乙方在本协议签字后三天内提供 600 万元的代付费给甲方，由甲方支付给建设方，作为本项目支付的前期费用，该代付费用满三个月后由甲方按年利率 10% 计息连本金一次性返还乙方（如支付原因影响可延迟二个月）。本协议书签订后三天内，乙方向甲方交纳 100 万元工程履约保证金，作为乙方施工履约的保证。该保证金在工程施工过半后退还乙方 50 万元，工程全部完工退还乙方 50 万元。保证金不计息。五、业主方六盘水水月产业园区内另有 5 万平方米标准厂房及乌蒙大道市政工程总计 5 亿元（此两个工程待施工合同签约后由乙方承包施工协议书另行再签）和本 2、3 号标准厂房合同暂估总价 6000 万元，总计暂估为 5.6 亿元。六、有关本项目的实施细则在施工合同中明确。未尽事宜，双方协商签订补充规定。本协议一式四份，双方各执两份，不分正副本，双方签字盖章、并在甲方收到乙方 600 万元代付费及 100 万元保证金后生效。"

此后，2013 年 12 月 2 日，原告 C 公司通过陆某账户向被告 B 公司转账汇款 200 万元。

2013 年 12 月 3 日，被告 A 公司向被告 B 公司发出《进场通知书》，通知 B 公司"三通一平"施工条件已具备，可以进场施工。此后，原告 C 公司亦根据合同约定进场施工。

2014 年 4 月 24 日，因施工场地涉及农户危房，故根据水月产业园区管委会住建局的意见暂时停止施工。

2015 年 2 月 10 日，B 公司向贵州六盘水水月产业园区管委会、被告 A 公司出具委托书，内容为"本公司承建的水月产业园区 2 号、3 号标准化厂房的工程款现全权委托我方项目负责人沈某前往你处协商收取，请贵方予以配合。（收取相关费用详见附表）。由贵方支付的工程款、保证金及民工工资、材料款、班组补偿费、工程停工损失费均抵扣我方已缴纳的工程保证金。其中民工工资、班组补偿费及材料款应分别发放至本人账户"；B 公司于 2 月 12 日向沈某方出具授权委托书，内容为："委托沈某与水月产业园区管委会协商解决 B 公司所欠施工方的农民工工资、材料款、班组补偿费用，我公司认可的共 433.6015 万元（其中项目部工资 162.9622 万元、材料及班组补偿费 210.6393 万元、工程停工损失预付款 60 万元），上述费用从我公司缴纳到水月产业园区管委会 600 万元的保证金中代为支付。农民工工资、班组补偿费及材料款由水月产业园区管委会直接发放到农民工、供材料班组、供材料方的银行账户，以上费用支付后，我公司予以认可，在今后与水月产业园区管委会结算中予以抵扣，如支付款项超出与水月产业园区管委会应支付的结算款，我公司承担相应责任。"

2015 年 3 月 12 日，B 公司向 C 公司发出联系函，要求 C 公司计算项目施工工程款，将相关资料原件和复印件交 B 公司，并要求对 2014 年 4 月 28 日后的停工经济损失提供明确和相应的原始依据。

2015 年 3 月 20 日，C 公司法定代表人沈某将项目部 19 份材料移交给 B 公司，但该移交单上并未注明所移交材料是否为原件，接收人注明"全部复印件作为参考"。后因涉案工程至今未能恢复施工，原告要求被告支付停工损失等而产生纠纷，故诉至二审法院。

另查明，A 公司作为原告方向钟山区人民法院提起民事诉讼，请求解除其与被告 B 公司签订的合同，并判令 B 公司撤出工地，B 公司在该案中提起反诉，请求支付工程款及投资收益；返还保证金及利息；赔偿经济损失 4 099 000

元。庭审中经过询问，B 公司认为其在反诉中主张的停工损失是指其与原告的共同损失，其诉请已经包含了原告的停工损失。

一审审理认为，本案当事人争议的焦点问题是：①原告主张的停工损失是否应当支持；②原告主张的代付款及利息是否应当支持；③本案应由谁承担责任。

一审法院认为，被告 A 公司与 B 公司于 2013 年 9 月 28 日签订的《水月产业园区 2、3 号标准化厂房（BT）建设工程合同》因未依法进行招投标，为无效合同，而被告 B 公司和原告 C 公司于 2013 年 10 月 21 日签订的《合作协议》，系 B 公司在未取得发包人同意的情况下，将上述所承包的全部工程内容非法转包给 C 公司，根据《最高人民法院关于审理建设工程施工合同纠纷案件适用法律问题的解释》第 4 条"承包人非法转包、违法分包建设工程或者没有资质的实际施工人借用有资质的建筑施工企业名义与他人签订建设工程施工合同的行为无效"的规定，该《合作协议》属无效合同。

关于原告主张的代付款及利息是否应当支持的问题，根据《合同法》第58 条"合同无效或者被撤销后，因该合同取得的财产，应当予以返还；不能返还或者没有必要返还的，应当折价补偿。有过错的一方应当赔偿对方因此所受到的损失，双方都有过错的，应当各自承担相应的责任"的规定，因 B 公司在质证过程中认可因《合作协议》收到过 C 公司 200 万元的款项，只是认为其中 100 万元是保证金，100 万元是代付费，因《合作协议》约定的 C 公司应支付代付款 600 万元、保证金 100 万元，现 C 公司认为其支付的为代付款，且不论所支付款项是何种名目，均应返还给 C 公司，故对 C 公司主张要求 B 公司返还 200 万元代付款的主张予以支持。关于利息，因 C 公司对 B 公司非法转包是明知的，对于合同的无效也具有过错，故由其自行承担此部分损失，C 公司主张的利息不予支持。

关于原告主张的损失是否应当支持的问题，因 C 公司所施工工程并未结算，根据 C 公司提交的损失清单，其主张的损失构成包含工程成本费用，C 公司提交的证据不能足以证明其因停工产生的实际损失，并且其自身对合同无效具有过错，对于双方因合同所产生的损失应当自行承担。故 C 公司主张的停工损失 5 801 812 元，一审法院不予支持。

关于应由谁承担责任的问题，一审法院认为根据合同的相对性，C 公司与 B 公司签订合同，款项也是支付给 B 公司的，故应由 B 公司承担返还 200

万元的责任，A 公司、B 的总公司在本案中不应承担责任。

综上，一审法院判决："一、被告 B 公司于本判决发生法律效力之日起 30 日内返还原告 C 公司 2 000 000 元；二、驳回原告 C 公司的其他诉讼请求。"

二审法院综合双方当事人的诉辩主张及理由，归纳本案二审争议焦点为：①C 公司的停工损失是否应当支持？②C 公司主张的代付款利息是否应当支持？③本案应由谁承担责任？

二审法院认为，本案中的《合作协议》系 C 公司与 B 公司在未取得发包人同意的情况下签订，依照《最高人民法院关于审理建设工程施工合同纠纷案件适用法律问题的解释》第 4 条之规定，该合同无效，一审法院认定准确，对此予以确认。

关于 C 公司的停工损失是否应当支持的问题。二审法院认为，C 公司虽对《合作协议》的无效具有过错，但 B 公司作为违法转包方也同样具有过错，B 公司作为合同相对方理应支付 C 公司过错部分停工损失费，结合二审法院查明的案件事实，B 公司已通过自己和委托水月产业园区管委会支付 C 公司共计 7 862 792 元工程款，C 公司于 2015 年 3 月 10 日提交给 B 公司的《关于 B 六盘水市水月产业园区 2、3 号标准化厂房工程停工损失的函》显示，C 公司完成的工程量经 B 公司确认为 468 万元，由此可知，B 公司多支付 3 182 792 元工程款给 C 公司，由于 B 公司在一审中未提起反诉要求 C 公司返还多支付的工程款，故对 B 公司的主张不予支持。结合本案双方提交的证据，停工的事实及原因，二审法院酌情认定 B 公司赔偿 C 公司停工损失 60 万元。

关于 C 公司主张的 200 万元代付款利息是否应当支持的问题。因案涉《合作协议》无效，有关利息返还的条款亦无效力。C 公司作为实际施工方，对于合同无效具有过错，且 C 公司作为《合作协议》的乙方也没有按照协议约定提供 600 万元的代付费给 B 公司，其要求参照《合作协议》第 4 条的约定，请求 B 公司按照年利率 10% 支付利息，没有法律依据和事实依据，二审法院不予支持。

关于应由谁承担责任的问题。根据合同相对性原则，C 公司与 B 公司签订《合作协议》，款项也是支付给 B 公司的，故应由 B 公司承担返还 200 万元的责任，A 公司、B 的总公司在本案中不应承担责任。因此，对 C 公司要求 B 的总公司承担停工损失费及返还代付资金本息责任的主张，二审法院不予支持。

综上所述，C 公司的上诉请求部分成立；B 公司的上诉请求不能成立，应予驳回。依照《中华人民共和国合同法》第 58 条，《最高人民法院关于审理建设工程施工合同纠纷案件适用法律问题的解释》第 4 条，《中华人民共和国民事诉讼法》（2012 年修正）第 170 条第 1 款第（二）项规定，判决如下：

"一、维持一审民事判决第一项；

"二、撤销一审民事判决第二项；

"三、变更一审民事判决第二项为 B 公司于本判决生效之日起十五日内赔偿 C 公司停工损失费 600 000 元；

"四、驳回 B 公司的上诉请求。"

 【基本案情（案三）】

案例三：甲以实际施工人身份向承包人 B 公司主张工程价款纠纷

甲认为其是独立于 C 公司的施工主体，对涉案工程客观履行了垫资、施工的行为，A 公司、B 公司应具有对其支付工程款的合同义务。故向一审法院起诉请求：解除其与二被告之间的实际施工关系，由二被告支付工程款 3 541 652.37 元及逾期利息 132 216 元（以年利率 5.6% 从 2014 年 4 月 26 日计算至 2014 年 12 月 26 日）。

被上诉人 B 公司二审答辩称，一审判决事实认定清楚，法律适用正确，应当依法驳回上诉人的上诉请求。具体理由如下：①B 公司并未与甲签订任何的合同，而是与本案的另一位被上诉人签订了协议，将工程转包给 C 公司，该事实已经经过省高级人民法院生效民事判决认定，上诉人认为一项工程只可能有一个实际施工人，不可能有两个实际施工人，而上诉人从未与 B 公司发生过关系，上诉人提交的证据不足以支撑其实际施工人的身份，其只是 C 公司聘请的工地施工负责人，一审对该事实的认定是准确的；②根据合同相对性的原理，我方认为原告不能将 B 公司作为被告起诉，没有法律依据；③即使甲是实际施工人，与其发生关系的也是 C 公司，根据《最高人民法院关于审理建设工程施工合同纠纷案件适用法律问题的解释（一）》第 26 条第 1 款的规定，多次转包或违法分包的，后续的施工人应该按照合同关系，对上一手施工人和违法转包人起诉，而不能突破合同相对性，直接起诉前两手的分包人；④本案案涉工程实际上已经发生多起诉讼，包括业主方起诉 B 公司和 C 公司，C 公司和 B 公司之间的诉讼以及本案，其中 C 公司起诉 B 公司的案件，经省高级人民法院终审已经作出了判决，另外一个案件也已生效，从几个案件来看，B 公司从不同程度上承担了责任，B 公司坚持认为应该将业主方和承建方、施工方关于案涉工程一并处理。

被上诉人 C 公司二审答辩称，一审判决认定上诉人不属于实际施工人，属事实认定清楚，理由如下：①在庭审中上诉人坚持主张其与 B 公司存在施工关系；②上诉人无施工资质，且无有效证明如合同，证实其为实际施工人；③上诉人在上诉状中明确其所提供的票据注明暂借款为其意思表示，并非他方所做，故其主张该笔款项为投入工程的使用款项，与其说法相互矛盾；④上诉人为 C 公司委派到该项目的管理人员，其行为为履行职务行为；⑤省高级人民法院的生效判决已经明确 C 公司为实际施工人，故上诉人举证无法达到其证明目的，被上诉人在一审以及终审判决中所提交的证据足以推翻其主张。

【法院裁判（案三）】

一审判决认定事实：2013 年 9 月 28 日，被告 B 公司（乙方）与 A 公司（甲方）签订《水月产业园区 2、3 号标准化厂房（BT）建设工程合同》。

2013 年 10 月 21 日，被告 B 公司（甲方）与 C 公司（乙方）针对上述工程签订《合作协议》。

2013 年 12 月 3 日，A 公司通知被告 B 公司进场施工。

2013 年 12 月 26 日，被告 2、3 号厂房工程项目经理部通知施工队加快人工挖孔桩施工进度。

2014 年 9 月 26 日，原告甲涉嫌职务侵占案被六盘水市公安局钟山分局立案侦查，同年 10 月 31 日被取保候审。

该工程施工自 2014 年 4 月 23 日停工至今未复工。对已施工的工程，被告 B 公司与 A 公司尚未进行结算。

另查明，被告 B 公司是其总公司的子公司，由于开发水月产业园区 2、3 号标准化厂房建设工程缺乏资质，其总公司遂同意被告 B 公司在实际开发过程中共享资质、共同开发。原告甲系被告 C 公司的项目管理人员。

一审法院认为，本案争议的施工工程项目《水月产业园区 2、3 号标准化厂房（BT）建设工程合同》是被告 B 公司向发包方 A 公司签订承接，并与被告 C 公司签订《合作协议》，由 C 公司具体施工的。原告甲称其经人介绍对 2013 年 9 月 28 日被告 B 公司与 A 公司所签订的《水月产业园区 2、3 号标准化厂房（BT）建设工程合同》约定的工程进行承建施工，并与被告口头约定以工程进度审批据实结算工程款，但未能提交被告 B 公司及 C 公司认可其为实际施工方的有力证据佐证，不能证明原告与被告 B 公司存在实际施工关系，故对原告主张解除与被告之间实际施工关系的诉请，不予支持。

从原告提交的其已为本案工程实际投资的证据，即 2014 年 5 月 31 日金额为 5000 元的收款收据、2014 年 6 月 1 日金额为 600 万元的收款收据等体现，原告为被告所承建的六盘水市水月产业园区 2、3 号厂房支付的款项是以借款的名义支出的，故原告与被告之间是借款关系，而不是施工关系，因而与本案没有关联，不予认定。

原告甲作为工地施工负责人，其手中拥有部分通知及会议纪要原件，属正常范围，其诉称工程进度审批表中施工单位结算申报值 4 666 652.37 元与其实际施工工程款不属实，因在该表建设单位审核人栏内明确写明"该工程进度由施工单位进行内部核算，不作为结算审批"，证明了该工程未进行结算，该工程进度审批表中的结算申报值只作为施工单位内部核算，并且被告 C 公司已对其与被告 B 公司于 2013 年 10 月 21 日签订的《合作协议》，就水月产业园区 2、3 号标准化厂房工程建设工程进度款和损失提起诉讼，故原告主张支付工程款及逾期利息的诉请不能成立，故不予支持。

依照《最高人民法院关于民事诉讼证据的若干规定》第 2 条、《中华人民共和国民事诉讼法》（2012 年修正）第 64 条、第 144 条的规定，判决："驳回原告甲的诉讼请求。案件受理费 36 250 元，由原告甲负担（原告已预交）。"

甲不服一审判决，提起上诉。

本案二审期间，各方当事人均未提交新证据。

二审经审查，对一审认定的事实予以确认。另查明，C 公司曾因建设工程施工合同纠纷一案起诉 B 公司、B 的总公司及 A 公司，一审判决认定 A 公司与 B 公司签订的《水月产业园区 2、3 号标准化厂房（BT）建设工程合同》因未进行招投标故无效，B 公司与 C 公司签订的《合作协议》未取得发包人同意属违法转包亦属无效合同，判决由 B 公司返还 C 公司 200 万元，对 C 公司主张的停工损失不予支持，A 公司、B 的总公司不承担责任。宣判后，C 公司和 B 公司均不服，向省高级人民法院提起上诉，省高级人民法院作出的生效民事判决认为 B 公司通过自己和委托水月产业园区管委会支付 C 公司 7 862 792 元工程款，从 C 公司提交的函可知，B 公司多支付 3 182 792 元工程款给 C 公司，由于 B 公司一审未提出反诉，故对其要求返还多支付的工程款的上诉主张不支持；对 C 公司提出的停工损失，结合双方提交的证据、停工事实及原因，酌情支持 60 万元，故改判对停工损失费支持 60 万元，对一审判决其余判决结果维持。

二审法院认为，本案二审争议焦点有二：①上诉人请求解除与被上诉人 B 公司之间实际施工关系的主张是否予以支持；②对上诉人请求被上诉人 B 公司支付其工程款及逾期利息的主张是否予以支持。

本案甲虽持有案涉工程的相关会议纪要、通知、工程进度审批表、建设工程预算书等证据，但从《合作协议》及省高级人民法院的生效判决来看，与 B 公司存在合同关系的是 C 公司，并非甲，B 公司也已经实际向 C 公司支付了工程款，且按照双方确认的工程量还多付了工程款。故甲提交的证据，不足以证实其与 B 公司之间存在实际建设工程施工合同关系，现工程款已经全部支付完毕，也不应由 B 公司再次承担支付工程款的义务。至于该工程 C 公司在承包后实际由谁施工，系 C 公司与甲之间的关系，在本案中不作审查认定。综上，上诉人主张解除与 B 公司之间的实际施工关系并由 B 公司支付工程款及逾期利息的主张不能成立，依法不予支持。一审判决认定事实清楚，适用法律正确，应予维持。依照《中华人民共和国民事诉讼法》（2012 年修正）第 170 条第 1 款第（一）项之规定，判决如下：

"驳回上诉，维持原判。

"二审案件受理费 36 250 元，由上诉人甲负担。

"本判决为终审判决。"

 【律师意见】

本案的涉案工程发生多起诉讼，包括业主方 A 公司起诉 B 公司和 C 公司，C 公司诉 B 公司以及甲以实际施工人身份起诉 A 公司、B 公司、C 公司各方。其中，C 公司起诉 B 公司的案件，已经经过省高级人民法院终审作出判决，A 公司起诉 B 公司和 C 公司的案件也已判决。从几个案件来看，B 公司在不同程度上承担了责任，较为被动。

所以，作为 B 公司的代理人，诉讼策略是坚持要求法院应该将业主方和承建方、施工方关于案涉工程的三个纠纷案件并案处理。在具体处理上，应根据《最高人民法院关于审理建设工程施工合同纠纷案件适用法律若干问题的解释》的相关规定进行审理。只有将建设单位、施工单位、实际施工人的关系查明，以及弄清楚涉案工程项目的相关款项、账目结算，本案的事实才能清晰。

（1）案一发包人与承包人的合同纠纷。A公司与B公司签订的《水月产业园区2、3号标准化厂房（BT）建设工程合同》因未依法进行招投标，为无效合同。对于无效合同的处理，须确定各方的过错程度来认定各方对因合同无效所需承担的损失赔偿问题。B公司实际已支付600万元（其中第一次约144.6万元作为工资支付，第二次403.296万元作为工资和材料款进行代付）的履约保证金，并按合同约定完成466.7万元的工程，但A公司至今未给付工程款。B公司曾多次向A公司主张该工程款和保证金未果，另外，A公司至今未依法办理完成施工前的建设手续和施工现场的拆迁工作，导致项目停工并造成B公司重大经济损失。综上所述，B公司为维护自身的合法权益，特提起反诉。

（2）案二承包人与分包人之间的合同纠纷。B公司与C公司签订的《合作协议》在未取得A公司同意的情况下，将工程全部转包给C公司，《合作协议》为无效合同，应按照无效合同的后果处理。

（3）因未对工程量进行鉴定，故工程款的实际金额无法确定。①一审判决未对上诉人已付被上诉人C公司7 862 792元的事实予以确认，系案件事实认定不清；未根据无效合同相互返还的法律规定判决被上诉人返还已付工程款，系法律适用错误；②本案是涉及实际施工人的建设工程合同纠纷，一审法院应将建设单位与施工单位、施工单位和实际施工人之间的账款算清才能依法判决。鉴于上诉人与建设单位A公司的建设工程纠纷案件正另案审理。为查清案件事实依法处理本案，本案一审应中止审理，直至A公司与上诉人的案件审结，或者将两个案件合并进行审理。

（4）B公司已向C公司支付了工程款，不应由B公司再向甲二次支付。被上诉人B公司二审答辩称，一审判决事实认定清楚，法律适用正确，应当依法驳回上诉人的上诉请求。具体理由如下：①B公司并未与甲签订任何的合同，而是与本案的另一位被上诉人签订了协议，将工程转包给C公司，该事实已经经过省高级人民法院生效民事判决认定，上诉人认为一项工程只可能有一个实际施工人，不可能有两个实际施工人，而上诉人从未与B公司发生过关系，上诉人提交的证据不足以支撑其实际施工人的身份，其只是C公司聘请的工地施工负责人，一审对该事实的认定是准确的；②根据合同相对性的原理，我方认为原告不能将 B 公司作为被告起诉，没有法律依据；③即使甲是实际施工人，与其发生关系的也是 C 公司，根据《最高人民法院关于审理建设工程施工合同纠纷案件适用法律问题的解释》第 26 条第 1 款的规定，多次转包或违法分包的，后续的施工人应该按照合同关系，对上一手施工人和违法转包人起诉，而不能突破合同相对性，直接起诉 B 公司。

 【承办律师】

卢世伟，贵州黔坤律师事务所律师，擅长办理商品房合同纠纷、民间借贷纠纷、交通事故纠纷、建筑施工工程合同纠纷、行政诉讼等民商事、行政案件。

【法律适用评析】

案例一：建设工程合同无效后的损失赔偿，以工程建设质量等为标准

针对原告解除合同的诉求，代理被告 B 公司反诉对方赔偿损失。B 公司反诉请求的法律依据是《合同法》第 58 条规定："合同无效或者被撤销后，因该合同取得的财产，应当予以返还；不能返还或者没有必要返还的，应当折价补偿。有过错的一方应当赔偿对方因此所受到的损失，双方都有过错的，应当各自承担相应的责任。"建设工程施工合同无效，第一，不能适用返还的方式，而应适用折价补偿的方式。因为建设工程施工合同的履行过程，就是承包人将劳动及建筑材料物化到建设工程中的过程。在合同被确认无效后，发包人取得的财产形式上是承包人建设的工程，实际上是承包人对工程建设投入的劳务及建筑材料，无法适用返还财产的方式使合同恢复到签约前的状态，只能按照折价补偿的方式对无效合同予以处理。第二，同时，《合同法》又进一步规定了折价补偿与损失过错相抵原则，根据《合同法》第 58 条的规定，合同无效，一方向另一方主张赔偿损失，要证明对方过错。

建设工程合同无效后的损失赔偿问题，一直是司法实务中的难点。一方面，因为合同无效，约定的违约责任条款亦相应无效，主张损失赔偿的一方难以直接援引违约责任条款要求损失赔偿。另一方面考虑到建设工程的特殊性、复杂性，对工程质量、工期、工程价款支付时间等事实问题的认定，往往证明难度大、成本高、时间长，而且还需要鉴定，导致当事人难以有效证明实际损失的确切数额。为统一司法裁判标准，2018 年 12 月 29 日发布的《最高人民法院关于审理建设工程施工合同纠纷案件适用法律问题的解释（二）》第 3 条明确规定了合同无效下的损失赔偿的问题。该条第 1 款为"建设工程施工合同无效，一方当事人请求对方赔偿损失的，应当就对方过错、损失大小、过错与损失之间的因果关系承担举证责任"。第二款为"损失大小无法确定，一方当事人请求参照合同约定的质量标准、建设工期、工程价款支付时间等内容确定损失大小的，人民法院可以结合双方过错程度、过错与损失之间的因果关系等因素作出裁判"。

司法解释的明确规定，能为合同无效时损失赔偿的当事人主张和司法认定提供明确指引。在沿用《最高人民法院关于审理建设工程施工合同纠纷案件适用法律问题的解释（一）》第 2 条的规定[1]参照合同约定的基础上，进一步明确合同无效且损失大小无法确定时，允许当事人在举证时"参照合同约定"的质量标准、建设工期、工程价款支付时间等内容来证明工程质量是否存在瑕疵、工期是否存在延误、工程（进度）是否逾期等来确定损失大小。在此基础上，法院再结合双方过错程度、过错与损失之间的因果关系等因素作出裁判。

结合本案来看，审理法院认为：原告方并未提交有效证据证明因该工程不能继续而给其造成的损失，而且双方在签订合同时对该合同未经过招投标程序均是明知，但双方仍然签订该合同，故双方对合同无效均有过错，对因此造成的损失由双方各自承担，故对 B 公司主张的经济损失不予支持。显然，法院认为：B 公司作为主张损失赔偿的一方对工程建设施工不能继续的损失举证不能；而法院关于过错的认定则是对不支持损失赔偿诉求的加强论证。查明的关键事实是，案涉工程量以及工程造价未能鉴定的责任在 B 公司。

案例二：停工损失的赔偿，不同于合同无效后的损失赔偿，要认定发包人合同约定义务不履行的后果

停工损失赔偿，不同于合同无效后的处理，不以工程建设质量等为前提。对此，《民法典》列举了因发包人原因导致的相关停工损失，涉及发包人未按约定时间和要求提供原材料、设备、场地、资金、技术资料的违约责任，具

---

〔1〕 建设工程施工合同无效，但建设工程经竣工验收合格，承包人请求参照合同约定支付工程价款的，应予支持。

体由《民法典》第 803 条规定："发包人未按照约定的时间和要求提供原材料、设备、场地、资金、技术资料的，承包人可以顺延工程日期，并有权请求赔偿停工、窝工等损失。"

最高人民法院在司法指导意见中，进一步明确规定了发包人承担停工损失的实践适用情形和赔偿范围。《第八次全国法院民事商事审判工作会议（民事部分）纪要》对于相关情形的认定、停工窝工损失范围等作出规定，与本案有关的是发包人的资金提供义务。发包人应当按照约定的时间和数额向承包人支付工程建设所需的资金，包括预付款和进度款。进度款是指在合同工程施工过程中，发包人按照合同约定对付款周期内承包人完成的合同价款给予支付的款项，也是合同价款期中结算支付的款项。

建设施工实践中，完成约定的工程部分后，由发包人确定工程量，以构成合同价款相应项目的单价和收费标准计算出工程价款，经发包人签字后支付，发包人在计算结果签字后的合理期限内仍未能按照要求支付工程款的，承包人可以向发包人发出支付工程款通知，发包人在收到通知后仍不能按照要求支付工程款的，承包人可以停止工作并顺延工期。发包人应当从应付工程款之日起向承包人支付价款利息，并赔偿因此造成的承包人停工、窝工损失〔包括停（窝）工人员人工费、机械设备窝工费和因窝工造成的设备租赁费用等停（窝）工损失〕。[1]

司法实务中，为了应对因建筑市场实践中停工损失产生的多元原因，根据法学理论中停工损失赔偿请求权的基础是损失赔偿责任之相应观点，司法审查将重点确立为损失的大小和损失产生的原因及双方过错。对此，最高人民法院在公报案例"太原三晋国际饭店等与山西省第六建筑工程有限责任公司建筑工程欠款纠纷上诉案"的裁判要旨中明确指出：建设工程合同纠纷中，因双方当事人及宏观政策调整等多方面原因造成的工程停工、窝工损失，难以证明双方当事人在造成停工、窝工方面责任大小的，根据双方在合同履行中的过错程度以及各自所受损失的情况确定停工、窝工损失，既符合公平原则，也符合双方当事人履行合同的实际情况。[2]

---

〔1〕 杜万华主编：《〈第八次全国法院民事商事审判工作会议（民事部分）纪要〉理解与适用》，人民法院出版社 2017 年版，第 497~498 页。

〔2〕 刘德权主编：《最高人民法院裁判意见精选》，人民法院出版社 2011 年版。

同时，最高人民法院在相关案例中的个案观点，明确指出公平原则是合理解决停工损失应该适用的准则。在河北卓隆房地产开发有限公司、江苏省建工集团有限公司与河北卓隆房地产开发有限公司、江苏省建工集团有限公司建设工程施工合同纠纷申请再审案中，卓隆公司申请再审称，施工过程中，由于政府的行为导致该项目停止建设，卓隆公司在合理时间内通知了建工公司，建工公司在接到通知后，就应该做好人员的安置、机器设备的停用等各方面的工作，由于建工公司自己的原因造成了损失的扩大，应由其自行承担。一审、二审法院要求卓隆公司承担 415 000 元的损失，属于认定过高。最高人民法院认为，不论合同是否有效，合同当事人在履行合同发生纠纷时应本着诚实信用的原则协商处理。对于因故导致建设工程停工的，停工时间及停工后的处理等事项应当按照合同约定执行。未约定停工事项的，当事人应当本着诚实信用的原则进行协商，当事人之间达不成协议的，发包方对于何时停工、是否撤场应当有明确的意见，并应当给予承包方合理的赔偿。本案中，建工公司提交的证据能够证明卫星定位放线费、塔吊租赁定金、钎探费等费用损失为 51 000 元，根据建工公司提交的人工费用证据，虽无法区分其系正常施工而产生的人工费还是停工导致的窝工费，并且难以确定建工公司主张的人工费用中哪些属于合理的窝工费用，但案涉工程停工导致了一定的损失，故一审、二审法院基于公平原则酌定卓隆公司应赔偿人工费用 40 万元，上述合计 451 000 元，并无明显不当。[1]

结合案涉的停工损失赔偿主张来看，一审法院认为：因 C 公司施工工程并未结算，根据 C 公司提交的损失清单，其主张的损失构成实际上包含了工程的成本费用。C 公司提交的证据不能足以证明其因停工产生的实际损失，并且其自身对合同无效具有过错，对于双方因合同所产生的损失应当自行承担。

因不服一审判决，上诉人 C 公司上诉，诉称一审法院错误理解了停工损失和工程价款的关系。

二审法院认为，C 公司虽对《合作协议》的无效具有过错，但 B 公司作为违法转包方也同样具有过错，B 公司作为合同相对方理应支付 C 公司过错部分停工损失费。结合二审法院查明的案件事实，B 公司已通过自己和委托水月产业园区管委会支付 C 公司共计 7 862 792 元工程款，C 公司于 2015 年 3

---

[1]　最高人民法院再审民事裁定书［2015］民申字第 708 号。

月 10 日提交给 B 公司的《关于 B 六盘水市水月产业园区 2、3 号标准化厂房工程停工损失的函》显示，C 公司完成的工程量经 B 公司确认为 468 万元，由此可知，B 公司多支付 3 182 792 元工程款给 C 公司，由于 B 公司在一审中未提起反诉要求 C 公司返还多支付的工程款，故对 B 公司的主张不予支持。结合本案双方提交的证据，停工的事实及原因，二审法院酌情认定 B 公司赔偿 C 公司停工损失 60 万元。

分析法院裁判，一审法院的裁判实际上未区分停工损失和合同无效后的损失赔偿，判决分包人因对合同无效有过错而自行承担损失。但从二审法院的改判来看，重点针对停工损失确定了发包人的工程款支付义务，对工程费支付的实际履行情况予以查明。应该说，二审最终对停工损失的裁量标准，既符合公平原则，也符合双方当事人履行合同的实际情况。二审裁判，区别停工损失赔偿和合同无效后的损失赔偿，契合《合同法》和司法指导意见的规定。

案例三：实际施工人的认定

《最高人民法院关于审理建设工程施工合同纠纷案件适用法律问题的解释（一）》第 43 条规定的立意和宗旨，是为保护实际施工人利益而作出的特别规定，在一定意义上，主要是保护建筑业市场中农民工的权益和利益而作出的特别规定。实际施工人的构成条件为：实际施工人与发包人之间没有合同上的权利义务关系，但与转包人和违反分包人之间存在转包或违法分包的无效合同关系，在此情况下，实际施工人依据无效合同关系，享有独立请求发包人支付工程款的权利。可见，无效合同关系、合同相对性，仍然是司法实践中实际施工人认定所应该依据的关键标准。目前较为一致的观点认为，实际施工人应该是指无效建设工程施工合同的承包人，包括转承包人、违法分包合同的承包人、借用资质的承包人、挂靠施工人，而不包括承包人的履行辅助人、合法的专业分包工程承包人、劳务作业承包人。

在最高人民法院民事审判第一庭编著的《最高人民法院建设工程施工合同司法解释的理解与适用》一书中也表明，实际施工人应与发包人全面实际地履行了发包人与承包人之间的合同，并形成了事实上的权利义务关系，即此时转承包人、违法分包的承包人已经取代第一手的承包人与发包人形成事实上的合同关系，在这种情况下，才准许转承包人、违法分包的承包人作为实际施工人，以发包人为被告提起追索工程款的诉讼。这一意见对《最高人民法院关于审理建设工程施工合同纠纷案件适用法律问题的解释（一）》第43条第2款的适用进行了限定。[1]

在个案裁判观点中，最高人民法院明确指出：建设项目施工负责人或管理人不是建设工程施工合同主体，不能以当事人名义提出支付工程款的请求。承包人指定他人依据其意思表示负责施工工程的管理与建设，该被指定人是施工工程的负责人或者管理人，而不是法律规定的实际施工人。[2]

结合本案来看，一审法院认为，原告甲虽主张自己是实际施工人，但未能提交被告B公司及C公司认可其为实际施工方的有力证据佐证，不能证明原告甲与被告B公司存在实际施工关系。

二审法院认为，上诉人甲虽持有涉案工程的相关会议纪要、通知、工程进度审批表、建设工程预算书等证据，但从《合作协议》及省高级人民法院生效判决来看，与B公司存在合同关系的是C公司，并非甲，B公司也已经实际向C公司支付了工程款，且按照双方确认的工程量还多付了工程款，甲提交的证据不足以证实其与B公司之间存在实际建设工程施工合同关系，现工程款已经全部支付完毕，也不应由B公司再次承担支付工程款的义务。对于该工程C公司在承包后实际是谁施工，系C公司与甲之间的关系，在本案中不作审查认定。

分析法院裁判，实际上坚守了实际施工人突破合同相对性的底线，严格限制对《最高人民法院关于审理建设工程施工合同纠纷案件适用法律问题的解释（一）》第43条第2款的适用，在确定个案不涉及农民工权益的同时，案件事实还查明甲与C公司之间存在职务侵占的争议。所以，两审法院均未支持甲直接追索承包人B公司支付工程价款的诉求。

总之，B公司作为建筑企业，处于建筑市场中的承包人地位，"案中案"体现出现实中多重纠纷的特点。本案因为施工区域内存在民用危房影响施工而导致停工。为此，造成了波及发包人、承包人、分包人、实际施工人等一系列利益相关方的纠纷。一方面，实际施工的分包人C公司为避免停工损失扩大退出施工区域，同时提起了对转包人B公司的停工赔偿诉讼。另一方面，

---

[1] 史琦："如何正确理解建设工程案件中的实际施工人"，载《人民法院报》2009年12月8日。
[2] 黑龙江省环亚建筑工程有限公司与哈尔滨医科大学附属第四医院及原审第三人刘某力建设工程施工合同纠纷上诉案，最高人民法院〔2009〕民一终字第75号民事判决书。

A 公司在当地管委会的压力下，有重新走招投标程序的意愿，遂起诉 B 公司要求解除合同。

综上，第一，在发包人 A 公司诉承包人 B 公司解除合同案中，B 公司关于要求赔偿损失的反诉诉求，囿于合同无效的损失大小的证据举证困难，最终未获法院支持。第二，在分包人 C 公司诉 B 公司的损失赔偿案中，停工损失赔偿是一审和二审的争议焦点。二审法院改判支持 C 公司的停工损失，但采信了 B 公司多支付工程款的证据，最终酌情合理判决了损失赔偿额度。第三，在甲以实际施工人身份诉 B 公司支付工程价款案中，B 公司举证已向 C 公司支付工程款项的情况下，两审法院均认定甲不具备实际施工人身份，未支持甲的诉请。

三个案子的处理，因为是分案又由三级法院分别受理，综合来看 B 公司较为不利。梳理三个案件得出法院查明的基本事实，涉及建设工程施工区域内的民房是危房需要拆迁，是造成 C 公司停工的直接原因。从生效判决来看，B 公司既向 C 公司承担了分包方的工程建设资金款项以及停工损失；虽未再次对甲给付工程建设资金款项，但却未能就自己因合同无效的损失向发包方 A 公司主张。为此，在 A 公司与 B 公司之间的合同纠纷中，代理人在答辩意见中主张 A 公司的过错造成己方损失，提出"因为 A 公司至今未依法办理完成施工前的建设手续和施工现场的拆迁工作，导致项目停工并造成 B 公司重大经济损失，特提起反诉"。如果是合并审理，在充分衡量 B 公司和 A 公司利益的前提下，A 公司作为发包方有义务组织招投标。B 公司代理律师要求合案审理的意见，对于有效维护 B 公司的利益而言是很中肯的。

第四节　合同履行的价款确认与支付

总包人能否以发包人原因为由，主张向分包人支付工程款的条件不成就？"背靠背"条款的效力，应如何认定？在司法审查中，举证责任是如何分配的？

【法律服务】

本案胜诉的关键在于 B 公司事前风险防范到位。代理人作为 B 公司的常年法律顾问，从 B 公司承接该工程时，便参与对合同条款的严格审查；诉讼过程中还主持专家团队对案件进行了深入研究。最终，一、二审法院均采纳了代理人意见，判决驳回 A 公司诉请。

【基本案情】

C 公司与 B 公司于 2010 年 5 月 10 日签订《总承包（EPC）合同》，约定工程的业主方为 C 公司，总承包方为 B 公司。B 公司（发包人）又与 A 公司（分包人）于 2010 年 6 月签订《分包合同》，在《分包合同》"专用条件"部分约定："8.4 交工。分包人应按规定交工日期交工。工期经批准的开工之日计起，竣工日期以经业主及相关主管部门验收合格之日为准。如发生延期，分包人应在 5 日内向发包人及监理工程师提出延期要求。因分包人原因不能按合同专用条件 8.2 规定的交工日期交工，推迟工期，分包人应向发包人支付发包人因此受到的损失，发包人在合同总价中扣除。分包人因此向发包人支付此项赔偿违约金累计不超过合同总价的 2%。……第 13 条合同价与付款。13.1 工程量测量方法。为与发包人与业主签订的总包合同一致，本工程的土石方计量按填方计量，但在期中进度计量时，暂按挖方工程量进行计量。……工程完工后，按各土石方分包人施工的填方总量（扣除填方场区内盲沟所占的填方体积）与开挖总量的比重，测算出松散系数，再乘以各分包人的土石方开挖量，即为各分包人的填方工程量。……13.3 付款。……13.3.2 进度款按发包人确定的工程进度的 80% 进行支付（该进度支付基于业主已对发包人进行拨付的情况下），预付款自开工后第二个月起分三个月平均扣回，之后退还预付款保函。13.3.3 工程进度款最高付至工程款的 80%，工程进度款付至工程款的 80% 时分包人应提供等额发票，经竣工验收合格并经业主结算审计完成后 120 天内，扣除质保金 5% 后一次性付清余款……13.4 竣工结算。分包人向发包人提交竣工结算证书的时间是在办理完交工验收手续后 20 天内；发包人收到分包人竣工结算证书后，30 天内提出审核意见，汇总整理完毕后报业主审核；发包人与业主办理完竣工结算后 30 日内与分包人办理结算。"

2012 年 1 月 5 日，工程实际竣工验收。工程完工后，A 公司向 B 公司提交了《建筑（安装）工程预（结）算书》，B 公司实际支付 A 公司涉案工程进度款总金额为 43 551 345.94 元，按 A 公司主张的工程总金额计算，达到 84% 的比例；而该工程业主 C 公司尚未对 B 公司进行最终的工程结算审计，实际付款也只达到 60% 左右。因此，B 公司以此作为拒付 A 公司工程款的理由。

因未完全获得工程款，而 B 公司以业主 C 公司最终的结算尚未作出作为拒付理由，A 公司遂向法院起诉 B 公司要求向其支付剩余工程款 8 242 090.14 元及其利息，B 公司提出反诉要求 A 公司向其支付工期延误赔偿金。

【法院裁判】

本案经过一审、二审，后由省高级人民法院作出判决。经审理，两级法院均认为，本案争议的焦点问题有两个：第一，A 公司诉请 B 公司支付涉案工程尾款的条件，是否成就；第二，B 公司反诉因工期延误造成损失 806 737.90 元，是否成立。

针对第一个争议焦点：

《中华人民共和国合同法》第 8 条规定："依法成立的合同，对当事人具有法律约束力。当事人应当按照约定履行自己的义务，不得擅自变更或者解除合同。依法成立的合同，受法律保护。"《分包合同》系双方当事人的真实意思表示，未违反法律法规的强制性规定，属有效合同，双方都应按照合同约定履行各自的义务。

工程完工后，A公司向B公司提交了《建筑（安装）工程预（结）算书》，但工程业主C公司未对B公司进行最终的工程结算审计，故未达到《分包合同》约定的"发包人与业主办理完工程结算后30天内与分包人办理结算"的支付工程款条件，即双方约定的工程款支付条件未成就。

针对第二个争议焦点：

关于B公司反诉提出A公司工期延误造成损失806 737.90元的反诉请求问题，因双方最终的结算尚未作出，双方约定对工期延误损失赔偿的数额需在工程价款结算中一并确定，并以A公司工程款的抵减项予以扣减，并非单独进行。因双方尚未进行最终结算，A公司是否应当承担工期延误损失以及承担多少的工期延误损失也无法确定，对B公司的反诉请求法院不予支持。

最后终审法院采纳B公司的代理人意见，作出判决："驳回A公司的要求支付工程款的诉讼请求；驳回B公司的要求支付工期延误赔偿金的反诉请求。"

 【律师意见】

B公司代理人，针对本案发表以下法律意见：

B公司如果要支付剩余工程款给A公司，根据双方签订的合同，需要同时满足四个条件，即：①工程竣工验收合格；②B公司与业主C公司已经办理结算；③工程款确定；④业主C公司实际拨付该项工程款给B公司。而本案中这四个条件至少有三个未满足。未满足的条件，具体有：

1. B公司与A公司未结算

证据事实表明，第一，B公司虽向业主方C公司提交过"结算书"，但业主方并未复审、审计，对"结算书"未予认可，B公司与业主方并未办理结算。第二，B公司已通过诉讼的方式起诉业主方C公司请求支付工程款。

2. C公司还提出过工程结算的鉴定申请

法律事实的定性：根据《分包合同》专用条件第13.3.3条、第13.3.4条，B公司与A公司签订的《分包合同》属附生效条件的有效约定，具体为附结算条件的约定。现该条件尚未成就，B公司也在积极主张债权，并未为自身利益不正当地阻碍条件成就，故B公司与A公司结算的条件都未成就，支付余款的条件当然也未成就。

3. 本案工程款数额无法确定

证据事实表明，工程款数额无法确定是因为涉案工程并未结算。其一，合同约定，根据《合同》第13.4条竣工结算"……发包人与业主办理完竣工结算后30日内与分包人办理结算"之约定，需B公司与业主C公司结算后才能和A公司结算，现业主C公司与B公司结算尚不明确，B公司提起诉讼的条件尚未成就；其二，在业主C公司未与B公司结算的情况下，B公司无法与A公司办理结算。因为，根据《合同》第13.1条之约定，B公司与A公司结算必须先计算出"松散系数"，而"松散系数"的计算必须结合其他五家分包方施工工程量，即需要业主C公司与B公司对整个工程进行结算。因此，明确的本案工程款数额，需要业主C公司参与结算。

另外，从本案诉讼来看，作为原告的A公司，至今也未针对其主张申请对工程款的数额进行审计、评估、鉴定等。根据《最高人民法院关于民事诉讼证据的若干规定》中"谁主张，谁举证"的基本原则，既然A公司无法证明其主张，其应当承担举证不利的后果。

4. 业主方C公司并未依约向B公司拨付该部分工程款

业主方C公司实际支付B公司的工程款占应支付总工程款的60%左右。B公司已实际支付A公司工程款43 551 345.94元，结合《分包合同》及《补充协议》约定的总工程款为46 232 894.04元（40 336 894.04元+5 896 000元），B公司支付给A公司的工程款高达94%。按照这样的给付标准，即使是按照A公司起诉的工程款8 242 090.14元计算，B公司支付A公司的工程款也高达82%。而《分包合同》专用条款第13.3.3条约定"工程进度款最高付至工程款的80%……"，B公司已远远超过合同之约定履行了付款义务。

总之，在事实层面，在该工程结算前，B公司已全面履行完自己的付款义务。一方面，B公司已经超额支付工程款；另一方面，业主方C公司既未与B公司结算，又未全额支付B公司工程款。所以，A公司的诉请缺乏事实依据。

在事实的法律定性层面，工程尾款未达到支付条件。而且，既然工程款未达到支付条件，即付款时间至今未到，也就不可能产生所谓的"利息"。因为，根据《民法通则》第62条"民事法律行为可以附条件，附条件的民事法律行为在符合所附条件时生效"，以及《合同法》第45条"当事人对合同的效力可以约定附条件。附生效条件的合同，自条件成就时生效。附解除条件的合同，自条件成就时失效。当事人为自己的利益不正当地阻止条件成就的，视为条件已成就；不正当地促成条件成就的，视为条件不成就"，以及《最高人民法院关于贯彻执行〈中华人民共和国民法通则〉若干问题的意见（试行）》（已失效）第 76 条"附期限的民事法律行为，在所附期限到来时生效或者解除"之规定，B 公司于 2014 年已将业主方诉至法院，B 公司并未为自己的利益不正当地阻止付款条件的成就，但时至今日业主方并未向 B 公司实际拨付款项，故 B 公司支付剩余工程款的条件尚未成就，对 A 公司诉求应予驳回。

 【承办律师】

陈立，贵州黔坤律师事务所房地产建筑部、综合部专职律师，擅长处理建筑工程合同纠纷。

【法律适用评析】

本案是典型的总包人即被告主张"背靠背"条款有效，以对抗分包人即原告请求支付工程价款的案例。

一、"背靠背"条款概述

"背靠背"条款常发生在分包合同中，具体规定为：总包方与分包方在分包合同中约定，待总包方与业主进行结算且业主支付工程款后，总包方再向分包方支付工程款。实践中该条款的具体表述可能略有不同，但只是形式上的差异，其核心是以业主支付为前提。

从法律关系方面分析，建设工程施工建立在通常的业主—总包—分包的基础之上，即业主和总承包商之间是总包合同关系，业主是总承包商的付款义务人；总承包商与分包商之间是分包合同关系，总承包商是分包商的付款义务人。因此，包含"背靠背"条款的分包合同与一般的分包合同在基础法律关系方面并无实质性区别。

一旦约定"背靠背"条款，其作用在付款义务履行方面会产生特殊影响。一方面，根据合同相对性原则，我国《合同法》第 121 条规定："当事人一方因第三人的原因造成违约的，应当向对方承担违约责任。当事人一方和第三人之间的纠纷，依照法律规定或者按照约定解决。"因此，在一般的分包合同中，总承包商作为分包合同当事人一方，如因业主（分包合同的第三人）拖欠支付工程款，而导致其对分包商（分包合同另一方当事人）拖欠支付工程款，显然是要承担违约责任的。但另一方面，包含有"背靠背"条款的分包合同的特殊之处在于，若被认定为有效的合同约定，那总包人就可以此约定对抗分包人的支付工程款的请求。所以，分包人向施工总承包人主张支付欠付工程款时，施工总承包人往往依据合同约定的条款予以抗辩。

二、"背靠背"条款的合理性

总承包商将"背靠背"条款作为向分包商转移业主拖欠工程款风险的重要手段，因此也催生出实务中多发的"背靠背"条款效力争议。

"背靠背"条款的出现，适应了建筑业发展的需要。建设工程分包，是建筑市场专业分工的结果，出于对整体工程质量、标准的统一性考量，就分包合同指向的特定工程项目而言，其图纸、工程质量标准等方面应当与主合同（即建设单位与承包方之间的合同）保持一致，就如同主合同相关条款"传递"至分包合同。相应地，主合同与分包合同之间从工程质量、责任等的一致性扩展到付款条件，也就不难理解。

"背靠背"支付条款，一定程度上有助于平衡分包方和总包方共同分担施工过程中的风险。工期的延误、工程验收不合格，都可能导致建设单位拒付工程款，我国法律也明确规定了分包方和承包方对建设单位的连带责任。尽管特定的分包项目并不由总包方实际施工建设，但总包方需依据其与建设单位之间的合同和相关法律就分包项目向建设单位承担责任、义务。同时考虑到商业运行模式，建设单位向承包方的付款也是承包方向分包方支付工程款的重要资金来源，这也促使了"背靠背"支付条款的产生。

司法实务中，施工总承包人与分包人签订的分包合同既可能是有效合同，也可能是无效合同。在分包合同为有效的情形下，大多观点认为，业主支付前提条款是为施工总承包人的付款民事法律行为设定了付款条件，在尊重双方意思自治的基础上，业主支付前提条款是有效的。不过，也有观点认为，业主支付前提条款是施工总承包人滥用其总包优势地位，令分包人不得不签订合同，违反了合同的相对性和公平原则，宜直接认定为无效。[1]

---

〔1〕 最高人民法院民事审判第一庭编著：《最高人民法院建设工程施工合同司法解释的理解与适用》，人民法院出版社 2004 年版，第 186 页。

在建设工程类示范性文本中，2003 版《建设工程施工分包合同（示范文本）》以及 2014 版《建设工程专业分包合同（示范文本）》（征求意见稿）中均没有对"背靠背"条款的描述，但在后者所附的《关于 2014 版〈建设工程专业分包合同（示范文本）〉的起草说明》中，课题组提到了"以业主支付为前提的工程款支付问题，是困扰总包与分包企业合同支付的主要难题。为解决该问题，2014 版分包合同没有将业主支付设置为承包人向分包人支付分包合同价款的条件，保持了分包工程款价款结算和支付的独立性"。行业规范显示出倾向于保护分包人利益。

三、"背靠背"条款适用的理论与实务

目前我国立法对于"背靠背"条款并没有明确的规定，从"背靠背"条款的内容来看，其核心在于"以业主支付为前提"，在性质上属于附条件还是附期限，取决于业主支付属于确定的事实、还是不确定的事实。《合同法》第 45、46 条规定，当事人对合同的效力可以约定附条件或附期限。一般来说，条件和期限最大的区别在于，条件是不确定的，而期限是确定的。"条件者，是指法律行为效力的发生或消灭，系于将来是否客观上不确定的事实。期限者，指法律行为效力的发生或消灭，系于将来确定发生的事实。条件与期限乃同以将来的事实为内容，其主要区别在于条件系针对客观上不确定的事实，期限作为确定发生的事实。"[1]

理论研究中，主张"背靠背"条款属于附条件的民事法律行为是当前的主流观点，学者认为"背靠背"条款是对于将来总承包商向分包商支付工程款生效与否设定的一个"客观事实"，以将来事实为条件作为法律行为的生效要件，具有客观上的不确定性，影响法律行为的效力。[2]有观点认为，业主支付属于确定的事实，只是期限长短的问题。即使业主破产，基于建设工程价款优先受偿权，总包人最终还是可以就工程折价拍卖而取得工程价款。[3]也有观点认为，"背靠背"条款既不属于附条件条款，也不属于附期限条款。其主要认为，在业主支付成就前，分包合同中的"背靠背"条款处于未生效

---

[1]　王泽鉴：《民法总则》，北京大学出版社 2009 年版，第 396 页。
[2]　范贤芳："'背靠背'条款的争议与风险防范"，载《施工企业管理》2017 年第 4 期。
[3]　袁华之、丑斌："分包合同中的'背靠背'条款浅析"，载《财经法学》2017 年第 2 期。

的状态，如果业主确定无法支付工程款，那么"背靠背"条款作为附条件或附期限生效的法律行为，则因所附条件或期限不能成就而不产生法律效力，属于无效条款。

针对司法实践中存在的大量此类案件，各地法院尝试对于相关或类似情形的司法适用作出明确规定。如《北京市高级人民法院关于审理建设工程施工合同纠纷案件若干疑难问题的解答》第22条规定："分包合同中约定待总包人与发包人进行结算且发包人支付工程款后，总包人再向分包人支付工程款的，该约定有效。因总包人拖延结算或怠于行使其到期债权致使分包人不能及时取得工程款，分包人要求总包人支付欠付工程款的，应予支持。总包人对于其与发包人之间的结算情况以及发包人支付工程款的事实负有举证责任。"此处"怠于行使其到期债权"的含义应与《合同法》第73条的规定作同一解释，即不以诉讼或仲裁方式主张具有金钱给付内容的到期债权。[1]可见，北京市高级人民法院虽然肯定了"背靠背"条款的效力，但却通过科加总包方严格举证责任的方式平衡其对抗分包方工程价款请求权的能力。

《安徽省高级人民法院关于审理建设工程施工合同纠纷案件适用法律问题的指导意见（二）》第11条规定："非法转包、违法分包建设工程，实际施工人与承包人约定以发包人与承包人的结算结果作为结算依据，承包人与发包人尚未结算，实际施工人向承包人主张工程价款的，分别下列情形处理：（一）承包人与发包人未结算尚在合理期限内的，驳回实际施工人的诉讼请求。（二）承包人已经开始与发包人结算、申请仲裁或者诉至人民法院的，中止审理。（三）承包人怠于向发包人主张工程价款，实际施工人主张参照发包人与承包人签订的建设工程施工合同确定工程价款的，应予支持。"虽然安徽省高级人民法院该条规定的并非严格意义上的"背靠背"条款，但"从本条第（一）（二）项的规定可知，安徽省高级人民法院是认可业主结算前提条款的效力的，即总承包人和业主的结算在合理期限内完成，则分包人主张工程价款的诉讼请求不能得到支持"。[2]

---

〔1〕《最高人民法院关于适用〈中华人民共和国合同法〉若干问题的解释（一）》（已失效）第13条第1款规定："合同法第七十三条规定的'债务人怠于行使其到期债权，对债权人造成损害的'，是指债务人不履行其对债权人的到期债务，又不以诉讼方式或者仲裁方式向其债务人主张其享有的具有金钱给付内容的到期债权，致使债权人的到期债权未能实现。"

〔2〕谭敬慧：《建设工程疑难问题与法律实务》，法律出版社2016年版，第119页。

　　司法实践中，多认为"背靠背"条款是附条件条款，或认为该条款应引发总包方积极的合同附随义务。多数案件，会对总包人是否"怠于行使权利"即"恶意促成条件不成就"或"未履行合同附随义务"予以严格司法审查，即加重总包人抗辩时的举证责任。

　　如在上海立瞩建筑安装工程有限公司与上海美和医疗工程有限公司建设工程合同纠纷一案中，二审法院认为，"涉案工程早已完工并交付使用，合同约定的2年质保期也已届满，然美和公司作为总包方一直没与业主就整个工程结算，对此美和公司未能提出正当理由，亦未向业主提起诉讼主张工程款，鉴于美和公司在合理期限内怠于向业主主张工程款，故美和公司再以此作为拒付全额工程款的抗辩理由，本院不予支持"。[1]

　　上海法院法官强调这样的举证责任分配，其合理性在于：举证行为支撑着分包方诉请、主张以及承包方抗辩行为的有效与否，简言之，支付工程款的诉请能否得到支持。这就需要进一步探讨一个问题，即在承包方和分包方之间，何者对"背靠背"支付条款下附随义务的履行承担举证责任。举证责任的分配应明晰证明责任分配法则，就目前理论研究而言，罗森贝克之规范说仍应被视为证明责任分配法则之通说。在规范说作为证明责任分配法则的前提下，诉讼中的攻击防御方法构成了证明责任分配之基本格局，攻击防御方法就是对权利成立、消灭或妨碍规范及其要件的主张和证明，分包方之诉请为攻击，承包方援引"背靠背"支付条款进行抗辩为防御，而履行了相应的附随义务是"背靠背"支付条款得以适用的前提，作为该抗辩的成立要件，承包方得对已经积极向建设单位（业主）主张工程款之事实承担证明责任。这也符合我国现行合同法律规则下，主张合同义务已经履行的一方应对义务的履行承担证明责任之规定。[2]

　　河南省三门峡市中级人民法院在陕西建工安装集团有限公司与赵某鹏建设工程施工合同纠纷一案中，裁判认为："陕西建工安装集团有限公司与赵某鹏在分包合同'执行业主验收计价程序及规定、陕西建工安装集团有限公司在业主批准的计价款到达账户5日内及时支付给赵某鹏'的约定，是在目前

---

　　〔1〕　上海市第二中级人民法院〔2016〕沪02民终7315号民事判决书。

　　〔2〕　丁康威、俞璐、徐晨建："设工程分包合同中'背靠背'支付条款的效力及适用——上海立瞩建筑安装工程有限公司与上海美和医疗工程有限公司建设工程分包合同纠纷案"，载 http://www.shezfy.com/view.html？id＝569930，2019年5月1日访问。

建筑市场处于绝对买方市场，业主为大，业主拖欠工程价款现象日趋普遍的建筑市场环境下，总包商为转移业主支付不能的风险，而在分包合同中设置'以业主支付为前提'的条款，通常称为'背靠背'条款（Pay When Paid），该条款有其一定的合理性和合法性，故该约定有效。但总包商应当举证证明不存在因自身原因造成业主付款条件未成就的情形，并举证证明自身已积极向业主主张权利，业主尚未就分包工程付款。若因总包人拖延结算或怠于行使其到期债权致使分包人不能及时取得工程款，分包人要求总包人支付欠付工程款的，应予支持。本案中，赵某鹏完成的工程，业主方已在2008年11月审批认定，2008年12月16日已经业主验收合格，此时陕西建工安装集团有限公司已可要求业主支付相应的工程款，但陕西建工安装集团有限公司称截至目前业主仍未结算、付款，且未提交证据证实已积极向业主主张了权利，故可以认定其怠于行使权利，其关于支付工程款条件尚未成就的上诉主张不能成立，本院不予支持。"[1]

总之，在司法实务中，对于总包人抗辩分包人支付工程款请求，应就"未怠于行使权利"或"积极履行附随义务"承担举证责任。这既在北京市高级人民法院的相关指导意见中有明确规定，也是各地法院的主流做法。针对总包方与分包方在分包合同中约定"待总包方与业主进行结算且业主支付工程款后，总包方再向分包方支付工程款"的，则总包方需对其与业主之间的结算情况以及业主支付工程款的事实承担举证责任，同时证明其自身已经通过诉讼或仲裁的方式积极向业主主张了到期债权，否则承包人将无权再援引"背靠背"条款对抗分包人的付款请求权。

四、本案的诉讼代理

作为被告总包人的诉讼代理人，承办律师的诉讼策略分为两个层次：一是主张"背靠背"条款有效；二是援引"背靠背"条款抗辩原告分包人支付工程价款的请求合法。

（1）在充分的事实依据之上，说服法官认定"背靠背"条款有效。

首先，双方当事人自主约定了"背靠背"条款，即根据约定，业主方与总包人之间结算且支付工程价款，是总包人与分包人工程尾款支付的先决条

---

[1] 河南省三门峡市中级人民法院［2014］三民终字第199号民事判决书。

件。具体约定是在分包合同条款的专用条件第 13.3.3 条、第 13.3.4 条的规定，即"13.3.3 工程进度款最高付至工程款的 80%，工程进度款付至工程款的 80% 时分包人应提供等额发票，经竣工验收合格并经业主结算审计完成后 120 天内，扣除质保金 5% 后一次性付清余款……13.3.4 竣工结算。分包人向发包人提交竣工结算证书的时间是在办理完交工验收手续后 20 天内；发包人收到分包人竣工结算证书后，30 天内提出审核意见，汇总整理完毕后报业主审核；发包人与业主办理完竣工结算后 30 日内与分包人办理结算"。

其次，证明"背靠背"条款约定的明确性和合理性。一方面，根据约定，A 公司如果要求 B 公司支付剩余工程款，根据双方签订的合同，需要同时满足四个条件，即：①工程竣工验收合格；②B 公司与业主 C 公司已经办理结算；③工程款确定；④业主 C 公司实际拨付该项工程款给 B 公司。另一方面，强调其合理性。根据《分包合同》第 13.1 条之约定，B 公司与 A 公司结算必须先计算出"松散系数"，而"松散系数"的计算必须结合其他五家分包方施工工程量，即需要业主方与 B 公司对整个工程进行结算。

（2）承担举证责任证明，援引"背靠背"条款抗辩原告分包人支付工程价款的请求合法。

在合同履行过程中，在业主方 A 公司未结算的情况下，B 公司已积极提起诉讼，证明其对于分包合同规定的结算条件而言，并未不正当地阻碍条件不成就，并未怠于致使结算条件不成就，所以 B 公司可以据此抗辩。同时，B 公司事实上已积极向 A 公司履行了超出合同约定的前期工程款项。

专业的法律代理意见，最终为法院所采信，A 公司请求支付剩余工程款的诉求，均未得到两级审理法院的支持。

第五节　违约责任的承担

违约责任之诉驳回案：工程款的支付条件，如何判断已竣工验收合格？履约保证金、质量保证金，是否应返还及何时返还？约定违约金的司法酌减，裁判标准是什么？

【法律服务】

接受承包人 A 公司委托，代理建设工程施工合同纠纷的违约之诉。针对发包方未支付工程款的事实，立足支付条件已经具备，进一步说服法院支持承包人质量保证金返还抵销和约定的高额违约金可以不予司法酌减；为当事人争取到最大利益。

【基本案情】

2010 年 3 月 16 日，原告 A 公司与被告 B 公司签订了《建设工程施工合同》（丽景天城 3 号楼），合同约定由原告负责施工位于都匀市开发区龙山大道与 207 国道交汇的"都匀市丽景天城 3 号楼"工程项目。

2012 年 5 月 18 日，勘查、设计、施工、监理、建设单位对"都匀市丽景天城 3 号楼"工程项目进行了竣工验收，并评定为合格工程。

2011 年 4 月 11 日，原告与被告签订了《建设工程施工合同》（丽景天城 5 号楼），合同约定由原告负责施工位于都匀市开发区龙山大道与 207 国道交汇的"都匀市丽景天城 5 号楼"工程项目。

2014 年 4 月 25 日，"都匀市丽景天城 5 号楼"工程项目竣工并经建设、施工、勘察、设计、监理、质检单位验收，评定为合格工程。

2014 年 1 月 13 日，原告与被告签订了《协议书》，对都匀市丽景天城 3 号楼、5 号楼工程项目进行了结算，协议约定"四、甲、乙双方对丽景天

城 3 号楼、5 号楼工程不再另行进行决算，以本协议一、二条约定的总价为
74 426 978.58 元。五、甲方将丽景天城 3 号楼、5 号楼工程应支付给乙方工
程款（5 号楼的工程保修金一年内归还）于 2014 年 4 月 30 日前一次性结清给
乙方，如果甲方不能按时支付，承担每天 1‰的违约金。……七、乙方交甲方
履约保证金 200 万元，在 2014 年 4 月 30 日前退回，如不退还，甲方愿承担每
天 1‰的违约金。"

自都匀市丽景天城 3 号楼、5 号楼工程项目结算以来，被告一直拖欠原告
工程款 13 474 821.05 元，5 号楼工程保修金 753 336.45 元，履约保证金 200
万元。原告遂诉至法院，请求：①判决被告向原告立即支付其所欠工程款
13 474 821.05 元；②判决被告向原告立即返还 5 号楼工程保修金 753 336.45
元（5 号楼工程结算总价 37 666 822.50 元×2% = 753 336.45 元）；③判决被告
向原告立即返还履约保证金 200 万元；④判决被告向原告立即支付工程款逾
期付款违约金 6 791 309.8 元（工程款以 13 474 821.05 元为基数，按每天 1‰
计，从 2014 年 5 月 1 日起暂算至 2015 年 9 月 15 日，共 504 天，计算到被告
付清欠款为止）；⑤判决被告向原告立即支付 5 号楼工程保修金逾期付款违约
金 104 713.77 元（5 号楼工程保修金以 753 336.45 元为基数，按每天 1‰计，
从 2015 年 5 月 1 日起暂算至 2015 年 9 月 15 日，共 139 天，计算到被告付清
欠款为止）；⑥判决被告向原告立即支付履约保证金逾期付款违约金 100.8 万
元（履约保证金以 200 万元为基数，按每天 1‰计，从 2014 年 5 月 1 日起暂
算至 2015 年 9 月 15 日，共 504 天，计算到被告付清欠款为止）；⑦案件受理
费及保全相关费用由被告承担。

【法院裁判】

经庭审查明，本案工程已交付 B 公司使用。

综合双方诉辩情况，本案的争议焦点归纳如下：①本案所涉的丽景天城
项目 5 号楼是否达到工程款支付条件；②B 公司欠付的工程款、保修金、履
约保证金的数额；③B 公司应否支付欠付工程款、保修金及履约保证金的违
约金及其数额。

关于第一个争议焦点即本案所涉的丽景天城项目 5 号楼是否达到工程款
支付条件的问题。法院认为，本案中已具备工程款支付条件。理由：本案中，
双方于 2011 年 4 月 11 日签订的关于丽景天城 5 号楼《建设工程施工合同》

约定的结算条款为："工程在具备竣工验收标准条件后，承包人向发包人提供完整竣工资料及竣工验收报告，发包人组织有关单位验收，承包人负责收集汇总分包人资料，并报送有关部门，通知分包人做好竣工验收准备工作，组织项目整体验收工作，工程竣工验收合格后，竣工资料交发包人审查合格后开始办理结算。双方在竣工验收合格承包人提供一套完整的结算资料后2个月内办理完结算，承包人在质量监督站办理完工程竣工备案表交发包人后15日内，发包人按结算总价扣除已付工程款和结算总价2%的质量保证金后，付清剩余工程款。"从法院审理查明的事实可知，2014年1月13日，A公司与B公司就丽景天城项目3号楼、5号楼工程结算及解决农民工资问题签署的《协议书》第4条约定："甲、乙双方对丽景天城3号楼、5号楼工程不再另行进行决算，本协议一、二条约定的总价为74 426 978.58元。"双方于2012年5月18日、2014年4月25日对案涉的3号楼、5号楼进行了工程竣工验收。

至于B公司主张原告未按合同约定提供竣工验收备案表故达不到支付条件的辩解，法院认为，案涉的丽景天城5号楼实质性的竣工验收已经完成，竣工验收备案工作属于程序性的报备行为，依照《建设工程质量管理条例》第49条第1款"建设单位应当自建设工程竣工验收合格之日起15日内，将建设工程竣工验收报告和规划、公安消防、环保等部门出具的认可文件或者准许使用文件报建设行政主管部门或者其他有关部门备案"之规定，对竣工工程报备的主体为建设单位，故对被告的抗辩不予支持。

综上，本案案涉工程已经达成工程款支付条件。

关于第二个争议焦点即B公司欠付的工程款、保修金、履约保证金的数额的问题，法院认为：

（1）关于欠付工程款的数额问题。如前所述，本案案涉工程已经达到支付条件，B公司应依照双方协议约定支付工程价款，双方于2014年1月13日签订的《协议书》对丽景天城项目3号楼、5号楼工程总价款明确为74 426 978.58元，另根据法院查明的事实，双方无争议的已付工程价款为60 198 821.06元，对于双方争议的B公司借支给黄某350万元的性质问题，法院已在对证据的认证意见中认定其为B公司向A公司的工程款支付，故本案中，B公司尚欠的工程款为74 426 978.58元－60 198 821.06元－3 500 000元＝10 728 157.52元。

（2）关于保修的金数额问题。依照双方于2011年4月11日签订的关于丽景天城 5 号楼的《建设工程施工合同》第 9 条"工程在具备竣工验收标准条件后，承包人向发包人提供完整竣工资料及竣工验收报告，发包人组织有关单位验收，承包人负责收集汇总分包人资料，并报送有关部门，通知分包人做好竣工验收准备工作，组织项目整体验收工作，工程竣工验收合格后，竣工资料交发包人审查合格后开始办理结算。双方在竣工验收合格承包人提供一套完整的结算资料后 2 个月内办理完结算，承包人在质量监督站办理完工程竣工备案表交发包人后 15 日内，发包人按结算总价扣除已付工程款和结算总价 2% 的质量保证金后，付清剩余工程款"之约定，保修金为工程总价款的 2%。另依照双方于 2014 年 1 月 13 日签订的《协议书》第 5 条"甲方将丽景天城 3 号楼、5 号楼工程应支付给乙方工程款（5 号楼的工程保修金一年内归还）于 2014 年 4 月 30 日前一次性结清给乙方，如果甲方不能按时支付，承担每天 1‰ 的违约金"之规定，案涉的 5 号楼工程的竣工验收时间为 2014 年 4 月 25 日，应退保修金时间为 2015 年 5 月 26 日。故保修金应计算在工程价款中一并予以支付，而法院在第一个争议焦点中已经就所有的工程价款进行了计算，故对于原告要求再行返还工程保修金的诉讼请求不予支持，所涉及的工程款利息分段计算问题在第三个争议焦点中予以论述。

（3）关于履约保证金的问题。依照双方于 2014 年 1 月 13 日签订的《协议书》第 7 条"乙方交甲方履约保证金 200 万元，在 2014 年 4 月 30 日前退还，如不退还，甲方愿承担每天 1‰ 的违约金"之约定，B 公司应在 2014 年 4 月 30 日前退还履约保证金 200 万元，但从双方确认的工程已付款项中并未有退还履约保证金的事实，故依照《中华人民共和国合同法》第 60 条第 1 款"当事人应当按照约定全面履行自己的义务"之规定，B 公司应当退还履约保证金 200 万元。

（4）关于第三个争议焦点即 B 公司应否支付欠付工程款、保修金及履约保证金的违约金及其数额的问题。

法院认为，结合第一个争议焦点和第二个争议焦点的论述，B 公司尚欠的工程款项为 10 728 157.52 元，依照双方于 2014 年 1 月 13 日签订的《协议书》第 5 条"甲方将丽景天城 3 号楼、5 号楼工程应支付给乙方工程款（5 号楼的工程保修金一年内归还）于 2014 年 4 月 30 日前一次性结清给乙方，如果甲方不能按时支付，承担每天 1‰ 的违约金"之约定，B 公司未在约定的期间内支付原告剩余工程价款，依照《中华人民共和国合同法》第 60 条第 1 款

"当事人应当按照约定全面履行自己的义务"、第107条"当事人一方不履行合同义务或者履行合同义务不符合约定的,应当承担继续履行、采取补救措施或者赔偿损失等违约责任"、第114条第2款"约定的违约金低于造成的损失的,当事人可以请求人民法院或者仲裁机构予以增加;约定的违约金过分高于造成的损失的,当事人可以请求人民法院或者仲裁机构予以适当减少"之规定,本案中,B公司未按照双方协议约定足额支付工程价款及退还履约保证金,应依照双方协议约定承担违约责任。

庭审中,被告虽申请法院对违约金进行调减,但并未提供违约金过分高于实际损失的证据予以佐证,故对于被告要求调减违约金数额的辩解,法院不予支持。

另,根据双方协议的约定,丽景天城5号楼的工程保修金753 336.45元(37 666 822.50元×2%=753 336.45元)的退还时间为2015年5月26日,则B公司尚欠的工程款项为10 728 157.52元的违约金应按照如下基数计算:2014年5月1日起按照10 728 157.52元−753 336.45元=9 974 821.07元,2015年5月1日起按照10 728 157.52元计算。

(5)关于保修金的违约金问题。结合法院前面的论述,保修金已经计入工程欠付款项并计算违约金,对原告此项诉讼请求,本院不予支持。

(6)关于履约保证金的问题。如前本争议焦点第一部分的论述,对履约保证金的违约金不予调整,则依照双方于2014年1月13日签订的《协议书》第7条约定,B公司应从2014年5月1日起按照每日1‰支付违约金。

综上,依照《中华人民共和国合同法》第60条、第107条,《中华人民共和国民事诉讼法》(2012年修正)第152条之规定,判决如下:

"一、B公司在本判决生效后15日内支付A公司工程款10 728 157.52元及违约金(违约金从2014年5月1日起以9 974 821.07元为基数按每日1‰计算至2015年4月30日,2015年5月1日起以10 728 157.52元为基数按每日1‰计算至本院确定的履行期限届满之日止);

"二、B公司在本判决生效后15日内退还A公司履约保证金200万元并承担违约金(违约金以200万元为基数,从2015年5月1日起按每日1‰计算,截止日期为本院确定的履行期限届满之日);

"三、驳回A公司的其他诉讼请求。"

【律师意见】

（1）已达到工程款支付条件。因为，竣工验收合格，竣工验收备案不应作为工程款支付条件。丽景天城5号楼的《建设工程竣工验收会议记录》、竣工资料移交的《卷内目录》，证明原告施工建设的丽景天城5号楼经被告等多方验收合格，并将所有竣工资料交付被告。

（2）工程款结算总额和违约责任，已有明确合同约定。2014年1月13日签订的《协议书》，足以证明原被告对丽景天城3号楼、5号楼工程项目进行了竣工结算，可以确认结算总价为74 426 978.58元、履约保证金200万元及相应违约责任。

（3）拖欠工程款数额明确。有《丽景天城项目进账明细》及相关收款凭证。

【承办律师】

袁仲铸，贵州黔坤律师事务所律师，擅长房地产纠纷、建设工程纠纷、公司并购、投融资类纠纷案件。

【法律适用评析】

建设单位拖欠施工工程款项属于建设工程领域最为常见的纠纷，本案正是施工单位所提起的追偿工程款及其他违约责任之诉。

一、工程款支付条件：竣工验收与竣工验收备案

工程质量是建设工程法律规范调控的核心，因此，竣工验收合格是支付工程款的条件。根据《最高人民法院关于审理建设工程施工合同纠纷案件适用法律问题的解释（一）》第2条的规定，即便施工合同无效，但建设工程经竣工验收合格的，应按合同约定支付工程价款。该解释第8条、第10条规定，即便施工合同有效，已经完成的建设工程质量不合格的，且经修复后的建设工程经竣工验收不合格的，发包人可不予支付工程价款。可见，建设工程是否经竣工验收合格，是支付工程价款的必要条件。

但如何判断竣工验收合格，却往往有争议。本案中施工方主张已完成竣工验收，而建设单位抗辩因未完成竣工验收备案故不能视为完成竣工验收。

这反映出施工实践中对于竣工验收合格的判断标准有不同意见。第一种观点认为，工程竣工验收是指建设单位组织施工、勘测、设计、监理等单位（通常说的"四方验收"）进行竣工验收，验收合格的即为建设工程经竣工验收合格。第二种观点认为，建设工程经建设主管部门竣工验收备案，发放竣工验收备案表，才能视为竣工验收合格。第三种观点认为，必须完成消防验收、规划验收、环评等单项验收程序，并最终完成综合验收的，才能视为竣工验收合格。

之所以对竣工验收合格的标准存在三种认识，原因在于法律依据不同。《建设工程质量管理条例》第 16 条规定："建设单位收到建设工程竣工报告后，应当组织设计、施工、工程监理等有关单位进行竣工验收。……建设工程经验收合格的，方可交付使用。"第 49 条第 1 款规定："建设单位应当自建设工程竣工验收合格之日起 15 日内，将建设工程竣工验收报告和规划、公安消防、环保等部门出具的认可文件或者准许使用文件报建设行政主管部门或者其他有关部门备案。"

可见，建设工程竣工验收实行的是备案制。因此，规划、公安消防、环保等部门出具认可文件与工程竣工验收是不同的概念，两者之间并无直接因果关系。简言之，未取得规划、公安消防、环保等部门出具认可文件的建设工程，也可以经竣工验收合格。

建设工程验收竣工备案的义务主体，是建设单位。《房屋建筑工程和市政基础设施工程竣工验收备案管理暂行办法》（已被修改）第 4 条规定，建设单位应当自工程竣工验收合格之日起 15 日内，依照本办法规定，向工程所在地的县级以上地方人民政府建设行政主管部门备案。

为了落实备案义务，法律法规进一步明确规定了不履行备案义务的后果。第一，《房屋建筑工程和市政基础设施工程竣工验收备案管理暂行办法》第 9 条规定："建设单位在工程竣工验收合格之日起 15 日内，未办理工程竣工验收备案的，备案机关责令限期改正，处 20 万元以上 30 万元以下罚款。"第二，《建设部关于加强住宅工程质量管理的若干意见》第 3 条第（四）项规定："各地建设行政主管部门要加强对住宅工程竣工验收备案工作的管理，将竣工验收备案情况及时向社会公布。单体住宅工程未经竣工验收备案的，不得进行住宅小区的综合验收。住宅工程经竣工验收备案后，方可办理产权证。"

因此，竣工验收和竣工验收备案不同，"竣工结算资料"与"竣工验收备案资料"也不同。前者是工程完工后提交竣工验收报告时，承包人向发包人提交的作为结算工程价款依据的资料（详见财政部、原建设部《建设工程价款结算暂行办法》的规定）；而后者系工程竣工验收合格后，建设单位（发包人）向城建档案馆提交的作为工程备案的资料（详见《房屋建筑和市政基础设施工程竣工验收备案管理办法》第 4 条、第 5 条的规定），二者无论从提交的时间、主体、对象还是内容方面均不相同。而且竣工验收备案是建设单位也即发包人的义务，不过因为部分资料是由承包人掌握的而需要由承包人协助配合发包人。

总之，就竣工验收的判断标准而言，在施工实践中的三种观点中，第一种观点更为准确，一般而言，建设、设计、施工、监理四方验收合格的，即可交付使用。第二种观点则更强调施工方的验收竣工备案资料的配合义务。第三种观点完全是站在保护建设单位的立场要求完成竣工验收备案。如果要将后两种情形作为验收竣工的判断标准适用，除非在合同中明确约定以"建设工程经建设主管部门竣工验收备案"作为验收条件。

司法实践中，最高人民法院的裁判观点也明确区分了竣工验收与竣工验收备案之间的区别。在夏众鑫诚房地产开发有限公司与宁夏功达建筑工程有限责任公司建设工程施工合同纠纷案[1]中，最高人民法院认为："依据《建设工程质量管理条例》的规定，建设单位在收到建设工程竣工报告后，组织设计、施工、工程监理等有关单位进行竣工验收，验收合格后再由建设单位将竣工验收报告等文件提交给政府建设主管部门备案，也就是说，竣工验收备案只是竣工验收后建设单位所应办理的手续，故是否取得竣工验收备案表，并不能作为认定工程是否已竣工验收的依据。"

结合本案，一方面，施工方已举证 2014 年 4 月 25 日，"都匀市丽景天城 5 号楼"工程项目竣工并经建设、施工、勘察、设计、监理、质检单位验收，评定为合格工程。另一方面，诉讼中建设单位提出未按合同约定提供竣工验收备案表，故达不到支付条件的辩解；而根据合同条款，备案是结算以及退还保修金的条件，双方随后又协议无须对建设项目再行结算而是固定总价。因此，审理法院认定，案涉的丽景天城 5 号楼实质性的竣工验收已经完成，竣工验收备案工作属于程序性的报备行为。最终，法院支持了施工方已达到

---

〔1〕　最高人民法院再审民事裁定书［2012］民申字第 1480 号。

支付工程款条件的主张。

二、履约保证金、质量保证金的返还

质量保证金，作为工程建设项目质量保修义务的一项保证措施，在《建筑法》第62条中有明确规定，即"建筑工程实行质量保修制度。……具体的保修范围和最低保修期限由国务院规定"。原建设部于2000年6月30日发布的《房屋建筑工程质量保修办法》第6条规定："下列情况不属于本办法规定的保修范围：（一）因使用不当或者第三方造成的质量缺陷；（二）不可抗力造成的质量缺陷。"保修期限届满，如未发生修理费用，或只发生部分应由施工单位承担的修理费用，建设单位则应将预留的质量保修金的全部或者余额退还给施工单位，同时连同相应的法定孳息一并返还。"此外，原建设部发布的《建设工程质量保证金管理暂行办法》第2条解释工程质量保证金和保修金为同一概念。

本案合同条款中，明确约定了保修金的数额和返还期限。履约保证金，作为工程建设项目实施的保证措施之一，是在招投标程序中适用的。2000年1月1日起施行的《招标投标法》第46条第2款规定："招标文件要求中标人提交履约保证金的，中标人应当提交。"2012年2月1日起施行的《招标投标法实施条例》第55条规定："……排名第一的中标候选人放弃中标、因不可抗力不能履行合同、不按照招标文件要求提交履约保证金，或者被查实存在影响中标结果的违法行为等情形，不符合中标条件的，招标人可以按照评标委员会提出的中标候选人名单排序依次确定其他中标候选人为中标人，也可以重新招标。"第58条规定："招标文件要求中标人提交履约保证金的，中标人应当按照招标文件的要求提交。履约保证金不得超过中标合同金额的10%。"

可见，履约保证金是为了保证招投标顺利进行的一种特殊担保方式，且应当在招投标领域适用。法律、行政法规及规范性文件并未强制规定工程建设项目必须采用履约保证金，而是将是否采用履约保证金的权利授予招标人，由招标人在招标文件中载明是否收取履约保证金。招标文件要求中标人提交履约保证金的，中标人应当按照招标文件的要求提交。如果中标人不提交，招标人既可以确定其他中标候选人为中标人，也可以重新招标。

不过，不管是《招标投标法》还是《招标投标法实施条例》都没有对履约保证金的性质和定义进行规定。国家发展和改革委员会等七部委联合发出的《工程建设项目施工招标投标管理办法》第85条和《工程建设项目货物招标投标管理办法》第59条均规定招标人不履行与中标人订立的合同的，应当返还中标人的履约保证金；给中标人造成的损失超过返还的履约保证金的，还应当对超过部分予以赔偿。没有提交履约保证金的，应当对中标人的损失承担赔偿责任。因不可抗力不能履行合同的，不适用前款规定。这些规定实质上将履约保证金等同于定金。

关于履约保证金的返还，在建设工程施工合同合法有效的情况下，履约保证金的返还时间、条件系由双方当事人在合同中约定。一般为了保证工程按期、保质完成，发包人可以工程竣工验收为返还履约保证金的条件，也可约定履约保证金自动转为质量保证金。

总之，履约保证金和质量保证金，对应建筑企业在施工合同订立义务和后合同保修义务，是对建筑企业的基本要求。不过，同时也加重了建筑企业的资金负担。所以，按期退还有助于规范建筑市场的合理有序。为此，国务院办公厅发布的《国务院办公厅关于清理规范工程建设领域保证金的通知》明确指出："清理规范工程建设领域保证金，是推进简政放权、放管结合、优化服务改革的必要措施，有利于减轻企业负担、激发市场活力，有利于发展信用经济、建设统一市场、促进公平竞争、加快建筑业转型升级。为做好清理规范工程建设领域保证金工作，经国务院同意，现就有关事项通知如下：一、全面清理各类保证金。对建筑业企业在工程建设中需缴纳的保证金，除依法依规设立的投标保证金、履约保证金、工程质量保证金、农民工工资保证金外，其他保证金一律取消。对取消的保证金，自本通知印发之日起，一律停止收取。……三、按时返还保证金。对取消的保证金，各地要抓紧制定具体可行的办法，于2016年底前退还相关企业；对保留的保证金，要严格执行相关规定，确保按时返还。未按规定或合同约定返还保证金的，保证金收取方应向建筑业企业支付逾期返还违约金。"

结合本案，合同双方约定了逾期返还履约保证金的违约金。因此，法院认为，建设单位负有履约保证金和质量保证金的返还义务。又因为有支付工程款的义务，故两相冲抵，最终认定了工程款支付义务的具体数额和违约条款的适用。

三、约定违约金的司法酌减

具有一定谈判能力的施工单位，往往会与建设单位在合同中约定较高的违约责任。司法实践中，各地法院对逾期支付工程款违约金调整存在以下两种处理方式：第一，根据案件实际情况，认为需要调整时，将较高的违约金调整至年利率24%及以下；第二，在不能证明损失过高的情况下，认为无须调整时，按照合同约定的违约金比例进行支持。如《上海市高级人民法院关于商事审判中规范违约金调整问题的意见》第9条规定："守约方的实际损失无法确定的，法院认定违约金过高进行调整时，根据公平原则和诚实信用原则，在综合考量违约方的恶意程度、当事人缔约地位强弱等因素的基础上，可以参考不超过银行同类贷款利率四倍的标准进行相应调整。"

司法酌减的主体是法院，虽然合同法规则适用的前提是"违约金过分高于实际损失"，但《最高人民法院关于当前形势下审理民商事合同纠纷案件若干问题的指导意见》第7条规定："人民法院根据合同法第一百一十四条第二款调整过高违约金时，应当根据案件的具体情形，以违约造成的损失为基准，综合衡量合同履行程度、当事人的过错、预期利益、当事人缔约地位强弱、是否适用格式合同或条款等多项因素，根据公平原则和诚实信用原则予以综合权衡，避免简单地采用固定比例等'一刀切'的做法，防止机械司法而可能造成的实质不公平。"因此，违约金过高要求司法酌减的举证责任分配，就并非仅仅是守约方的实际损失，法院会综合查明合同履行情况、当事人过错和预期利益等。

在工程实践乃至法律实务中，都存在片面的认识，认为违约金司法酌减只涉及实际损失的举证责任分配。由此，提出了不同的举证责任分配主张。有观点认为，从举证能力上而言，违约一方并不了解守约方的损失状况，实际上难以就违约金是否高于守约方的实际损失进行举证，故应由守约方承担该责任；但相反观点认为，基于"谁主张，谁举证"的举证责任分配原则，违约方主张适用该规则的，就应负担举证责任。

司法实践中，最高人民法院的裁判观点澄清了这种片面认识。在福建七建集团有限公司（以下简称"七建公司"）与厦门精卫模具有限公司（以下简称"精卫公司"）建设工程施工合同纠纷案中，七建公司向最高人民法院申请再审称："……（二）二审法院按违约金2.6万元/天，违反了诚实信用和公平合理原则。本案工程合同价款为 3736.1 万元，精卫公司未提供相应证据证实其造成损失的情况下，二审法院错误分配举证证明责任，由七建公司承担证明逾期完工给精卫公司造成损失的举证责任，显失公正。（三）二审判决不符合违约金'以补偿性为主，以惩罚性为辅'的适用原则。"而最高人民法院的观点是："根据《中华人民共和国合同法》第一百一十四条、《最高人民法院关于适用〈中华人民共和国合同法〉若干问题的解释（二）》第二十九条规定，当事人主张约定的违约金过高请求予以适当减少的，人民法院调整违约金时，应当以实际损失为基础，兼顾合同的履行情况，当事人的过错程度以及预期利益等综合因素。七建公司在履行合同过程中存在拖延施工、工程质量有问题、未按要求及时整改等违约行为，双方经协商一致约定工程延至 2012 年 2 月 15 日竣工，但七建公司仍未在这一时间内竣工，并在厦门市建设与管理局协调下完成整改，其应当承担违约责任。精卫公司主张按约定标准支付违约金，已有《补充协议书》证明，七建公司主张调整违约金，应对妨碍《补充协议书》约定的违约责任发生法律效力的事由承担证明责任，提供证据证明约定的违约金过分高于实际损失，二审法院证明责任分配正确。七建公司并未提供证据证明精卫公司实际损失的范围，其主张的以银行同期贷款利息作为参考标准衡量实际损失的方法，不能确定精卫公司的实际损失。精卫公司未能按照合同约定的时间使用讼争工程从事生产经营，其预期利润损失也应予考虑。七建公司主张违约金过高的再审申请没有充分证据证明，不能推翻二审判决结论，二审法院综合考量合同履行过程、当事人过错程度、预期利益损失，按照双方约定确定的 2.6 万元/日确定违约金数额，并无不当。"[1]

2019 年最高人民法院发布的《全国法院民商事审判工作会议纪要》第 50 条明确了违约金过高标准及举证责任，其指出："认定约定违约金是否过高，一般应当以《合同法》第 113 条规定的损失为基础进行判断，这里的损失包括合同履行后可以获得的利益。除借款合同外的双务合同，作为对价的价款或者报酬给付之债，并非借款合同项下的还款义务，不能以受法律保护的民间借贷利率上限作为判断违约金是否过高的标准，而应当兼顾合同履行情况、当事人过错程度以及预期利益等因素综合确定。并主张违约金过高的违约方

---

〔1〕　最高人民法院［2015］民申字第 2082 号民事裁定书。

应当对违约金是否过高承担举证责任。"

结合本案来看，审理法院认为，被告虽在庭审中申请本院对违约金进行调减，但并未提供违约金过分高于实际损失的证据，故对于被告要求调减违约金数额的辩解，不予支持。而且，法院已经查实被告建设单位存在拖欠工程款、未按期返还履约保证金的违约行为，法官对合同履行情况和当事人过错已经形成了必要的"心证"。所以，最终法院对约定的违约金未予调整。

第六节　违约金条款的适用

约定的高额违约金，是否一定会被法院调整？

【法律服务】

代理人接受一审原告委托，代理一审起诉、二审应诉。诉讼中就工程余款数额中的一笔商砼款双方争议较大。代理律师针对性地用可视化、大数据等多种手段，成功说服一审省高级人民法院和二审最高人民法院。本案一审、二审判决对约定的工程进度款违约金均未予调整，在施工行业业界和建设工程专业律师界，引发轰动。

【基本案情】

2008年5月15日，B公司（发包人）与A公司（承包人）签订《商品房建筑安装工程合同书》（以下简称《合同书》）。2009年9月20日，B公司（发包人）与A公司（承包人，乙方）又签订《补充协议》。2010年1月16日，工程开工。2010年4月8日，A公司贵州分公司下发文件《关于同意组建铜仁金滩半岛豪苑项目部的通知》，组建广厦建设集团贵州分公司铜仁某工程项目部（以下简称"A公司项目部"），并任命项目负责人。2010年5月25日，A公司完成孔桩砼浇注，工期自此开始计算。2010年5月25日A公司完成孔桩砼浇注，工期自此开始计算。2013年8月5日，工程质量验收合格。

施工期间，A公司项目部根据工程进度按照合同约定分多期向B公司申报工程进度款，其中的多期工程进度款，B公司未如约支付。2014年12月11日，B公司（甲方）与A公司项目部（乙方）签订《工程结（决）清单》，约定：甲乙双方代表于2014年12月11日对工程决算作最后审定并一致同意作如下决算：①工程款共计 93 389 635.31 元。②截至 2014 年 12 月 11 日已预付工程款 76 247 419.91 元。③工程决算应付工程余款 1713 万元，其中，应扣保修金 280 万元。④余款具体支付时间。⑤余款利息承担：经双方协商，工程余款 1713 万元中的 692 万元不计利息（含保修金），其余余款 1021 万元从 2015 年 2 月 1 日起按实际占用金额和时间依照月息 2.5% 计算资金占用费，每支付一笔递减金额不计利息，利息每月支付一次。

《工程结（决）算清单》签订后，B 公司于 2015 年 2 月 16 日向 A 公司支付 K、H 栋工程款 50 万元后，一直未支付。

A 公司以 B 公司欠付工程款、违反建设工程施工合同为由，向一审法院起诉请求：①判决 B 公司向 A 公司支付工程款 14 342 215.4 元；②判决 B 公司向 A 公司支付工程保修金 280 万元；③判决 B 公司向 A 公司支付配合费 862 527 元；④判决 B 公司向 A 公司支付被扣商砼款利息 624 525 元；⑤判决 B 公司向 A 公司支付工程款应付利息 1 792 776.93 元（工程款以 14 342 215.4 元为基数，按每月 2.5% 计算，从 2015 年 2 月 1 日起暂算至 2015 年 7 月 1 日，计算到 B 公司付清欠款为止），280 万元保修金从 2016 年 2 月 1 日起按每月 2.5% 计算利息；⑥判决 B 公司向 A 公司支付进度款逾期违约金 1446 万元；⑦判决 B 公司向 A 公司支付擅自发包违约金 1000 万元；⑧判决 B 公司向 A 公司支付停工窝工损失 3 034 666.7 元；⑨本案诉讼费、保全费由 B 公司承担。以上款项合计：48 846 711.03 元。

【法院裁判】

一审中，B 公司反诉请求：①判令从 A 公司的剩余工程款 14 342 251.4 元中扣除 B 公司代付的混凝土款 350 万元；扣除 B 公司代扣的劳保基金统筹金 306.82 万元；扣除《工程结（决）清单》中错误增加的工程款 100 万元；扣除 B 公司在决算后于 2015 年 2 月 16 日已支付给 A 公司的工程款 50 万元。合计应扣除 806.82 万元；②判令 A 公司支付 B 公司延期竣工的违约金 436 万元；③判令 A 公司承担本案的诉讼费和反诉费。

争议焦点一：B 公司尚欠多少工程余款的问题。

一审法院经审理认为，B 公司反诉请求中的代付混凝土款、错误增加的工程款 100 万元、贷款的劳保基金三项款项，因证据不足，未予支持。

同时，B 公司以房抵工程余款的主张，不能成立。因为以房抵工程款协议的全部内容为"豪苑 H 栋或 K 栋负一层。按建筑面积 17 888 元/平方米抵郭某福、杜某中（军）工程款，以合同确定面积额总款为准，税费各自承担。2015 年 4 月 20 日"。双方负责人田某顺、郭某福、杜某中签名。B 公司在庭审中提交的以房抵款 890 万元的收据载明所抵款项为 L 栋的工程款。由此可知，B 公司主张的"以房抵款"是用"豪苑 H 栋或 K 栋负一层"抵 L 栋的工程款，而本案争议的工程款是 K 栋、H 栋本身的工程款，故"以房抵工程款协议"与本案争议事实无关，B 公司主张以房抵工程余款的主张不能成立。

最终，一审法院认定 B 公司应当支付给 A 公司的工程余款（包含保修金 280 万元）为《工程结（决）清单》中载明的工程余款 1713 万元，扣减掉已支付的 50 万元后，尚需支付 1663 万元。

争议焦点二：B 公司是否应当向 A 公司支付工程余款利息以及利息应当如何计算的问题。

一审法院经审理认为，根据《工程结（决）清单》第 4 条对余款利息承担作了明确的约定，除了 692 万元（含保修金）不计利息外，其余余款从 2015 年 2 月 1 日起按实际占用金额和时间支付资金占用费。遂认定，B 公司于 2015 年 2 月 16 日支付了工程款 50 万元，故其在 2015 年 2 月 1 日至 2 月 15 日期间应当以 1021 万元为基数支付利息，2 月 16 日之后以 971 万元（1021 万元−50 万元）为基数支付利息。双方约定的利率标准月息为 2.5%，因为参照《最高人民法院关于人民法院审理借贷案件的若干意见》第 6 条"民间借贷的利率可以适当高于银行的利率，各地人民法院可根据本地区的实际情况具体掌握，但最高不得超过银行同类贷款利率的四倍（包含利率本数）。超出此限定的，超出部分的利息不予保护"的规定，超出了银行同类贷款利率的 4 倍，故法院对超出部分不予保护。综上，B 公司应当按银行同期同类贷款基准利率的 4 倍计算向 A 公司支付工程余款利息，2015 年 2 月 1 日至 2 月 15 日期间以 1021 万元为基数，2015 年 2 月 16 日起以 971 万元为基数。

争议焦点三：B 公司是否应当向 A 公司支付配合费 862 527 元，B 公司是否将外墙漆、栏杆、护栏等工程擅自发包给第三方，其是否应当承担相应的违约金 1000 万元的问题。

一审法院经审理认为，《工程结（决）清单》第 5 条约定，该条约定已对配合费的相关内容重新作了约定，即：关于外墙漆、电梯、铁艺栏杆等各项工程配合费不再由 B 公司与 A 公司进行结算，而由 A 公司与工程队协商处理。故认定 B 公司无支付义务。

至于外墙漆、栏杆、护栏等工程发包给第三方的问题。根据与第三人签订的外包协议可知，关于外墙漆、栏杆、护栏等工程的发包人是 A 公司，并非 B 公司。因此，认定 B 公司不存在擅自将外墙漆、栏杆、护栏等工程擅自发包给第三方的行为，无须承担相应的违约金 1000 万元。

争议焦点四：B 公司逾期支付工程进度款的违约金问题。

（1）B 公司逾期支付工程进度款的时间起点，应从 A 公司申报之日起何时开始计算的问题。

一审法院经审理查明，双方签订的《合同书》由四个部分组成，分别是：第一部分《协议书》、第二部分《通用条款》、第三部分《专用条款》、第四部分《房屋质量保修书》。其中，双方在《协议书》第 19 条约定，《协议书》在组成该工程总承包合同文件中的执行和解释程序优先，一切专、通用条款均以此协议为准。据此，认定工程进度款的支付时间，应依据《协议书》第 11 条第 3 项的约定计算，即从 A 公司申报之日起 7 日内；超过 7 天未付，即为逾期。

（2）逾期支付的事实认定问题。

一审法院经审理查明，对于 B 公司向一审法院提交的《南长城房地产开发公司付款明细表》中载明的付款项目，除了 B 公司于 2013 年 1 月 31 日支付天翼公司 6 592 475.91 元外，其余付款项目 A 公司均无异议。结合 A 公司提交的《工程款支付申请表》，可以认定：A 公司从 2010 年 7 月 9 日开始向 B 公司申报第一笔工程进度款 863 万元，B 公司在约定的期限内支付了该笔工程进度款，本案双方当事人对此均无异议。2010 年 9 月 21 日，A 公司向 B 公司申请支付第二笔工程进度款 280 万元，至 2010 年 9 月 27 日（申报之日起的第 7 日），B 公司未支付该笔款项。之后，A 公司分期向 B 公司申请支付工程进度款，B 公司也陆续向 A 公司支付部分工程进度款。直至 2011 年 7 月 28 日，B 公司才将 A 公司于 2010 年 9 月 21 日至 2011 年 6 月 8 日期间申报的工程进度款全部支付完毕。这一阶段的逾期付款期间为 2010 年 9 月 28 日到 2011 年 7 月 27 日，共计 303 天。

2011 年 7 月 29 日，A 公司继续向 B 公司申报工程进度款 116.3 万元，至 2011 年 8 月 4 日，B 公司未支付该笔款项。B 公司于 2011 年 8 月 18 日方付清该笔工程进度款。这一阶段的逾期付款期间为 2011 年 8 月 5 日到 2011 年 8 月

17 日，共计 13 天。

2011 年 9 月 23 日，A 公司继续向 B 公司申报工程进度款 169.8 万元，至 2011 年 9 月 29 日，B 公司未支付该笔款项。直至 A 公司竣工前的最后一次申报，即 2011 年 12 月 11 日申报 315.2 万元的付款期限已至之日即 2011 年 12 月 17 日，B 公司仍未将已经申报的工程进度款支付完毕。B 公司于 2012 年 1 月 12 日才将 2011 年 9 月 23 日至 2011 年 12 月 11 日期间申报的工程进度款支付完毕。故这一阶段的逾期付款期间为 2011 年 9 月 30 日到 2012 年 1 月 11 日，共计 101 天。

工程竣工后，A 公司于 2013 年 9 月 3 日继续向 B 公司提出按工程总款 85%拨款的申请，申请拨款 587.5 万元。2013 年 9 月 9 日，B 公司未按照合同约定付清该笔款项，直至工程决算之日即 2014 年 12 月 11 日仍未付清。这一阶段的逾期付款期间为 2013 年 9 月 10 日到 2014 年 12 月 10 日，共计 455 天。

综上，B 公司逾期支付工程进度款的期限为 303 + 13 + 101 + 455 = 872（天）。

（3）逾期支付工程进度款的违约金责任问题。

经审理查明，双方在《合同书》第 14 条违约责任第 3 项约定："甲方违反第四条及第十一条的任何一款约定，将由甲方向乙方支付违约金每天壹万元（10 000 元/天）。工期顺延并赔偿乙方损失。"据此，B 公司应当向 A 公司支付违约金每天 1 万元。B 公司在庭审中表示违约金过高，请求调低。

一审法院认为，因 B 公司未提供违约金过高的相关依据，故对其请求调低的主张不予采纳。同时，B 公司也是以每天 1 万元的标准向 A 公司主张延期竣工违约金。可见，本案当事人对违约金的约定系双方的真实意思表示，是双方愿意且能接受的标准，应当尊重当事人的意思自治。

一审法院认定，A 公司请求违约金按每天 1 万元支付的主张，应予支持，具体金额为：872×10 000 元 = 8 720 000 元。

争议焦点五：B 公司是否应当向 A 公司支付停工、窝工损失 3 034 666.7 元的问题。

经审理查明，因 A 公司证明其停工、窝工损失所提交的证据《工期延期损失计算表》，系其单方制作，无其他证据佐证，且 B 公司不予认可。

一审法院认定，A 公司提交的证据材料不足以证明其存在 3 034 666.7 元停工损失的真实性，故对于 A 公司的该项请求不予支持。

争议焦点六：A 公司是否应当向 B 公司支付延期竣工的违约金 436 万元的问题。

经审理查明，双方签订的《合同书》第一部分协议书第 3 条约定合同工期为 730 天，第 14 条第 2 项约定："乙方违反第三条、第九条及第十条第一款的约定，将由乙方向 B 公司支付违约金每天壹万元（10 000 元/天），并赔偿 B 公司所有损失。"据此认定，A 公司延期竣工应当向 B 公司支付延期竣工的违约金每天 1 万元。

同时，双方在《合同书》第一部分协议书第 14 条第 3 项约定："甲方违反第四条及第十一条的任何一款约定，将由甲方向乙方支付违约金每天壹万元（10 000 元/天）。工期顺延并赔偿乙方损失。"由于 B 公司从开始计算工期到工程竣工之日存在逾期支付工程进度款 417 天的事实，根据上述约定，工期可以顺延 417 天。据此认定，B 公司主张 A 公司延期竣工的天数为 436 天，应扣除工期顺延的 417 天，A 公司实际延期竣工 19 天（436 天−417 天）。

综上，A 公司应当向 B 公司支付延期竣工违约金 19×10 000 元＝190 000 元。

最终，一审法院判决："一、B 公司于判决生效十日内支付 A 公司工程款 1663 万元（含 280 万元保修金），并对其中部分工程款按照中国人民银行同期同类贷款基准利率的四倍支付利息（2015 年 2 月 1 日至 2 月 15 日期间以 1021 万元为基数计算利息，2015 年 2 月 16 日起至判决生效第十日以 971 万元为基数计算利息，自判决生效十日起至付清之日止以 1663 万元为基数计算利息）；二、B 公司于判决生效十日内支付 A 公司逾期支付工程进度款违约金 872 万元；三、A 公司于本判决生效十日内支付 B 公司延期竣工违约金 19 万元；四、驳回 A 公司的其他诉讼请求；五、驳回 B 公司的其他反诉请求。"

B 公司不服一审判决，提起上诉，请求：①撤销一审判决第 1 项、第 5 项，改判为 B 公司下欠 A 公司工程款合计 12 142 215.4 元（包括工程保修金 280 万元），双方应履行以房抵工程款协议，B 公司不再支付现款，工程欠款不应计付利息，A 公司应提供工程款税收发票；②撤销一审判决第 2 项，改判为以逾期付款金额为基数按月利率 2% 计算逾期付款的违约金，其违约天数应为 375 天，违约金数额为 845 914.65 元；③撤销一审判决第 3 项，改判为 A 公司逾期交房 61 天，应承担逾期交房违约金 61 万元；④一、二审案件受理费、反诉费由 A 公司负担。

二审法院经庭审查明对一审法院查明的事实予以认定，认为一审法院对法律事实的认定结论，并无不当，应予维持。

二审中针对逾期支付工程进度款的违约金调整的争议焦点问题，二审法院进一步细化裁判说理，支持一审认定。二审法院认为：根据《最高人民法院关于适用〈中华人民共和国合同法〉若干问题的解释（二）》（已失效）第 29 条之规定，当事人主张约定的违约金过高请求予以适当减少的，人民法院应当以实际损失为基础，兼顾合同的履行情况、当事人的过错程度以及预期利益等综合因素，根据公平原则和诚实信用原则予以衡量，并作出裁决。当事人约定的违约金超过造成损失的 30% 的，一般可以认定为《合同法》第 114 条第 2 款规定的"过分高于造成的损失"。一审法院依据合同实际履行情况，即合同履行过程中，对于工程进度款的拨付，B 公司除第一笔进度款按约支付外，其余均逾期支付达 800 余天。且自 2013 年 8 月 5 日工程验收合格至今，B 公司仍拖欠 A 公司工程款 1600 余万元；且在 B 公司不能证明约定违约金过分高于其造成的损失且该公司亦按照每天 1 万元的标准向 A 公司主张违约金的情况下，判决 B 公司按照合同约定每天 1 万元的标准承担违约责任，并无不当。上诉中 B 公司要求违约金计算的上诉理由是建立在适用《通用条款》第 26.1 条、将 350 万商砼款计入工程进度款且按照月利率 2% 计息的基础上的。故上诉请求缺乏事实与法律依据，二审法院不予支持。

【律师意见】

第一，逾期支付工程进度款的违约金责任，这是维护委托人权益的重要诉求。A 公司垫资施工数额巨大，B 公司长期拖欠工程款至今未予偿还，给 A 公司造成重大损失。合同履行期限应从 A 公司申报之日起计算。虽有《合同书》和《补充协议》两个文本以及若干项规定涉及，但应以《合同书》规定为解释依据。依据该约定，被告向原告支付工程进度款的时间，应从原告申请进度款之日起，7 日内拨付；超过 7 日，即为逾期。逾期后可主张工期顺延。据此，双方的合同履行期限得以确定。《合同书》的这一规定，是计算 B 公司逾期支付工程进度款天数及 A 公司逾期竣工天数的基础。

第二，欠付工程款的数额，应以《工程结（决）清单》为准，以此对抗被告的主张。签订的《工程结（决）清单》是对所有工程款的总体决算，不存在漏计 350 万商砼款的情况。100 万工程款是决算清单中约定的，不存在错误增加的事实。

第三，一审中被告提出以房抵扣欠付工程款的事实不存在。以房抵账没有签订合同，B 公司要求以房充抵下欠工程款没有依据。

第四，针对一审和二审庭审中，双方争议最大的 350 万元商砼款是否应当在工程余款中扣除问题。A 公司在抗辩中强力举证证明是自己而非 B 公司支付了部分款项。2013 年 1 月 31 日，天翼公司向 B 公司发《公函》确认涉案工程商砼价款共计 10 576 438.45 元，已收货款 480 万元，下欠货款本息是 6 592 475.91 元，双方对此不持异议。天翼公司已收货款 480 万元系 A 公司支付，提供的收款收据、银行转账支票、商砼款发票等证据之间相互印证，足以证明 A 公司是 480 万元商砼款的支付方。

对于欠 6 592 475.91 元商砼款，依据天翼公司、B 公司与 A 公司三方签订的《协议书》约定，由 B 公司从应支付给 A 公司的工程进度款中扣除。除上述 6 592 475.91 元应扣除款项外，B 公司主张其代 A 公司另行支付了 350 万元商砼款。对此，B 公司提供了四张 350 万元的收款收据。但庭审质证指出，该收据的出具时间系 2010 年 11 月至 2011 年 5 月，均在天翼公司向 B 公司发出的《公函》之前。且该收据与 B 公司提供并认可的《公函》、砼方量清单不能相互印证，足以推翻 B 公司关于已代 A 公司支付了 350 万元商砼款的事实主张。

第五，二审中 B 公司就发票问题没有在一审程序中提出请求，且合同约定不付款不开具发票，故应予驳回。

【承办律师】

贾㤠，贵州黔坤律师事务所主任。1991 年从清华大学毕业，1997 年开始从事律师工作。在处理疑难复杂的房地产纠纷及建筑纠纷案件方面具有丰富经验。

【法律适用评析】

本案是建设工程合同违约之诉，作为施工方 A 公司的诉讼代理，律师抓住了违约期间计算标准这一关键事实。

一、建设工程施工合同的违约责任

综合全案，本案原告 A 公司代理律师所提出的建设工程合同违约诉求，包括诉请支付工程价款本金、工程价款利息、工程进度款逾期支付违约金和停工、窝工损失。这些都是建设工程合同纠纷涉及的常规内容，具体来看：

（1）施工单位关于支付欠付的工程价款本金和利息的诉求。建设工程施工合同作为双务有偿合同，支付工程价款是发包人的主要义务；发包人违反合同约定欠付工程价款，则构成违约，应承担违约责任，而当事人之间对所欠付工程价款约定支付利息往往是承担违约责任的基本方式。

对此，《最高人民法院关于审理建设工程施工合同纠纷案件适用法律问题的解释（一）》第26条规定："当事人对欠付工程价款利息计付标准有约定的，按照约定处理。没有约定的，按照同期同类贷款利率或者同期贷款市场报价利率计息。"

本案中，双方已约定了欠付工程价款的利率，司法审查主要在于确定工程价款的本金数额和约定利率的合法性。

同时，还值得注意的是，欠付工程价款利息的支付时间，按照《最高人民法院关于审理建设工程施工合同纠纷案件适用法律问题的解释（一）》第27条第（三）项规定，都是与工程款支付确定在同一时间点，与当事人负有的付款责任同时产生。[1]

本案中，对于利息支付期间的认定，正是根据不同时期的本金数额来相应予以确定的，与本金的支付同时发生。

（2）施工单位关于支付逾期支付工程进度款违约金的诉求。首先，这一违约责任是当事人在建设工程合同中明确约定的。其次，法院对当事人约定的司法态度是："如果当事人在施工合同中明确约定了在承担利息之外，还应赔偿损失或承担其他违约责任的，则承包人在请求承担违约责任的同时还请求支付相应约定的利息的，应当从其约定。"[2]

本案中，对工程进度款支付作出明确地约定，是建设单位的主要义务。双方还约定了欠付期间的工期顺延，可见建设方向施工方按期支付工程进度款，是顺利完成施工的有效保障。为此，《合同书》专门约定了高额的逾期支付工程进度款和逾期交付工程的违约金，每天1万元。施工方在对方未按时

---

[1]　最高人民法院民事审判第一庭编：《最高人民法院二审民事案件解析》（第5集），法律出版社2007年版，第103页。

[2]　最高人民法院民事审判第一庭编：《民事审判指导与参考》（总第49辑），人民法院出版社2012年版，第266页。

支付工程进度款的情况下，筹集资金完成建设，证明对方逾期达 800 多天。因此，因对方的违约行为遭受到的重大损失是可以证明的。这也是本案诉讼的关键和亮点。

（3）施工方关于停工、窝工损失的赔偿诉求。对此，原告应付举证责任，而且对于证据的采信，最高人民法院在浙江中成建工集团有限公司与元太置业有限公司建设工程施工合同纠纷案[1]中明确指出："依照建筑工程施工行业规范和行业习惯，施工企业在施工过程中发生停、窝工，应当由建设单位或者施工方与建设方往来函件予以证实；若仅凭施工方单方提供的间接证据不足以认定事实。"

本案中，审理法院认为因 A 公司证明其停工、窝工损失所提交的证据《工期延期损失计算表》，系其单方制作，无其他证据佐证，且 B 公司不予认可。最终，法院以当事人主张缺乏事实依据为由而未予支持。

当然，在具体的诉讼过程中，针对违约责任，双方当事人会有不同的事实主张，代理律师尤其需要针对对方的抗辩制定有针对性的应对策略和证据收集。本案中施工方的代理人，在工程价款本金数额的证明方面，针对对方的抗辩，也有出色的表现。

二、约定违约金适用的理论与实务

违约方要求对约定违约金进行司法酌减，如本案庭审中 B 公司以违约金约定过高为由要求调整，其法律依据主要有：《合同法》第 114 条[2]所确立的违约金酌减规则以及《最高人民法院关于适用〈中华人民共和国合同法〉若干问题的解释（二）》。其中，司法解释第 29 条规定："当事人主张约定的违约金过高请求予以适当减少的，人民法院应当以实际损失为基础，兼顾合同的履行情况、当事人的过错程度以及预期利益等综合因素，根据公平原则和诚实信用原则予以衡量，并作出裁决。当事人约定的违约金超过造成损失的百分之三十的，一般可以认定为合同法第一百一十四条第二款规定的'过分高于造成的损失'。"

---

[1] 最高人民法院［2008］民一终字第 117 号民事判决书。
[2]《合同法》第 114 条第 2 款规定："……约定的违约金过分高于造成的损失的，当事人可以请求人民法院或者仲裁机构予以适当减少。"

　　司法实践中，违约金酌减的司法裁量标准得到进一步细化。最高人民法院印发的《关于当前形势下审理民商事合同纠纷案件若干问题的指导意见》第 7 条指出："人民法院根据合同法第一百一十四条第二款调整过高违约金时，应当根据案件的具体情形，以违约造成的损失为基准，综合衡量合同履行程度、当事人的过错、预期利益、当事人缔约地位强弱、是否适用格式合同或条款等多项因素，根据公平原则和诚实信用原则予以综合权衡，避免简单地采用固定比例等'一刀切'的做法，防止机械司法而可能造成的实质不公平。"

　　理论界针对约定违约金酌减之诉的司法裁量标准有不同主张。有学者认为在判断违约金是否过高的问题上，可将实际损失与约定的违约金进行比较，但它们之间的差额不应当是唯一的考虑标准，需要进行综合衡量。[1]也有观点认为应当将"造成的损失"和"实际损失"作同一理解，不应区分开来。[2]还有学者对将实际损失作为衡量基础提出了质疑，认为如果以实际损失作为基准，债权人则需要证明自己受有损失及其数额，实际上加重了其举证责任，不利于非违约方的救济。[3]

　　从本案裁判结果即两审法院未支持违约方的酌减诉求来看，违约金酌减规则的相关立法和司法解释虽然规定了对当事人约定违约金的司法干预方式，但这并不意味着是对当事人意思自治的否定。正如英国学者休·柯林斯所说："在努力追求支持合同和市场的目标时，法律规制应当将它的任务视为保护当事人的预期。法律系统必须尊重当事人自己的共同自我规制系统的自治。"[4]

　　本案两审法院之所以支持合同约定的高额违约金而未予调整，根本原因在于有关施工方损失的事实得到了法官的内心确信。在"逾期支付工程进度款的违约期间计算"的争议焦点上，施工方通过主张对合同文本的文义解释，争取到了主动。从而，为损失计算奠定了坚实的事实基础。

　　诉前，诉讼代理人（同时也是 A 公司的法律顾问单位）在《建筑工程合同书》中规定了四个部分内容，分别是：第一部分《协议书》、第二部分

---

[1]　韩世远："违约金的理论问题——以合同法第 114 条为中心的解释论"，载《法学研究》2003 年第 4 期。

[2]　姚明斌："违约金司法酌减的规范构成"，载《法学》2014 年第 1 期。

[3]　王洪亮："违约金酌减规则论"，载《法学家》2015 年第 3 期。

[4]　[英]休·柯林斯：《规制合同》，郭小莉译，中国人民大学出版社 2014 年版，第 390~391 页。

《通用条款》、第三部分《专用条款》、第四部分《房屋质量保修书》。其中，双方已签订的《协议书》第 19 条明确约定："《协议书》在组成该工程总承包合同文件中的执行和解释程序优先，一切与此相赎的专、通用条款均以此协议为准。"据此，认定工程进度款的支付时间，应依据《协议书》第 11 条第 3 项的约定计算，即从 A 公司申报之日起 7 日内；超过 7 天未付，即为逾期。这一方面为建设工程施工合同发包人和承包人双方迟延支付工程余款和迟延竣工的违约责任计算奠定了基础；另一方面也成为诉讼中直接否定对方提出的违约金计算依据的标准。进而，诉讼中，工程进度款违约金约定高而未被法院调低，正是基于对原告 A 公司的利益维护。因其垫付工程进度款完成施工造成了巨大损失，诉求的约定违约金是对其损失的弥补。

　　总之，对约定违约金的司法调整规则的正确认识，使得原告方代理律师立足于举证施工人的实际损失，直接抓住了违约期间计算这一核心事实。一审和二审法院正是在认可对逾期支付工程进度款的违约期间计算事实的基础上，采信了承包人在逾期 800 多天内垫付巨额工程款完成施工所遭受的损失。上诉中，上诉人 B 公司虽仍针对违约期限计算问题要求相应调低违约金，但并未以法律规定所列明的事实进行有力抗辩，未能量化、可视化地说明违约金过高。诉讼中的双方诉辩和举证责任结合，最终使得法院对约定的高额违约金未予调整。

第二章

房地产合同

第一节　房屋租赁合同纠纷

经营房的租赁合同中后续租金的支付期限及方式约定不明，遭遇出租人单方解除合同时，应如何维权？

【法律服务】

接受被告 B 即租赁合同承租人的委托，出任诉讼代理人。证明原告 A 与被告 B 的出租合同生效且未被解除，B 的租金支付义务未超过法定的租金支付。最终贵州省雷山县人民法院采纳代理人的意见，驳回原告 A 解除合同和索要违约金的请求，并且支持了被告 B（反诉原告）要求原告 A（反诉被告）支付违约金的请求。

【基本案情】

原告 A 与被告 B 在 2014 年 12 月签订了一份房屋租赁合同，即《西江房屋租赁合同》，本合同约定 A 将自己的房屋租赁给 B 进行经营，租赁期限为 15 年，自 2014 年 12 月 31 日至 2029 年 4 月 30 日止，多出来的 4 个月为 A 给 B 的装修期。合同中约定若 B 无故拖欠租金超过 30 天，A 可以中止合同。租金及缴纳方式：合同期间每年租金 198 000 元，本合同签订后在 12 月 31 日前，B 需向 A 一次性支付租金 396 000 元。合同还约定若未经对方同意，一方私自解除合同，需支付违约金 400 000 元。B 于 2015 年 1 月 1 日向 A 支付了从 2015 年 1 月 1 日至 2017 年 4 月 30 日的租金 396 000 元。2016 年 12 月，A 要求 B 支付 2017 年 5 月 1 日之后的租金，B 认为之前的合同没有明确约定支付租金的支付方式及支付期限要求与 A 协商补充约定。A 认为已经明确约定支付租金的期限是 2016 年 12 月 31 日之前，而 B 在 2017 年 6 月 10 日前仍未支付租金，拖欠租金已达到 30 天，并在 2017 年 6 月 14 日向 B 邮寄了一份

《房屋租赁合同解除通知书》。2016 年 6 月 15 日 B 收到此通知书后，委托律师回函，内容主要包括：2014 年 12 月 31 日至 2014 年 4 月 30 日为 B 的装修期，无须支付租金；并于 2015 年 1 月 1 日已经支付了 2015 年 5 月 1 日至 2017 年 5 月 1 日的租金 396 000 万元；因未明确约定后续的租金支付方式及期限，作为国有企业难以在具体期限内支付后续租金，希望与 A 进行积极协商。

由于之后双方未协商一致，故 A 在 2017 年 7 月 1 日将房屋大门锁起，不准 B 营业。

原告 A 向法院提出诉讼请求：①请求判决解除《西江房屋租赁合同》；②判决被告 B 支付原告 6 个月的房屋占用费 99 000 元，以及 400 000 元违约金。

被告 B 提出反诉：①要求 A 继续积极履行合同，并交付房屋供 B 继续使用；②要求 A 支付房屋费用损失、装修装饰损失、动产损失 3 143 532.37 元；③要求 A 支付违约金 400 000 元。

【法院裁判】

本案中双方争议的焦点：①租金的起算时间。②原、被告双方是否有违约情形。

法院认为，《西江房屋租赁合同》是双方当事人的真实意思表示，且没有违反法律、法规的强制性规定，属合法有效合同，双方应当按照合同约定享有权利和承担义务。

关于第一个争议焦点，在庭审中，双方都认可合同的前四个月，即 2015 年 1 月 1 日至 4 月 30 日是装修期；但合同对于装修期间是否计算租金未明确约定。根据市场交易习惯，装修期一般不计算租金，故合同租金起算时间应当认定为 2015 年 5 月 1 日起至合同期限届满。

关于第二个争议焦点，本案中，原、被告在签订该合同时明确约定了第一年和第二年的租金支付时间，但未明确约定 2017 年 5 月 1 日之后租金的交纳方式和期限。原告 A 以被告 B 未按期交纳租金累计已超过 30 日为由，向被告 B 发出《房屋租赁合同解除通知书》。由于双方在合同中未明确约定 2017 年 5 月 1 日之后租金的交纳方式和期限，该解除通知书不能发生解除合同的法律后果，故原告 A 请求判决解除合同和责令被告支付违约金以及支付房屋占用费的诉讼请求，理由不成立，法院不予支持。故被告 B 主张继续履行合同的诉讼请求成立，法院予以支持。原告 A 于 2017 年 7 月 1 日将被告 B 租赁的涉案房屋大门上锁，导致被告 B 从 7 月 12 日之后不能营业的行为构成违约，根据双方合同中的约定，原告 A 应当承担违约责任，故被告 B 请求判决原告 A 支付 400 000 元违约金的诉讼请求，法院予以支持。

关于被告 B 反诉请求判令原告 A 赔偿涉案房屋装饰装修、动产损失 3 143 532.37 元，因被告 B 已提起诉讼保全，法院于 2018 年 5 月 10 日作出裁定，对原告 A 装饰装修涉案房屋的不动产和动产已予以查封、扣押，现查封、扣押的物品均由被告 B 保管，且被告 B 无证据证明该财产在保全前已经毁损或灭失，故其主张证据不足，法院不予支持。

综上所述，依照《中华人民共和国合同法》第 8 条、第 44 条第 1 款、第 60 条第 1 款、第 107 条、第 226 条，《中华人民共和国民事诉讼法》（2017 年修正）第 64 条第 1 款、《最高人民法院关于民事诉讼证据的若干规定》第 2 条之规定，判决如下：

"一、原告 A 与被告 B 的《西江房屋租赁合同》继续履行。

"二、判决生效后 30 日内由原告 A 一次性支付给被告 B 违约金 400 000 元。

"三、驳回原告 A 全部的诉讼请求。

"四、驳回被告 B 其他的诉讼请求。

"五、本诉案件受理费 8786 元，由原告 A 承担，反诉案件受理费 35 148 元，由反诉原告 B 承担 27 848 元，由反诉被告 A 承担 7300 元。"

【律师意见】

被告 B 于 2017 年 6 月 15 日收到 A 的《房屋租赁合同解除通知书》，A 以 B 无故拖欠房屋租金为由要求解除合同。B 在 2017 年 6 月 20 日发送了《关于回复〈房屋租赁合同解除通知书〉的律师函》，明确告知由于后续租金的支付方式未明确，要求与 A 积极协商。

双方在协商过程中，B 发现 A 的目的为大幅度提高租金至每年 40 余万元，租金翻了一倍有余。2017 年 7 月 1 日，A 在未协商一致的情况下公然将案涉房屋强行锁门，直至反诉之日，B 仍未能使用案涉房屋。

B 并未有违约行为。合同对于后续租金的支付方式不明确，根据《合同法》第 226 条的规定，至反诉之日仍未超过法定支付期限，而且 B 一直以积极的态度与 A 进行协商。故此纠纷的原因系 A 在履行合同过程中无理涨租所致，其将房屋紧锁的行为属于违约行为，并且给 B 带来了经济损失。故 A 应当向 B 支付违约金以及相应损失。

【承办律师】

袁仲锜，贵州黔坤律师事务所律师，擅长房地产、建设工程、公司并购、投融资类案件。

【法律适用评析】

本案的背景是贵州西江苗寨景区经济发展后，当地社区居民以房屋出租的方式大幅提升收入。诉讼的导火索是出租方的强制锁房行为，出租方主张因承租方逾期支付租金而行使单方解除权，解除通知业已送达承租方，合同已解除，故承租方无权继续使用房屋，并应支付违约金。

纠纷的解决，涉及对一系列法律事实的司法认定，包括合同效力、租金支付、合同解除的效力，最后才落脚于房屋的使用权。作为本案被告，承租人若要按照合同约定的租金继续使用房屋，就必须证明合同未解除，以及对方存在违约行为，如此才可以要求对方承担继续履行合同的违约责任。

一、本案的诉讼代理

租赁期限的确定，其实是服务于承租人已履行租金支付的合同义务，不存在任何违反合同义务导致根本违约而致使对方享有单方解除合同权利的行为。所以，对该争议焦点的查明和法律定性，有利于直接认定合同是否已经解除。一旦认定合同未解除，那存在违约行为的一方就应该向对方承担违约责任。争议焦点二，自然也就是围绕 A、B 的违约行为事实进行认定。具体来说：

第一，《西江房屋租赁合同》对于装修期的确定以及装修期是否收取租金，未有明确约定。双方签订的《西江房屋租赁合同》约定合同期间每年租金 198 000 元，本合同签订后在 12 月 31 日前，B 需向 A 一次性支付租金 396 000 元。对此合同漏洞，法官依交易习惯进行了补充解释。

针对经济现实中当事人往往对于合同内容即确定的权利义务没有约定或约定不明的情况，理论界主张应首先允许当事人协议补充，不能达成补充协议的，应根据合同有关条款、交易习惯、法律关于漏洞填补的规则以及解释合同的规则来解释当事人意思，从而填补合同的漏洞。[1]实务界亦认同，交易习惯是合同纠纷解决的重要依据。《最高人民法院关于在人民法院工作中培育和践行社会主义核心价值观的若干意见》明确指出，在处理合同纠纷案件中，要按照意思自治、法律规定、交易习惯和公序良俗等不同效力和习惯顺序进行裁判。值得强调的是，交易习惯必须是某一地域、某一行业或者某一类交易关系中，为人们所普遍认知、接受和遵从的习惯做法，而且该交易习惯必须适法，不违反公序良俗和法律、行政法规的强制性规定。另外，该交易习惯必须为双方当事人所共同接受采纳，仅为一方当事人了解时，不能用于补充合同漏洞，这也是在本案中法官依交易习惯对此合同未明确规定的条款进行补充的前提。按照纠纷发生地西江当地的习惯，装修期不计算在租赁期内也不付租金，这主要是适应承租方订立合同的目的即在西江景区开展经营。

第二，被告承租方 B 不存在违约行为。在装修期不计租金的前提下，更容易说明 B 并没有超过租金的法定支付期限。法律根据是《合同法》第 226 条所规定的租金法定支付期限。《合同法》第 226 条规定了租赁合同中支付租金的期限："承租人应当按照约定的期限支付租金。对支付期限没有约定或者约定不明确，依照本法第六十一条的规定仍不能确定，租赁期间不满一年的，应当在租赁期间届满时支付；租赁期间一年以上的，应当在每届满一年时支付，剩余期间不满一年的，应当在租赁期间届满时支付。"

理论上，租赁合同是有偿合同，承租人使用租赁物，必须支付租金。因此，承租人的主要义务就是按合同约定的时间、地点、方式、标准支付租金。租金的支付方式，可以是一次性支付，也可以是分期支付，可以定期支付，也可以不定期支付。但使用哪一种支付方式，都必须明确。如果是分期支付，合同应明确约定每次支付的数额及期限。如果当事人在合同中没有约定或者约定不明确时，双方可以协商，以确定明确的支付方式和期限，协商不成的，以该类租赁合同习惯使用的方式、日期进行支付。仍不能确定的，依法定：租赁期间不满一年的，在租赁期间届满时支付；如果租赁期间是一年以上的租赁合同，承租人应当在每届满一年时支付一次，剩余期间不满一年的，应当在租赁期间届满时支付。

---

[1]　王利明：《合同法研究》（第 1 卷），中国人民大学出版社 2002 年版，第 408 页。

本案中,《西江房屋租赁合同》只约定了第一期租金的支付方式和期限,再根据交易习惯将前四个月解释为装修期后,根据相关法律规定,直至反诉之日被告 B 并未超过支付租金的法定期限,故 B 不存在违约行为。

第三,A 存在违约行为,应当承担违约责任;同时,本案双方在违约责任中有约定 400 000 元违约金,故可以适用。作为出租方 A 将房屋紧锁致使承租人不能继续使用房屋,导致 B 订立合同的目的不能实现,构成根本违约。这是合同履行中最为严重的违约行为,依《合同法》可以直接引发对方当事人的自力救济即合同解除这一后果。当然,合同解除归根到底是当事人的自主意思、自主选择。具体到本案,承租人想继续租用房屋,也就是选择不解除合同,取而代之的是,要求出租方继续履行合同。

在违约责任的承担方式中,关于约定违约金的适用,存在依申请的法院酌减规则。根据《合同法》第 114 条及《最高人民法院关于适用〈中华人民共和国合同法〉若干问题的解释(二)》第 29 条规定,当事人主张约定的违约金过高请求予以适当减少的,人民法院应当以实际损失为基础,兼顾合同的履行情况、当事人的过错程度以及预期利益等综合因素,根据公平原则和诚实信用原则予以衡量,并作出裁决。当事人约定的违约金超过造成损失的 30% 的,一般可以认定为《合同法》第 114 条第 2 款规定的"过分高于造成的损失"。本案中,一方面,反诉被告出租方并未主张约定的违约金过高请求法院予以调整;另一方面,承租方的代理律师还证明在纠纷解决的当事人协商中获悉 A 意欲以紧锁房屋的行为实现大幅上涨合同约定租金的目的,对合同不能履行存在过错。

可见,承租方代理人诉讼准备的专业和充分以及诉讼策略的合理。

二、合同解除的异议

本案出租方 A 以承租方 B 未按约支付租金为由将单方解除合同的通知送达 B 处。

对单方解除通知的效力认定,根据《合同法》第 96 条和《最高人民法院关于适用〈中华人民共和国合同法〉若干问题的解释(二)》第 24 条之规定,合同相对方可以针对已送达的合同解除通知依约定的异议期限或在法定的 3 个月内提出异议。

实务中,若未达到合同解除的条件,解除通知及异议期是否对合同相对人产生约束力，是合同纠纷中常见的法律问题。对此，最高人民法院认为，解除异议的诉讼或仲裁并不是收到解除通知的对方当事人提出异议的唯一方式，当事人也可以诉请继续履行合同的方式来否定解除通知、解除效力进行救济。[1]

因此，解除通知的效力，因为涉及当事人对个案事实的认识，效力并不确定。而相对人针对解除的异议主张，可以通过提起继续履行诉讼的方式提出。本案中，合同未约定后续租金的支付期限及方式，为此出租人以承租人逾期支付租金为由请求解除合同，法院并未认可其关于逾期的主张，而是认为不构成解除权的行使条件，未予支持其诉请。诉讼中，承租人要求继续履行合同的诉请，得到了法院的支持。

---

[1] 最高人民法院民事审判第二庭编：《商事审判指导》（总第31辑），人民法院出版社2013年版，第253～256页。

第二节　商品房买卖合同解除纠纷

房屋交付后，开发商能否主张解除商品房买卖合同？

【法律服务】

接受 A 公司即商品房买卖合同中房地产开发商一方的委托出任诉讼代理人。证明原告 A 在交付房屋后因被告 B 不履行按揭还款义务而由 A 代为向银行承担保证责任后，实际上 B 的行为已致使 A 的合同目的不能实现，故诉请法院判决解除双方的商品房买卖合同。最终人民法院采取诉讼代理人的意见，支持了诉讼代理人解除买卖合同的请求。

【基本案情】

2009 年 12 月 5 日，原告 A（出卖人）与被告 B（买受人）签订《商品房买卖合同》，购房合同签订后，原、被告双方又签订了《私家花园使用协议》《地下室使用协议》《地下室装修委托协议》，约定被告 B 购买的 A-3 栋 1 单元 1 层 1 号的地下室及相邻花园由被告使用，使用年限与商品房使用年限相同，并委托原告代为装修地下室，费用由被告支付。2009 年 12 月 16 日，原、被告签订了《补充协议》。以上协议约定：由被告 B 购买原告 A 房号为 A-3 栋 1 单元 1 层 1 号的商品房一套，交房时间为 2010 年 4 月 28 日前，总购房款为 1 695 497 元，采用银行按揭的方式支付：合同签订之日向原告交付首期房款 515 497 元，余款 1 180 000 元由被告 B 向银行贷款支付给原告；2010 年 1 月 18 日，被告与第三人签订了《个人一手住房贷款合同》，保证人为原告 A，原告 A 为被告 B 的该笔贷款提供阶段性连带责任保证，现由于被告 B 未按约定向银行偿还贷款，原告 A 替被告 B 向第三人偿还了贷款本金 1 134 145.57 元及相关利息、罚息。现原告 A 请求法院解除与被告 B 签订的《商品房买卖合同》及其他协议。

第三人中国银行股份有限公司贵阳市云岩支行述称：2012年，因被告未按期偿还银行按揭贷款，第三人起诉本案原、被告，法院判决被告偿还第三人全部贷款，本案原告承担保证责任，判决生效后，原告已经履行了保证责任，第三人与被告的贷款已全部结清。

【法院裁判】

法院认为，双方订立的《商品房买卖合同》及相关协议是双方的真实意思表示，不违反法律法规的强制性规定，合法有效，双方均应按照合同的约定履行义务。被告B通过按揭支付购房尾款，本应按照《个人一手住房贷款合同》的约定按时偿还银行贷款，未偿还本金1 134 145.57元，占贷款总额的96.11%。原告A承担担保责任，代被告B偿还上述本金，原告A销售商品房的合同目的不能实现，依据《商品房买卖合同》第10条的约定，并根据《中华人民共和国合同法》第94条"有下列情形之一的，当事人可以解除合同……（四）当事人一方迟延履行债务或者有其他违约行为致使不能实现合同目的……"之规定，原告A诉请解除原、被告双方签订的《商品房买卖合同》及相关协议，法院予以支持。

【律师意见】

《合同法》第94条规定："有下列情形之一的，当事人可以解除合同：（一）因不可抗力致使不能实现合同目的；（二）在履行期限届满之前，当事人一方明确表示或者以自己的行为表明不履行主要债务；（三）当事人一方迟延履行主要债务，经催告后在合理期限内仍未履行；（四）当事人一方迟延履行债务或者有其他违约行为致使不能实现合同目的；（五）法律规定的其他情形。"本案可采用以上第（二）项或第（四）项为由解除合同。

采用第（二）项的理由：被告B无法取得联系，对于原告A替其向银行承担担保责任置之不理，已以自己的行为表明不履行主要债务。

采用第（四）项的理由：商品房买卖合同和担保贷款合同虽为两种性质不同的合同，具有一定的独立性。但是从实质上看，二者间又有着内在的牵连性，存在法律上的因果联系和主从关系。担保贷款合同的成立及履行情况，决定了商品房买卖合同出卖人取得价款的目的能否实现，而商品房买卖合同的效力和履行情况也直接决定了担保贷款合同的目的能否实现。

 【承办律师】

刘如越，贵州黔坤律师事务所政府法律服务部、房地产建筑部专职律师。

瞿洁，贵州黔坤律师事务所律师。业务擅长领域为房地产、建筑工程、民商事诉讼。

 【法律适用评析】

本案是按揭房贷中房地产开发商诉请解除合同的纠纷。对合同解除后果的判断以及相关方利益的衡量，是法院认定个案合同解除权的关键所在。

一、我国按揭房贷中的法律关系及利益衡量

按揭模式在房屋售卖关系中附加有银行借款关系和房地产开发商的保证责任，所涉按揭房贷涉及房地产开发商、购房人与银行三方主体之间的多个法律关系：

第一，房地产开发商与购房人之间的关系。购房人与房地产开发商签订商品房买卖合同，从而形成房屋买卖合同关系。购房者将一定比例的首付款交予房地产开发商，房地产开发商依合同向购房者按时保质保量交付房屋并办理房产证。

第二，购房人和银行之间的关系。购房人向银行申请首付款以外其余房款的贷款，由此和银行形成借款合同关系。同时，购房人以自己对所购房屋的所有权向银行提供抵押担保，由此与银行又形成担保法律关系。在这两种法律关系中，购房人的主体地位既是借款关系的借款人，又是担保关系的担保人；银行的主体地位则相应地成为借款关系的贷款人和担保关系的担保权人。

第三，房地产开发商与银行之间的关系。购房人申请贷款后，银行将其向购房人所提供的贷款一次性支付给房地产开发商，房地产开发商则对购房人的贷款予以保证担保，由此在房地产开发商和银行之间形成保证合同关系。[1]

---

〔1〕 孟祥沛：“论中国式按揭”，载《政治与法律》2013 年第 5 期。

在以按揭贷款为付款方式的商品房买卖合同中，贷款行以借款人提供的住房作抵押，在借款人取得该住房的房屋所有权证和办妥抵押登记之前，由售房人提供阶段性连带责任保证向借款人发放的贷款，这种方式为"抵押＋阶段性保证"的方式。[1]因买受人违反借款合同，不按期偿还货款，银行要求出卖人承担保证责任，由银行直接扣收出卖人的货款保证金的情况比较常见。在此情形下，出卖人是否有解除商品买卖合同的权利，法律未直接规定，实务中存在争议。

出卖人承担阶段性保证义务，虽然从按揭房贷的表面上看，银行根据购房人的贷款申请将借款支付给出卖人，加上购房人支付的首付款，出卖人取得了合同约定的全部价款。但出卖人取得贷款的同时，却承担了阶段性保证义务。这决定了以银行贷款方式支付的房屋价款，不是终局、确定归出卖人所有的款项，该款项存在重大权利瑕疵的可能性。[2]出卖人一旦承担保证责任，即意味着出卖人取得的房屋价款被银行全部或部分收回，保证责任承担的起因是由于买受人即购房者未如约履行还款义务。

房地产开发商主张商品房买卖合同解除权的诉求，实质上是为了使已售卖房屋的所有权回归自己的控制，是在诉求物权人的地位；而不仅仅是向未偿还银行贷款义务的购房人，依据保证法律关系行使追偿权的债权人身份。

法院审查中，对于该情形，如果不认可出卖人的解除权及对房屋的物权控制，而仅承认其追偿权，事实上不仅与商品房买卖合同项下的标的物房屋所有权未转移、价款未实际付清的个案事实相悖，还可能诱发失信的群体性风险，引发道德风险，放大房地产开发商的经营风险。

二、本案的诉讼代理

本案诉讼中，作为房地产开发商的代理人，诉讼策略的成功之处在于强调房地产开发商已经遭遇到的利益不平衡。本案的缘起，系因银行未获购房人分期还款而起诉房地产开发商承担保证责任的另案。[3]该案经过二审后的生效判决指出：案件事实为贷款人 B 没有按照合同约定偿还贷款损害了被上

---

〔1〕 万汉民："抵押加已交购房款阶段性保证个人住房贷款探析"，载《中国房地产金融》2001年第2期。

〔2〕 睢晓鹏："按揭方式付款的商品房买卖合同解除的司法处理"，载《上海房地》2016年第8期。

〔3〕 贵阳市中级人民法院［2015］筑民二（商）终字第51号民事判决书。

诉人的合法权益；诉讼请求为被上诉人要求上诉人 A 承担保证责任。根据《个人一手住房贷款合同》系各方当事人真实意思表示，内容不违反法律、行政法规禁止性规定，依法成立并生效。该合同约定案外人 B 向被上诉人贷款1 180 000元，上诉人 A 为该笔贷款提供阶段性连带责任保证担保，保证期间为借款人办妥合同项下贷款所购房屋抵押登记手续并且贷款人收到他项权证之日止。查明的事实是：被上诉人陈述，由于房屋没有办理完毕产权手续，故至今没有收到他项权证，上诉人 A 亦认可房屋还没有办理完毕产权证。故最终二审法院认定上诉人 A 的保证期间没有结束，应该承担保证责任。也就是，房地产开发商即本案的原告，已经向贷款行为购房人承担了偿还贷款的义务。

代理人通过向法院证明个案的事实，成功地说服了法官，使其形成下判心证。一方面，作为购房者的贷款人未按期偿还按揭贷款；另一方面，房地产开发商因承担担保责任而为购房人偿还银行贷款。本案中的房地产开发商，面临着交付了房屋又损失了房屋价款的窘境。为此，房地产开发商提起本案诉请要求解除合同，实际上是启动合同救济，让房屋的物权重新回归到自己手中。

因此，审理法院在判决中适用《合同法》第94条支持了原告 A 的诉讼请求。《合同法》第94条规定："有下列情形之一的，当事人可以解除合同：（一）因不可抗力致使不能实现合同目的；（二）在履行期限届满之前，当事人一方明确表示或者以自己的行为表明不履行主要债务；（三）当事人一方迟延履行主要债务，经催告后在合理期限内仍未履行；（四）当事人一方迟延履行债务或者有其他违约行为致使不能实现合同目的；（五）法律规定的其他情形。"

三、房地产开发商合同解除之诉的裁判

实务中，代购房人承担保证责任后房地产开发商诉请合同救济，一般法律依据有二：一是法定解除权行使，二是约定解除权行使。二者的区别仅在于有约定从约定，无约定从法定。解除诉求能得到法院支持，根本原因在于个案的利益衡量；而基于法院对裁判适用的理解，同案不同判较为突出。

一般而言，法院会根据双方签订合同时关于合同解除权的约定作出判断。例如，在《福建鑫焱集团建设发展有限公司与王某柱商品房销售合同纠纷一

审民事判决书》[1]中，法院认为"依据其与鑫焱公司签订的附件六补充协议第一条第 4 款的约定，该行为已构成违约，王某柱应当返还鑫焱公司被扣划的款项，且鑫焱公司有权请求解除双方签订的《商品房买卖合同》，故鑫焱公司诉讼请求解除双方签订的《商品房买卖合同》，本院予以支持"。此案中，由于双方在签订房屋买卖合同时约定了关于合同解除权行使的情形，法院根据双方的意思自治，判决房地产开发商有合同解除权。

不过，即使双方有关于合同解除的约定，房地产开发商依约请求解除合同的诉请，也不必然得到法院的支持。在"常州宏骏房地产开发有限公司诉陈家祥商品房预售合同案"中[2]，审理法院认为，本案中商品房买卖合同已基本履行完毕，房屋交付使用也已达两年之久，若依约解除商品房买卖合同会导致合同目的不能实现，徒增成本，故房地产开发商不能享有合同解除权，其代买受人支付的款项可以通过行使追偿权进行追偿。该案中，虽然双方也对合同解除权的行使作了相关约定，但是法院并未当然认可房地产开发商作合同解除权，而只赋予其追偿权。

可见，合同解除的约定条件达成，当事人依约请求解除合同并非一定会得到法院的支持，法院在判断时不仅会考虑双方关于合同解除的约定，还会考虑合同履行情况、合同目的的实现、合同解除的后果等，以此对个案利益进行综合考量和平衡。

---

[1] 莆田市荔城区人民法院［2016］闽 0304 民初 4072 号民事判决书。
[2] 国家法官学院案例开发研究中心编：《中国法院 2016 年度案例：合同纠纷》，中国法制出版社 2016 年版，案例 19。

第三节　商品房买卖合同变更纠纷

在商品房买卖合同签订并履行后，若出现房屋周边设施因不可抗力被取缔的事实，买方可否据此主张意思表示不真实而要求变更合同？

【法律服务】

代理人接受被告即商品房买卖合同卖方委托代理诉讼。用充分的证据证明关于涉案房屋周边的高尔夫球场不属于《最高人民法院关于审理商品房买卖合同纠纷案件适用法律若干问题的解释》第3条中"商品房开发规划范围内"的设施，不属于合同内容，而且其被取缔属于不可抗力，故不构成欺诈。最终，一、二审人民法院均采纳诉讼代理人的意见，驳回了原告所有的诉讼请求。

【基本案情】

2013年10月31日，原告A与被告B公司签订《商品房买卖合同》，合同约定：A购买B开发的遵义县龙坑镇共青社区一房屋，建筑面积127.98平方米，总价款715 583元。该合同还附有相关附件，其中附件12的内容为合同补充协议，该补充协议第12条关于广告及宣传资料（对本合同第26条的修订和补充）的约定：①买卖双方之间的权利义务以本合同、本补充协议及其附件为准，上述文件中已明示广告及宣传材料等资料不作为交付标准或交易条件，对双方均不具有约束力，双方在交易过程中口头表达的意向和信息，不构成主合同、本补充协议及其附件的内容，双方均不受其约束。②出卖人在广告、宣传材料等资料中对建筑区划范围之外的环境、公共设施、道路交通等的说明或介绍，仅作为为买受人提供的参考信息，不构成出卖人的要约。

第 17 条、关于补充协议效力的约定：本补充协议是买受人、出卖人对于《商品房买卖合同》的补充约定，与《商品房买卖合同》具有同等的法律效力。

合同签订后，原告按约履行了交付首付款和办理银行按揭的相关义务，被告亦履行了交付房屋的义务。

2012 年，被告 B 开始建设"高尔夫球场"。2014 年 12 月 22 日，贵州省发展改革委员会下函明确要求遵义市人民政府在 2014 年 12 月 25 日前将共青湖山地户外体育旅游休闲基地高尔夫球场的取缔完成情况报送省发展改革委员会。2014 年 12 月 24 日，高尔夫球场被全部铲除。

原告 A 向法院提出诉讼请求：①判决将原告 A 与被告 B 于 2013 年 10 月 31 日签订的《商品房买卖合同》价款变更为原价款的 70%；②判令被告返还原告已经支付的购房款；③诉讼费由被告承担。

【法院裁判】

一审法院归纳本案的争议焦点为：原告主张变更合同的法律依据何在？"高尔夫球场"被取缔是否构成欺诈。

《中华人民共和国合同法》第 54 条规定："下列合同，当事人一方有权请求人民法院或者仲裁机构变更或者撤销：（一）因重大误解订立的；（二）在合同订立时显失公平的。一方以欺诈、胁迫的手段或者乘人之危，使对方在违背真实意思的情况下订立的合同，受损害方有权请求人民法院或者仲裁机构变更或者撤销。……"本案中，双方在订立《商品房买卖合同》时，"高尔夫球场"已实际存在，被告对此不存在欺诈。原告 A 以涉案的"高尔夫球场"现已不存在，导致其所购房屋的档次和价值下降，被告 B 因此构成欺诈为由，请求对合同价款进行变更，审理法院不予支持。

综上，依照《中华人民共和国合同法》第 54 条之规定，判决如下："一、驳回原告 A 诉讼请求；二、案件受理费由原告承担。"

原告 A 不服一审判决，提出上诉。

二审法院认为：双方签订了《商品房买卖合同》以及相关附件，是双方真实意思表示，对双方均有约束力。

其中附件 12 第 12 条约定，广告及宣传材料等资料不作为交付标准或交易条件，对双方不具有约束力。双方在交易过程中口头表达的意向和信息，不构成本合同、本补充协议及其附件内容，双方不受其约束。出卖人在广告、宣传材料等资料中对建筑区划范围之外的环境、公共设施、道路交通等的说明或介绍，仅为向买受人提供的参考信息，不构成出卖人的承诺。

根据此约定，由于被告 B 仅仅在宣传广告中宣传其项目中包含高尔夫球场，该广告内容不作为被告 B 所出售房屋的交付标的或交易条件，不构成出卖人的承诺，对双方不具有约束力。因此，高尔夫球场不是双方的交易条件，双方当事人签订的《商品房买卖合同》不是以高尔夫球场是否存在为基础的，被告 B 是否告知原告 A 高尔夫球场的立项情况，与原告 A 签订《商品房买卖合同》的意思表示之间没有必然的因果关系。关于原告 A 认为被告 B 存在欺诈的主张没有法律依据。

综上，二审法院维持原判。

【律师意见】

第一，被告 B 所宣传的"高尔夫球场"并不构成承诺内容。其一，原告所阐述的"被告以高尔夫球场提高售房价格"并不是事实。被告 B 并没有因为高尔夫球场的存在而提高房价，也没有因为高尔夫球场被取缔而降低房价。所以，高尔夫球场的存在没有对所售房屋的价格产生影响，它并不是房屋价款的构成因素。其二，高尔夫球场并不是商品房红线范围内的项目，不属于合同的内容。原告 A 所主张的适用《最高人民法院关于审理商品房买卖合同纠纷案件适用法律若干问题的解释》第 3 条的前提是所做的宣传是红线内的宣传，但是本案高尔夫球场属于红线外的项目，双方签订的《商品房买卖合同》与赠与买方高尔夫球卡系两个不同的法律关系，所以不能适用本条款。

第二，被告 B 不存在欺诈行为。原告 A 主张欺诈，但事实上被告 B 并不符合欺诈的构成要件。在签订合同的时候被告 B 不存在主观故意，而且高尔夫球场被取缔属于不可抗力，被告 B 也是受害者，这一主张有贵州省发展改革委员会下发的相关文件加以佐证。更何况，高尔夫球场这一项目，不是涉案楼盘的附属设施，原告主张变更合同必须是在合同约定的附属设施内，故原告的主张不成立。

【承办律师】

卢世伟，贵州黔坤律师事务所律师，擅长办理商品房合同纠纷、民间借贷纠纷、交通事故、建筑施工工程合同纠纷、行政诉讼等民商事、行政案件。

【法律适用评析】

本案是商品房买卖中的常见纠纷类型，涉及对商品房售卖过程中房地产开发商营销所披露信息的法律定性问题。

一、商品房买卖过程中的要约和要约邀请

购房人主张自己因为信任房地产开发商披露的不实信息而作出错误购买决定，构成欺诈，故要求行使合同变更权。法律适用的依据是《最高人民法院关于审理商品房买卖合同纠纷案件适用法律若干问题的解释》第3条："商品房的销售广告和宣传资料为要约邀请，但是出卖人就商品房开发规划范围内的房屋及相关设施所作的说明和允诺具体确定，并对商品房买卖合同的订立以及房屋价格的确定有重大影响的，构成要约。该说明和允诺即使未载入商品房买卖合同，亦应当视为合同内容，当事人违反的，应当承担违约责任。"

理论研究认为，原则上，商品房的销售广告和宣传资料应为要约邀请；但在特定条件同时满足的情况下其可以被视为要约，进而成为合同内容的一部分。特定条件包括：

（1）商品房及相关设施处于开发规划范围之中。对于该点，关键是如何理解"相关设施"和"开发规划范围"。一般而言，"相关设施"应当包括基础设施和配套设施，前者包括供暖、供电、供水、小区内景观、小区内道路、停车场等。后者则包括商品房规划范围内的配套和规划外的配套设施，如商业、服务业、医疗、教育、公共交通等。而且"开发规划范围"应当以房地产开发商获批的项目规划设计为准。

（2）说明和允诺的具体确定。说明和允诺的具体确定更多地属于个案判断的问题。最高人民法院民一庭在其编著的《商品房买卖合同司法解释问答》一书中指出，审查商品房销售广告中的说明和允诺是否具体、确定，要审查其说明是否有清楚明白的具体内容和事项，允诺是否有明确的标准和肯定的含义。

（3）对商品房买卖合同的订立有重大影响。一般而言，销售广告和宣传资料中对订立商品房买卖合同有重大影响的因素包括但不限于教育、医疗、商业配套、小区景观、公共交通等。实践中，如果购房人在签订商品房买卖合同或其补充协议时，将购房目的写入其中，可以最大限度地约束房地产开发商和维护自身权益。如若不然，其权益的维护就更多寄托在了法官的自由裁量权上。

（4）对房屋价格的确定有重大影响。该点与"对合同的订立有重大影响"属并列关系。实践中，对其举证十分困难，原因在于购房人对销售广告和宣传资料的不满往往体现在某一方面，如房地产开发商未在小区内建设销售广告中承诺的游泳池，但影响房屋价格的因素却涉及多个方面，如地段、房屋朝向、户型、楼层、周边配套等。"以一敌多"，加之预售商品房的市值尚未及时反映，难以与同类房屋对比，这些因素使得该点的举证十分困难。[1]

总之，从法理上，将未进入合同约定的商品房销售广告和宣传资料，视为要约是合同法的例外，是为了切实维护消费者利益所作的倾斜式保护。实践中，法院作出例外的认定结论，需要有严格的事实依据。

二、个案事实的特殊性和诉讼代理策略

针对高尔夫球场被取缔的事实，购买人主张高尔夫球场应定性为买卖合同订立的基础和影响房价的重要因素，故应构成要约，进入合同内容；现被取缔，构成欺诈，诉请合同变更。作为房地产开发商的诉讼代理人，成功的诉讼策略在于：充分证明个案的事实，用合理的叙事说服法官——高尔夫球场不应认定为要约，只是要约邀请。

第一，根据合同约定，建筑区划以外的设施说明或介绍，不构成要约内容。双方基于真实的意思表示签订了《商品房买卖合同》以及相关协议，其合法有效，对合同双方皆有约束力。其中约定：①买卖双方之间的权利义务以本合同、本补充协议及其附件为准，上述文件已明示广告及宣传材料等资料不作为交付标准或交易条件，对双方均不具有约束力，双方在交易过程中口头表达的意向和信息，不构成主合同、本补充协议及其附件的内容，双方均不受其约束。②出卖人在广告、宣传材料等资料中对建筑区划范围之外的环境、公共设施、道路交通等的说明或介绍，仅为向买受人提供的参考信息，

---

〔1〕 郭仕捷、丁国民："最高院《关于审理商品房买卖合同纠纷案件适用法律若干问题的解释》第三条的司法适用"，载《长春理工大学学报（社会科学版）》2016年第6期。

不构成出卖人的要约。现有证据足以证明，涉案的高尔夫球场不属于房地产开发商项目的设施，不在红线范围内，不属于规划许可的范围。

第二，对非合同约定内容，是否构成要约，还需要结合相关司法解释的规定进行认定。具体来说，就需要判断高尔夫球场是否是合同订立的基础。

诉讼策略具体为：首先，强调了不存在欺诈的故意。通过证明高尔夫球场被取缔是订立合同时无法预见的，自然也就不存在利用误导购买决策意思表示的可能。关键证据，即贵州省发展改革委员会临时向市政府下发的整改文件，足以证明涉案高尔夫球场的取缔属于不可预见的突发性事件。其次，指出售卖商品房时的赠与球卡优惠，实质上只是高尔夫球场的促销手段。房屋买卖合同与赠与球卡，分属两个法律关系。现高尔夫球场被取缔，作为经营方的被告也因此要承受损失。

最终法院采信了高尔夫球场被取缔的客观性，作出认定：房屋买卖合同的订立并未以高尔夫球场是否存在为基础，高尔夫球场的情况与原告 A 签订《商品房买卖合同》的意思表示之间没有必然的因果关系。

第三章

公司金融

第一节　合同债务追偿纠纷

长期债权债务关系中，债权人如何证明债权的具体数额？如何证明债务人一人有限公司股东财产与公司财产不分离，要求股东对公司债务承担连带责任？

◉ 【法律服务】

代理人接受 A 公司即买卖合同卖方委托参与诉讼，并用充分的证据证明了被告 B 公司与原告 A 公司之间有大额未结清合同货款，且被告 B 公司与被告 C 公司之间存在财产混同情形，请求人民法院判决 B 公司与 C 公司对此债务承担连带责任。最终人民法院采信诉讼代理意见，支持了原告的全部诉讼请求。

◉ 【基本案情】

2012 年 3 月 13 日，原告 A 公司与被告 B 公司签订《订货协议书》，约定由 A 公司向 B 公司提供零配件产品，付款方式为挂账后"3+1"方式滚动付款。2017 年 2 月 23 日，A 公司向 B 公司发送《往来账目核实》，载明：截至 2017 年 2 月 23 日 B 公司共欠 A 公司货款 9 568 189.52 元。2017 年 3 月 6 日，B 在《往来账目核实》上盖章。最后一次供货时间是 2016 年 3 月，最后一次付款时间是 2016 年 3 月 2 日。另原告 A 公司认为，被告 C 公司是被告 B 公司的全资母公司，二者财产不独立，C 公司应当对 B 公司的债务承担连带责任。另查明，B 公司是 C 公司作为唯一股东出资设立的有限公司。

原告 A 公司诉请法院：判令 B 公司支付欠款 9 568 189.52 元；判令 B 公司支付逾期违约金（资金占用损失）以未付款总额为基数，从 2016 年 3 月 2 日计算欠款还清为止；判令 C 公司对此债务承担清偿责任。

【法院裁判】

审理法院认为，原告 A 公司与被告 B 公司订立买卖合同是双方真实的意思表示，不违反法律法规的规定，合法有效。原告提交的《往来账目核实》上载明"截至 2017 年 2 月 23 日 B 公司共欠 A 公司货款 9 568 189.52 元"。2017 年 3 月 6 日，B 公司在《往来账目核实》上盖章。故原告 A 公司请求判令被告 B 公司支付货款 9 568 189.52 元的诉讼请求，法院予以支持。关于资金占用损失，原告 A 公司与被告 B 公司签订的购销合同中约定付款方式使用"3+1"方式付款，最后一次供货时间是 2016 年 3 月，付款时间应当是 2016 年 7 月前，故资金占用损失应当自 2016 年 8 月 1 日起以欠款 9 568 189.52 元为基数按中国人民银行同期贷款基准利率支付至款项付清为止。

被告 C 公司是被告 B 公司的唯一股东，一人有限公司的股东不能证明公司财产独立于自己财产的，应当对公司债务承担连带责任。被告 C 公司未到庭，也未提交证据。故对原告 A 公司要求被告 C 公司对债务承担连带责任的诉讼请求，法院予以支持。

综上，依照《中华人民共和国合同法》第 60 条第 1 款、第 107 条、第 130 条、第 159 条、第 161 条、《中华人民共和国公司法》第 63 条、《中华人民共和国民事诉讼法》第 144 条之规定判决如下：

"一、被告 B 公司于本判决生效之日起十日内支付原告 A 公司货款 9 568 189.52 元，并从 2016 年 8 月 1 日起以欠款 9 568 189.52 元为基数按中国人民银行一至五年期贷款基准利率支付至款项付清为止；

"二、被告 C 公司对上述债务承担连带清偿责任；

"三、由被告 B 公司承担本案受理费；

"四、驳回原告 A 公司的其他诉讼请求。"

【律师意见】

（1）原告 A 公司与被告 B 公司签订的《订货协议书》系双方真实意思表示，合法有效，双方应当积极履行合同义务。原告 A 公司按合同约定积极履行提供货物的义务，被告 B 公司未履行支付对价的义务，构成违约。

（2）《往来账目核实》上有被告 B 公司的确认盖章，再加上银行的对账单，两个证据足以证明被告 B 公司欠款的事实。

（3）由于被告 B 公司逾期不支付账款，应当赔偿原告 A 公司的资金占用损失，按照中国人民银行同期贷款基准利率起计算至欠款清偿之日。

（4）被告 B 公司与被告 C 公司开具的银行承兑汇票上显示的个人印鉴完全一致。被告 C 公司系被告 B 公司唯一的股东，被告 B 公司作为一人有限公司，唯一股东被告 C 公司不能证明其财产独立于被告 B 公司，则被告 C 公司应当对被告 B 公司的债务承担连带清偿责任。

【承办律师】

袁仲锜，贵州黔坤律师事务所律师，擅长房地产、建设工程、公司并购、投融资类案件。

【法律适用评析】

本案是追偿债务的合同履行纠纷。

一、合同债务追偿的实务要点

（1）作为原告的诉讼代理人，要成功证明原告作为公司债权人，与公司之间债权债务的具体数额。

合同之债中，合同效力问题是合同之债成立的前提。在认定合同真实有效的基础上，才能进入合同履行，合同之债即一方的继续履行请求权源于违约方的不完全履行行为。

对此，所举出的证据是原告方提供并经被告方签字确认的《往来账目核实》，欲证明被告尚欠 9 568 189.52 元合同货款未支付的事实。本案中原、被告双方的零部件供货买卖合同签订于 2012 年，被告方在 2017 年 3 月 6 日在《往来账目核实》上签字确认所欠货款数额。

原告方所举的证据，得到法院采信。一般而言，民事诉讼证据采信的法律依据是最高人民法院出台的《关于适用〈中华人民共和国民事诉讼法〉的解释》第 108 条第 1 款："对负有举证证明责任的当事人提供的证据，人民法院经审查并结合相关事实，确信待证事实的存在具有高度可能性的，应当认定该事实存在。"立法中所确立的高度盖然性标准，在理论界早已成为学者的共识，"法官基于盖然性认定案件事实时，应当能够从证据中获得事实极有可能的心证，法官虽然还不能够完全排除其他可能性（其他可能性在缺乏证据支持时可以忽略不计），但已经能够得出待证事实十之八九是如此的结论"。[1]具体到双方对账结果的证据证明效力，最高人民法院认为："当事人之间存在长期债权债务关系，双方签字盖章的对账结果可以确认相互债权债务数额。"[2]

另外，需要强调的是，长期合同中的债权债务数额，是实务中债权人举证的重点和难点。对此，最高人民法院公报案例的裁判意见还有：债务人在债权人所发出的债务逾期催收通知书上签字或者盖章的行为，会被法院定性为当事人对民事债务关系的自认，法院可据此认定当事人之间存在债务关系。

（2）在诉讼策略上，成功证明公司股东 C 公司应对公司债务承担连带责任，可有力增加对债务清偿的保障。

法理上，这涉及一人公司的股东责任问题。《公司法》第 20 条第 3 款规定："公司股东滥用公司法人独立地位和股东有限责任，逃避债务，严重损害公司债权人利益的，应当对公司债务承担连带责任。"《公司法》第 63 条规定："一人有限公司的股东不能证明公司财产独立于股东自己的财产的，应当对公司债务承担连带责任。"

实务中，遵循一般民商事诉讼"谁主张，谁举证"的原则，将举证责任分配给原告。在公司人格否认之诉中，要求原告提供证据证明股东和公司间存在财产混同。不过，公司外部债权人作为原告，要实现举证，是比较困难的。因为债权人作为公司的外部人员不参与公司的经营管理，无权取得也很难获取公司的会计账簿等财务信息。

为此，司法实务中，往往只要求公司债权人进行初步证明即可完成举证责任。债权人一般可以通过收集一些外部证据，来进行初步证明。证明财产混同的情形，具体可以归纳为：①公司与股东的资金混同，使用同一账户或相互调拨，占用资金频繁，数额巨大；②公司与股东的收益不区分；③股东与公司的债务不区分，借款和偿还主体不区分；④没有独立的财务管理，公司账簿与股东账簿不区分或者合一；⑤公司与股东的营业场所、主要设备、办公设施同一；⑥其他股东与公司财产大量持续混同的情形。[3]

---

〔1〕 李浩："民事诉讼证明标准的再思考"，载《法商研究》1999 年第 5 期。

〔2〕 最高人民法院民事审判第二庭编：《最高人民法院商事审判指导案例（2012）：合同与借贷担保》，中国民主法制出版社 2013 年版，第 348～360 页。

〔3〕 姜婉莹："公司法人格否认之人格混同情形司法适用研究"，载王保树主编：《商事法论集》（总第 16 卷），法律出版社 2009 年版，第 276～338 页。

就债权人的初步举证责任而言，本案中，原告的诉讼代理人成功拿出了 B 公司与其一人股东 C 公司之间存在财产混同的初步证据，即两公司开具的银行承兑汇票上显示的个人印鉴，完全一致。这一证据说明股东自己就可将公司的盈利当作自己的财产随意调用，或转化为股东个人财产，或转化为另一公司的财产，即可说明一人公司与其股东之间的利益一体化。[1]这一证据最终被审理法院采信，成为认定财产混同的关键事实。

二、公司人格否认的司法审查

进而言之，本案中是 B 公司股东 C 公司未到庭参加诉讼，那若 C 公司参加诉讼，又应当如何抗辩自己与 B 公司之间不存在财产混同呢？

实务中，对股东抗辩的司法审查，其实是公司财产混同纠纷案件中的难点。一般而言，被告股东可以通过提供公司内部财务的审计报告进行抗辩。不过在实践中，很多一人公司的财务会计制度操作不规范，甚至不乏股东与会计串通造假的情况，这使得有的法院在审理时，多会以财务会计报告系由股东单方提供而否认其真实性；除非能证明审计报告的真实性，否则仅凭公司单方提供这一点而否认审计报告的证据效力，并不具说服力。

在相关的最高人民法院的公报案例中，审理法院对股东抗辩财产混同证据的采信进行充分说理：陈某美提供了上诉人嘉美德公司的相关审计报告，可以反映嘉美德公司有独立完整的财务制度，相关财务报表亦符合会计准则及国家外汇管理的规定，且未见有公司财产与股东个人财产混同的迹象，可以基本反映嘉美德公司财产与陈某美个人财产相分离的事实。应某峰认为上述证据不足以证明嘉美德公司财产与陈某美个人财产没有混同，并提出如下异议：审计报告未反映本案诉讼情况；嘉美德公司一审中提供的银行收支报告反映，应某峰投资后仅一周，嘉美德公司就向均岱公司转移了 96 万余元，包括发放均岱公司员工工资等。法院认为，我国《公司法》第 64 条的规定，意在限制一人有限责任公司股东采用将公司财产与个人财产混同等手段，逃避债务，损害公司债权人的利益，因此股东对公司债务承担连带清偿责任的

---

〔1〕　李国光、王闯："审理公司诉讼案件的若干问题——贯彻实施修订后的〈公司法〉的司法思考"，载最高人民法院民事审判第二庭编：《民商事审判指导》（总第 8 辑），人民法院出版社 2006 年版，第 65~70 页。

前提是该股东的个人财产与公司财产出现了混同。然而就本案目前的证据材料来看，嘉美德公司收到应某峰的投资款后，虽有部分用于支付均岱公司的员工工资及货款等费用，但是，根据双方投资合同的约定，应某峰投资后，均岱公司的业务将全部转入嘉美德公司，因此均岱公司的业务支出与应某峰的投资项目直接相关；这些费用的支出均用于均岱公司的业务支出，并无款项转入陈某美个人账户的记录，而审计报告中是否记载本案诉讼的情况也与财产混同问题无涉。因此，应某峰提出的异议并不能反映嘉美德公司财产与陈某美个人财产有混同的迹象，不足以否定上诉人的举证。[1]

总之，对于公司人格否认制度的适用，特别是一人有限责任公司的人格否认，最高人民法院的裁判规则是：

第一，严格适用条件。《公司法》第 20 条的规定为适用公司法人人格否认制度提供了法律依据，但应予强调的是，法人人格独立是公司法的基本原则，人格否认是公司制度的例外。因此，要从严掌握法人人格否认制度的适用条件。在程序上，适用法人人格否认制度应当以当事人主张为前提，人民法院不得依职权主动适用。在实体上，须同时具备《公司法》第 20 条所规定的主体要件、行为要件和结果要件，避免因滥用该制度而动摇法人人格独立原则的基石。

第二，关于人格混同的认定与举证责任的分配。股东与公司存在财产混同、业务混同、人事混同、住所混同情形的，可以认定股东与公司人格混同。对上述事实，应当由公司债权人承担举证责任，但一人公司除外。公司债权人能够提供初步证据证明股东滥用公司独立法人地位和股东有限责任，但因公司经营情况的证据由公司掌握而无法进一步提供证据予以证明的，人民法院可以根据公平原则和诚实信用原则，确定进一步证明是否存在滥用法人人格行为的举证责任由公司承担。

---

〔1〕 参见"应某高峰诉嘉美德（上海）商贸有限公司、陈某美其他合同纠纷案"，载《中华人民共和国最高人民法院公报》2016 年第 10 期。

第二节　借款与担保纠纷

银行发放的贷款是否一定是金融贷款，适用金融机构贷款利率？在建工程抵押效力是否及于所占范围的土地使用权？

【法律服务】

代理人接受出借方原告 A 公司的委托代理诉讼。通过对法律关系予以定性和适用，展开充分的事实举证和说理论证。最终，最高人民法院部分采纳代理意见，部分支持了我方诉求。

【基本案情】

2015 年 5 月 8 日，B 公司、A 公司、C 银行支行签订借款合同，约定 B 公司向 A 公司借款人民币 6000 万元，借款期限为 18 个月，即从 2015 年 5 月 15 日至 2016 年 11 月 15 日，贷款利率按月息 1.75% 计算，按月结息，结息日为每月末的第 20 日。B 公司应按以下计划偿还借款本金：2016 年 5 月 15 日 2000 万元、2016 年 8 月 15 日 2000 万元、2016 年 11 月 15 日 2000 万元。

B 公司、A 公司委托 C 银行支行与担保人签订 701、702、703 号担保合同，并抄送 A 公司。合同的变更和解除的约定为：①本合同生效后，任何一方不得擅自变更和解除本合同；②B 公司如在用款前无法完成 A 公司要求的用款前提条件，A 公司有权单方解除本合同并书面通知 B 公司和 C 银行支行；③贷款到期，由于客观情况发生变化，B 公司经过努力仍不能还清借款的，可以在借款到期前（空白）日内向 A 公司申请展期，经 A 公司同意并书面通知 C 银行支行，三方签订展期还款协议书，作为本合同的附件。违约责任的约定为：①B 公司不能按期支付利息或挪用贷款，则按中国人民银行规定在本合同利率的基础上上浮 50%；②B 公司逾期期间不能按期支付的利息则按本合同约定的逾期贷款罚息利率计收复利。合同还约定了其他事项。

同日，B公司用自己名下的1、2、3、4号商业在建项目工程与C银行支行签订《抵押合同》，并办理了抵押登记，约定为确保案涉《贷款合同》的履行，保障C银行支行债权的实现，B公司愿意为C银行支行与债务人依主合同所形成的债权提供抵押担保。同日，甲、乙、丙、丁分别与C银行支行签订《保证合同》701、702、703号；为案涉《贷款合同》所形成主债权提供连带保证担保。抵押担保的范围均为主合同项下全部债权本金及利息（包括复利和罚息）、违约金、赔偿金、C银行垫付的有关费用以及实现债权和抵押权的一切费用，包括但不限于诉讼费、财产保全费、差旅费、执行费、评估费、拍卖费、查询费、律师代理费等。当主合同债务人未按合同约定履行其债务时，或双方约定的实现抵押权的情形发生时，无论C银行支行对主合同项下的债权是否拥有其他担保（包括但不限于保证、抵押、质押、保函等担保方式，含债务人用自己的财产为主合同项下的债权设置担保的情形），C银行支行均有权直接选择并要求B公司在其担保范围内履行保证责任和要求保证人在其担保范围内履行保证担保连带责任。保证人均不得以任何理由对抗C银行支行的前述选择和要求。该抵押事项已经B公司2015年5月7日股东会审议通过。

上述合同签订后，C银行支行于2015年5月27日向B公司发放贷款6000万元，B公司于2015年6月23日归还利息875 000元、2015年7月21日归还利息1 050 000元，之后，B公司未再归还本息。根据《贷款合同》的约定，B公司应按时偿还本息，现B公司已经严重违约，应承担违约责任。

后B公司经营严重恶化，抵押的在建工程也已停工，A公司多次催收借款未果，遂诉至法院，请求：

（1）判令被告B公司按照合同约定支付原告A公司利息、复利，至全部本息支付完毕为止（利息的计算方式：2015年8月20日前的利息以未还借款本金为基数，按1.75%/月的利率计算；自2015年8月21日起至清偿完毕之日止，利息以未还借款本金为基数，按在合同利率1.75%/月基础上上浮50%即2.625%/月的利率计算；暂计算至2015年11月27日，所欠利息数额为人民币6 142 500元。复利的计算方式：以应还未还利息为基数，按合同约定利率1.75%/月上浮50%即2.625%/月计算，截至2015年11月27日，所欠复利数额为人民币249 900元）。

（2）判令解除贷款合同，并判令 B 公司返还借款本金 6000 万元。

（3）判令 A 公司对 B 公司名下的 1、2、3、4 号商业项目在建工程及其占用范围内的土地使用权享有抵押权，有权就抵押物拍卖、变卖所得价款在诉讼请求范围内享有优先受偿权。

（4）甲、乙、丙、丁对 B 公司上述债务承担连带责任。

（5）本案的案件受理费、保全费、保全担保费、律师费等诉讼费用由所有被告共同承担。庭审中，A 公司明确其律师费的请求金额为 30 万元，保全担保费的请求金额为 15 万元，财产保全费为 5000 元。

【法院裁判】

一审法院释明本案所涉及的法律关系后，原告 A 公司坚持本案中的起诉请求，审理法院认为：

第一，关于本案的定性。从原告 A 公司的诉请"判令解除贷款合同，并判令被告 B 公司返还借款本金 6000 万元，按照合同约定支付原告 A 公司利息、复利，至全部本息支付完毕为止"以及"原告 A 公司就抵押物 1、2、3、4 号商业项目在建工程及其占用范围内的土地使用权享有抵押权"来看，本案应定性为民间借贷纠纷案。

第二，被告 B 公司、原告 A 公司、C 银行支行三方签订了有效的《贷款合同》，A 公司向 B 公司发放了 6000 万元贷款，针对 B 公司不履行主要债务的行为，已构成根本违约，应解除《贷款合同》并向 A 公司偿还借款 6000 万本金。根据《最高人民法院关于审理民间借贷案件适用法律若干问题的规定》第 29 条第 1 款"借贷双方对逾期利率有约定的，从其约定，但以不超过年利率 24% 为限"之规定，对双方约定的超过年利率 24% 部分的利息，依法不予支持。因此，对本案中《贷款合同》对利息的约定超过 24% 的部分不予支持。

第三，《抵押合同》系 C 银行支行与 B 公司签订，登记机关登记的抵押权人亦为 C 银行支行，但被告 B 公司、C 银行支行均明知，且《抵押合同》载明该抵押法律关系是为《贷款合同》所涉资金而设定，在委托贷款法律关系中，C 银行支行仅为居间代理，其受托行为产生的法律后果应当归属于委托人 A 公司，故 A 公司直接主张其对 B 公司提供的抵押物享有抵押权，并就抵押物拍卖、变卖所得价款享有优先受偿权具有法律依据，应予支持。

关于抵押权的范围不应当包含在建工程占用范围内的土地使用权，因为

B公司与C银行支行签订的抵押合同附件证明仅为B公司名下的"1、2、3、4号商业"在建工程,且《在建工程抵押登记证明》也是如此,不包含在建工程占有范围的土地使用权。因此,A公司仅享有在建工程的抵押权。

第四,因甲、乙、丙、丁与C银行支行签订的《保证合同》真实有效,B公司向A公司应当承担的还款责任提供连带保证担保,且此合同不违反法律法规的强制性规定,故四保证人应在其担保范围内履行保证担保连带责任。

根据《诉讼费用缴纳办法》的规定,案件受理费及诉讼保全申请费均是原告A公司预交,属于诉讼费的范畴,根据该办法第29条诉讼费用由败诉方承担之规定,因本案系由被告B公司违约行为引起,故案件受理费、诉讼保全申请费均应由被告B公司承担。关于A公司向保险公司购买诉讼保全责任保险支付的15万元,该费用的发生与被告B公司的违约行为之间并没有直接的因果关系,不予支持。律师费实际支付的5万元应予支持,尚未实际发生的不予支持。

综上所述,根据《中华人民共和国合同法》第8条、第94条第2款、第4款、第108条、第196条,《中华人民共和国物权法》第182条及《最高人民法院关于审理民间借贷案件适用法律若干问题的规定》第1条、第29条之规定,判决如下:

"一、解除B公司与A公司、C银行支行签订的《××银行人民币资金委托贷款合同》。

"二、B公司在本判决生效后十日内偿还A公司借款人民币6000万元并支付相应利息、复利(利息的计算方式为:2015年8月20日前的利息以6000万元为本金,按月利率1.75%计收;2015年8月21日起至本判决指定的履行期限届满之日止以6000万元为本金,按年利率24%计收。复利的计算方式为:从欠付利息之日起至本判决确定的履行期限届满之日止,以应还而未还的利息为基数,按年利率24%计收)。

"三、A公司对B公司建设的'1、2、3、4号商业'(具体明细以××字第××号在建工程抵押登记证明载明为准)在建工程拍卖、变卖所得价款在上述债权范围内享有优先受偿权。

"四、B公司于本判决生效后十日内支付A公司律师费50 000元。

"五、甲、乙、丙、丁对上述第二项、第四项B公司的付款义务承担连带责任。

"六、驳回A公司的其他诉讼请求。案件受理费373 762元、财产保全费

5000 元，由 B 公司、甲、乙、丙、丁承担。"

二审法院对本案所涉及的法律关系释明后，上诉人 A 公司坚持本案中的上诉请求，审理法院认为：

第一，从 A 公司的诉请 "B 公司在本判决生效后十日内偿还 A 公司借款本金人民币 6000 万元并支付相应利息、复利" 和 A 公司、C 银行支行与 B 公司签订借款合同，约定 B 公司向 A 公司借款人民币 6000 万元，其实质系由 A 公司提供资金，C 银行支行根据确定的借款人、用途、金额、币种、期限、利率等，代为发放和收回贷款，C 银行支行不承担信用风险，本案构成委托贷款法律关系，应被定性为民间借贷纠纷。

第二，原审根据《最高人民法院关于审理民间借贷案件适用法律若干问题的规定》的规定，对双方约定的超过年利率 24% 部分的利息不予支持，并无不当，A 公司要求对 2015 年 8 月 21 日之后的利息、复利按照月利率 2.625% 计收的上诉请求不能成立。但借款人支付资金占用的利息应当至全部款项偿还付清之日止。

第三，关于 A 公司主张对抵押在建工程占用范围内的土地使用权也享有抵押权，《中华人民共和国物权法》第 182 条第 1 款规定 "以建筑物抵押的，该建筑物占用范围内的建设用地使用权一并抵押。以建设用地使用权抵押的，该土地上的建筑物一并抵押"，第 2 款又进一步明确规定 "抵押人未依照前款规定一并抵押的，未抵押的财产视为一并抵押"。本案《抵押合同》对 B 公司名下的 "1、2、3、4 号商业" 在建工程约定了抵押，《在建工程抵押登记证明》也为 "1、2、3、4 号商业" 在建工程进行了抵押登记，依据前述《物权法》第 182 条第 2 款之规定，案涉土地使用权也应视为一并抵押，该建筑物之抵押权效力及于土地使用权，故 A 公司对 "1、2、3、4 号商业" 在建工程范围内的土地使用权享有优先受偿权。

至于 A 公司主张 15 万元诉讼财产保全的保险支出，A 公司可以以提供担保财产的方式向人民法院申请采取财产保全措施，也可以以购买保险的方式向人民法院申请采取财产保全措施，故 15 万元保险费用的开支并非实现财产保全的必然开支，不属于合同中所约定的实现债权和抵押权必需的费用，原审不予支持，并无不当。

综上所述，二审法院依照《中华人民共和国物权法》第 182 条、《中华人民共和国民事诉讼法》（2017 年修正）第 170 条第 1 款第（二）项规定，判决如下：

"一、维持原审民事判决第一项、第四项、第五项、第六项；

"二、撤销原审民事判决第二项、第三项；

"三、变更原审民事判决第二项为 B 公司在本判决生效后十日内偿还 A 公司借款人民币 6000 万元并支付相应利息、复利（利息的计算方式为：2015 年 8 月 20 日前的利息以 6000 万元为本金，按月利率 1.75% 计收；2015 年 8 月 21 日起至款项付清之日止以 6000 万元为本金，按年利率 24% 计收。复利的计算方式为：从欠付利息之日起至款项付清之日止，以应还而未还的利息为基数，按年利率 24% 计收）；

"四、变更原审民事判决第三项为 A 公司对 B 公司建设的'1、2、3、4 号商业'在建工程及占用范围内的建设用地使用权拍卖、变卖所得价款在上述债权范围内享有优先受偿权。"

【律师意见】

本案中的利息、复利应根据合同约定履行，在建工程占有范围内的土地使用权也属抵押权范围。

第一，一审法院对利息、复利支付时间截止判决指定的履行期限届满之日止的认定，系法律适用错误，双方约定逾期贷款的利息、复利应该得到支持，支付的截止时间应为 B 公司还清本金、利息为止。

第二，一审法院适用有关民间借贷规定将上诉人主张的逾期贷款罚息利率 2.625%/月降为 24%/年，系法律适用错误。本案借款为委托贷款，属于金融贷款，应适用金融机构贷款利率不设上限的有关规定，逾期贷款罚息利率 2.625%/月应予支持。

第三，抵押权的范围认定为 B 公司在建工程占用范围内的土地使用权，在建工程登记设立抵押权的同时，该在建工程所占用范围内的土地使用权上同时设立了抵押权，"视为一并抵押"，而不论该抵押权是否办理了抵押登记手续。上诉人 A 公司支出的 15 万元保全担保费应由 B 公司承担，甲、乙、丙、丁应承担连带清偿责任。

【承办律师】

卢世伟，贵州黔坤律师事务所律师，擅长办理商品房合同纠纷、民间借贷纠纷、交通事故、建筑施工工程合同纠纷、行政诉讼等民商事、行政案件。

【法律适用评析】

本案是借款追偿的纠纷。争议焦点中，纠纷的定性，直接关系到借款的利息计算依据；而抵押权的效力范围，则会影响债权的受偿。

一、委托贷款的性质认定和法律适用

委托贷款行为是现代企业通过金融机构将钱借给第三方进行资金融通的行为，是一种新的投融资方式，涉及委托人、受托人（金融机构）、借款人（金融借款合同第三方）三方主体，催生的委托贷款法律关系兼具委托代理、金融借款、民间借贷三层法律关系，系复合型法律关系。

理论上，关于委托贷款法律关系的定性，主要有"委托代理关系说""委托贷款合同说""'存款+放贷'关系说""'信托+资金借贷'关系说"和"'委托十资金借贷'关系说"等五种学说。

第一种，"委托代理关系说"认为：委托贷款中的法律关系是一种委托代理关系，委托贷款合同的双方当事人是委托人和借款人；贷款人不是委托贷款合同的当事人，而只是委托人的代理人。其主要理由是，在委托贷款合同中，委托人、贷款人和借款人是同时出现的，与委托代理关系的情形相符合；而且在委托贷款合同中，贷款对象、用途金额、期限、利率等主要内容都是由委托人指定的，贷款人并不享有委托贷款合同当事人的具体权利和义务，而只享有收取法定手续费的权利，承担"三查"（贷前调查、贷时审查、贷后检查）义务和协助收回义务。这种观点在金融界有较大影响。

第二种，"委托贷款合同关系说"认为：委托贷款中的法律关系就是一种委托贷款合同关系，委托人、贷款人和借款人都是委托贷款合同的当事人，委托人与贷款人应承担共同的贷款风险。其形式上的理由是，三方在委托贷款合同中同时出现；其实质上的理由是，委托人因其提供贷款资金并决定委托贷款合同的贷款对象、用途等主要内容而成为合同当事人，而贷款人则因其负有"三查"义务和协助收回义务，而成为合同当事人。这一学说虽与第一种学说理由相同，但在对金融机构的风险方面，却有着完全不同的认识。

第三种，"'存款+放贷'关系说"认为：应将委托贷款中的法律关系一

分为二，一部分是委托人与受托人（贷款人）之间的存款关系，另一部分是贷款人（受托人）与借款人之间的放贷关系。其主要理由是，我国现行法律严禁企业之间的相互借贷，尽管在委托贷款合同中，委托人、贷款人和借款人是同时出现的，但他们之间仍然不可能是委托代理关系；相反，从委托贷款合同的签订和履行来看，都是先由委托人以自己的名义将资金存入贷款人（银行或金融信托投资公司），再由贷款人以自己的名义而不是以委托人的名义发放贷款。该种学说主张分段依不同的法律关系特点确定主体的相关风险责任。

第四种，"'信托+资金借贷'关系说"认为："委托贷款本身不构成一个委托贷款法律关系，而是内含两种法律关系，即信托法律关系和资金借贷法律关系。"[1]受托人是借贷法律关系的主体，委托人是信托法律关系的主体。委托贷款中的法律关系其实是由委托人与贷款人之间的信托法律关系和贷款人与借款人之间的资金借贷法律关系两个部分组成的。其主要理由是，委托贷款本身并不构成一个委托贷款法律关系，而委托人与贷款人之关系符合信托法律关系的主要特征：①信托财产的所有权由委托人转移到受托人；②信托财产具有独立性；③受托人只收取一定的手续费。

第五种，"'委托+借贷'关系说"，此说主张将委托人与贷款人之间的法律关系界定为间接代理关系。委托贷款中存在两个法律关系和三方当事人。法律关系包括委托人与受托人（贷款人）之间的委托关系和受托人（贷款人）与借款人之间的借贷关系；当事人包括委托人、受托人（贷款人）和借款人。此说可视为是学说一与学说四的结合。"'委托+借贷'关系说"在实质上就是一种"间接代理关系"。[2]间接代理的"法律效果首先对间接代理人发生，然后依间接代理人与本人之内部关系，而转移于本人"，[3]完全对应于委托贷款的主要法律特征。

实务中，委托贷款面临的首要问题是定性问题，这直接决定了相关的法律适用。在司法实务裁判标准上，一方面，由于现行《民事案件案由规定》未将委托贷款合同纠纷专列为民事诉讼案由，存在着将其列为委托贷款合同

---

〔1〕 祁群："委托贷款的诉讼主体及当事人"，载《上海金融》1997年第2期。

〔2〕 梁慧星主编：《民商法论丛》（第9卷），法律出版社1998年版，第26页。

〔3〕 梁慧星：《民法总论》（第2版），法律出版社2001年版，第222页。

纠纷、民间借贷合同纠纷或金融借款合同纠纷的三种不同意见。[1]另一方面，最高人民法院在［2016］最高法民终124号案例中认定委托贷款合同适用民间借贷裁判规则：第一，委托人、受托银行与借款人三方签订委托贷款合同，由委托人提供资金、受托银行根据委托人确定的借款人、用途、金额、币种、期限、利率等代为发放、协助监督使用并收回贷款。第二，受托银行收取代理委托贷款手续费，并不承担信用风险，其实质是委托人与借款人之间的民间借贷。第三，委托贷款合同的效力、委托人与借款人之间的利息、逾期利息、违约金等权利义务均应受有关民间借贷法律、法规和司法解释的规制。

委托代理说是当前实务界观点的基础。在委托代理关系中，受托人并非实体权利义务主体，委托人、受托人、第三人这一三角法律结构约束的实体权利义务主体实为委托人与第三人，三角结构项下的法律关系本质应以委托人与第三人之间的法律关系为准。本质上，代理人于代理权限内，以本人名义所为之意思表示或所受之意思表示，直接对本人发生效力，其法律效力与本人自为者相同。[2]在委托代理法律关系项下，无论是受托人以自己的名义向借款人主张权利，或是受托人以委托人名义向借款人主张权利，抑或是委托人以自己的名义向借款人主张权利，均不影响委托代理关系的本质。这完全吻合法院的裁判思路，最高人民法院的典型案例［2016］最高法民终124号认定该案"实质是委托人与借款人之间的民间借贷"，即认为委托贷款合同法律关系的本质，应定性为委托人与第三人之间的民间借贷法律关系，而非受托人与第三人之间的金融借款法律关系。[3]

本案中，A公司与C银行支行之间形成的是委托贷款（代理）法律关系。B公司、A公司、C银行支行在所签订的借款合同中约定：B公司向A公司借

---

[1]　参见中国高新投资集团公司与郭某相、张家港市新天宏铜业有限公司委托合同纠纷案（［2016］最高法民终104号），最高人民法院认为，本案法律关系的性质为委托贷款合同纠纷。相似案例还有：拱某明、肖某武诉中国光大银行股份有限公司福州分行、三明市安居技防电子有限公司、萧某天、肖某华、黄某红委托合同纠纷案（［2014］闽民终字第422号），福建省高级人民法院认为，此案为委托贷款合同纠纷，出借人为自然人拱某明。也有不同案例，如中国东方资产管理公司长沙办事处与湖南弘吉投资有限公司金融借款合同纠纷案（［2014］湘高法民二初字第18号），湖南省高级人民法院认为，此案为金融借款合同纠纷。

[2]　参见王泽鉴：《民法总则》，北京大学出版社2009年版。

[3]　张国振："委托贷款合同纠纷制度变迁及其影响"，载《中共南宁市委党校学报》2018年第1期。

款人民币 6000 万元，A 公司委托 C 银行支行与 B 公司签订了贷款合同，B 公司提供相应抵押，资金实质由 A 公司提供。所以，B 公司与 C 银行支行之间委托贷款法律关系的实质，可以定性为 A 公司与 B 公司之间的民间借贷关系，应适用民间借贷的相关规定。

对于利息计算的合法性审查，《最高人民法院关于审理民间借贷案件适用法律若干问题的规定》（已被修改）第 29 条第 1 款对民间借贷的利息有明确规定，即"借贷双方对逾期利率有约定的，从其约定，但以不超过年利率 24%为限"，一般贷款利息的年利率为 6%，即不超过其 4 倍为限。因此，本案两审法院，对双方约定的超过年利率 24%部分的利息，不予支持。

二、在建工程的抵押权是否及于在建工程占地范围内建设用地使用权的问题

梳理相关法律法规，对在建工程抵押效力进行认可，最开始的根据是司法解释。《最高人民法院关于适用〈中华人民共和国担保法〉若干问题的解释》第 47 条规定："以依法获准尚未建造的或者正在建造中的房屋或者其他建筑物抵押的，当事人办理了抵押物登记，人民法院可以认定抵押有效。"

《物权法》明确规定在建的建筑物可以成为抵押物。该法第 180 条规定："债务人或者第三人有权处分的下列财产可以抵押：（一）建筑物和其他土地附着物；（二）建设用地使用权；……（五）正在建造的建筑物、船舶、航空器。……"

首先，就如何理解建筑物及其占用范围内土地使用权的一并抵押效力，在理论和实践中存在颇多争议。《物权法》第 182 条规定："以建筑物抵押的，该建筑物占用范围内的建设用地使用权一并抵押。以建设用地使用权抵押的，该土地上的建筑物一并抵押。抵押人未依照前款规定一并抵押的，未抵押的财产视为一并抵押。"对此，理论界有不同的理解："共同抵押说"认为，第 182 条明确了房地一并抵押的强制性。[1]"分别受偿说"认为，第 182 条的立法目的仍在于保障抵押权的实现，因此，房地分离抵押的，未抵押的财产"视为一并抵押"，但抵押权人对此并无优先受偿权。抵押权实现时，抵押权

---

[1] 崔建远：《物权法》，中国人民大学出版社 2009 年版，第 476 页。

人可申请房地一并处分，但只能就已登记的抵押物优先受偿。[1]"区别对待说"认为，第182条第1款为管理性规范，违之并不当然导致交易无效；第2款"视为一并抵押"所产生的为法定抵押权，无须登记即生效。由此，房地单独抵押与分别抵押均有效，但在房地单独抵押时，抵押权人就未抵押的财产取得法定抵押权，于房、地上构成共同抵押，抵押权人可就房地的全部变价款优先受偿；在房地分别抵押时，当事人已就分别抵押作出明确的意思表示，自无第182条第2款法定抵押权适用的余地，各抵押权人分别在房或地上取得抵押权，而抵押权实现时，房地一并处分，分别优先受偿。[2]

　　司法实务中对建筑物及其占用范围内土地使用权的一并抵押效力，也有不同的认识。最高人民法院在相关公报案例中确定的裁判要旨是：根据《物权法》第182条的规定："以建筑物抵押的，该建筑物占用范围内的建设用地使用权一并抵押。以建设用地使用权抵押的，该土地上的建筑物一并抵押。抵押人未依照前款规定一并抵押的，未抵押的财产视为一并抵押。"地上建筑物已办理抵押登记的，债权人对建筑物占用范围内的建设用地使用权依法享有抵押权。[3]

　　最高人民法院法官对第182条的理解为"法律关于建设用地使用权和建筑物所有权结合的规定并不是一种强制性规定。之所以规定房随地走、地随房走的双向统一规则，目的主要是避免因为分别抵押所导致的权利冲突和摩擦。但这种权利冲突在实践中是无法避免的，因此在理解该双向统一原则时，应当关注该原则在贯彻时的转让一体化和最终权利归属一体化。质言之，即便出现房地分别抵押的情形，只要在实现权利转移和处置抵押时能够保持权利归属一体化，则可以妥当地解决上述权利冲突"，"解决上述房地分别抵押实行问题，大致可以采取两种方式：其一，采用建设用地使用权和建筑物使用权不可分离的理论来处理"，"将两个抵押视为一物二押"，"采取登记在先

---

〔1〕　王闯："规则冲突与制度创新（中）"，载《人民法院报》2007年6月27日；童付章："房地产分别抵押情形中抵押权优先效力之研讨"，载《政治与法律》2008年第12期；何庆江："论房地一并抵押原则——兼评《物权法》第182条"，载《通化师范学院学报》2010年第1期。

〔2〕　高圣平、严之："房地单独抵押、房地分别抵押的效力——以《物权法》第182条为分析对象"，载《烟台大学学报（哲学社会科学版）》2012年第1期。

〔3〕　中国建设银行股份有限公司分宜支行、江西江锂科技有限公司金融借款合同纠纷，最高人民法院〔2017〕最高法民终40号二审民事判决书。

的优先受偿，如果有剩余的，则由后一抵押权人受偿；顺序相同的，则按债权比例受偿"，"其二，采用建设用地使用权和建筑物所有权分离理论来处理"，"两个抵押皆为有效。在抵押权实现之时，应就两项财产分别拍卖、分别受偿，但必须确保拍卖人为同一人，以使房地两个权利的最终取得者为同一人"。[1]

其次，涉及在建工程与占用范围内土地使用权的一并抵押效力，也没有明确规定。《物权法》实施之后，原建设部颁布的《城市房地产抵押管理办法》（已被修改）第3条第5款规定："本办法所称在建工程抵押，是指抵押人为取得在建工程继续建造资金的贷款，以其合法方式取得的土地使用权连同在建工程的投入资产，以不转移占有的方式抵押给贷款银行作为偿还贷款履行担保的行为。"

不过，《城市房地产抵押管理办法》是原建设部的规定，该规定并不必然约束国土部门，更不必然约束法院，在土地抵押未经登记公示的情况下，且在未能证明土地抵押随房屋抵押而成为法定抵押的情况下，应无土地抵押权依附房屋抵押权而自动成立一说。按原建设部的上述规定，应是先有土地抵押登记，后才有在建工程抵押登记，因此，该规定可以理解为，住建部门在办理在建工程抵押登记时先审查抵押权人是否办理了相应的土地抵押登记，如果登记部门因在建工程抵押登记未办理相应的土地抵押登记而有责任的话，责任部门也应该是住建部门而不是国土部门。所以，《城市房地产抵押登记管理办法》第4条"以依法取得的房屋所有权抵押的，该房屋占用范围内的土地使用权必须同时抵押"与第11条"以在建工程已完工部分抵押的，其土地使用权随之抵押"对在建工程的规定，含义上是相同的。

《不动产登记暂行条例实施细则》将在建工程抵押称为"在建建筑物抵押"，同时将原先被包括在在建工程抵押财产范围的建设用地使用权排除出去，规定以在建建筑物抵押的，应当办理的是国有建设用地用权的抵押权登记以及在建建筑物抵押权登记（第75条第1款）。此外，该细则还明确规定，在建建筑物抵押中能够抵押的，仅限于已经建造完成的建筑物中的全部或一部分（第75条第1款），也就是说，不允许以尚未建设完毕的部分设定在建

---

〔1〕 最高人民法院物权法研究小组编著：《〈中华人民共和国物权法〉条文理解与适用》，人民法院出版社2007年版，第547~548页。

建筑物抵押。

因此，在房地权属登记分离的地区，负责土地使用权抵押登记是国土部门，并非住建部门，而负责在建工程抵押登记的是住建部门，因此，在建工程的抵押登记并不必然包含土地的抵押登记，需要抵押权人在土地部门办理了土地抵押才会形成土地抵押的登记公示，土地抵押未在土地部门登记的，在建工程抵押登记是否及于相应的土地使用权，显然建设部门无法认定。实务中，如土地使用权已单独抵押登记的，在建工程仍可办理抵押登记，但此时在建工程抵押权并不及于在建工程占用的相应土地使用权的第一抵押权，但仍可办理土地使用权的轮候抵押，此时，在建工程抵押权及于在其登记之后的土地轮候抵押权，其对土地使用权的清偿顺序劣后于其之前登记的其他土地抵押权。

实际上，在建工程抵押效力是否及于相应的土地使用权抵押的问题，主要源于房地分别登记体制，而不动产统一登记后，这种状况将会消除。《不动产登记暂行条例实施细则》第 2 条第 2 款规定："房屋等建筑物、构筑物和森林、林木等定着物应当与其所依附的土地、海域一并登记，保持权利主体一致。"在建工程虽然不是这里所提到的建筑物，但该条规定的目的是很清楚的，即"保持权利主体一致"，而在建工程抵押应包括相应的土地使用权抵押显然也在这一目的范围之内，也正是基于此目的，《不动产登记暂行条例实施细则》第 65 条第 2 款规定："以建设用地使用权、海域使用权抵押的，该土地、海域上的建筑物、构筑物一并抵押；以建筑物、构筑物抵押的，该建筑物、构筑物占用范围内的建设用地使用权、海域使用权一并抵押。"第 75 条规定"以建设用地使用权以及全部或者部分在建建筑物设定抵押的，应当一并申请建设用地使用权以及在建建筑物抵押权的首次登记。当事人申请在建建筑物抵押权首次登记时，抵押财产不包括已经办理预告登记的预购商品房和已经办理预售备案的商品房。前款规定的在建建筑物，是指正在建造、尚未办理所有权首次登记的房屋等建筑物。"

总之，根据物权法"物尽其用"的立法宗旨以及在建工程可以设定抵押权的规定，在建工程的抵押效力可以及于其所占范围内的土地使用权。《物权法》第 200 条规定："建设用地使用权抵押后，该土地上新增的建筑物不属于抵押财产。该建设用地使用权实现抵押权时，应当将该土地上新增的建筑物与建设用地使用权一并处分，但新增建筑物所得的价款，抵押权人无权优先受偿。"参照该条款以及最高人民法院法官的理解，对于之前设立的土地使用权抵押权，仅对抵押的土地使用权享有优先受偿权；而在建工程抵押权除对在建工程抵押权实现时的价值享有优先受偿权外，还对同时设立的土地轮候抵押权享有轮候优先受偿的权利，在建工程的抵押权与土地抵押权之间并无权利冲突，即使在建工程抵押权登记时未办理土地使用权的轮候抵押，在建工程抵押权也可及于其所占范围内的土地使用权优先受偿。所以，在我国法律中，无论是已经建造完毕的建筑物，还是正在建造的建筑物，性质上都属于不动产，[1]二者都可以设立抵押权，抵押效力的认定适用一并抵押原则。

本案中，虽然一审法院以抵押合同未包括土地使用权且《在建工程抵押登记证明》也未包含在建工程占有范围的土地使用权为由，未支持在建工程抵押权人对土地使用权的优先受偿权。但在抵押权人代理律师提出的主张有明确法律依据的情况下，二审改判。二审法院认为，依据《物权法》第182条第2款之规定，案涉土地使用权也应被视为一并抵押，该建筑物之抵押权效力及于土地使用权。最终，生效判决改判A公司对B公司建设的"1、2、3、4号商业"在建工程及占用范围内的建设用地使用权拍卖、变卖所得价款在上述债权范围内享有优先受偿权。

三、利息计算截止时间

本案中，一审法院判决利息支付至判决确定的履行期限届满之日止，但这样会导致判决书生效以后利息计算就截止了，使得原告如果越早起诉得到的利息越少，造成了事实上的不公平。

针对利息的计算时间，代理原告提起了上诉，最高人民法院改判支持利随本清。这份判决直接促进了黔高法〔2018〕75号《贵州省高级人民法院关于将计付利息截止时间确定为全部款项付清之日止的通知》的出台。

---

〔1〕 参见崔建远：《物权：规范与学说——以中国物权法的解释论为中心》（上册），清华大学出版社2011年版，第50页。

第三节　金融借款合同纠纷

油权质押效力，如何认定？仓单质押生效的条件是什么？

【法律服务】

接受诉讼中有独立请求权第三人委托，出任诉讼代理人。用充分的证据证明，涉案的质押物六罐菜籽油系我方当事人所有。诉讼中 A 银行与 B 公司所称《仓单》《权利质押合同》均不能证明质押物（菜籽油）具体所指存储罐号，案涉《仓单》的真实性存疑。质押物应为 C 厂合法所有，并在其监管和实际控制之下。针对本案中 C 厂的无权处分行为，A 银行必须为善意且实际占有质押物，显然，A 银行并非善意也未实际占有。C 厂无法证明拥有该六罐菜籽油的所有权，该油系我方当事人所有。最终，省高级人民法院采纳代理意见，未支持 A 银行对涉案六罐菜籽油优先受偿权的主张。

【基本案情】

C 厂经工商注册登记为普通合伙企业，执行事务合伙人系甲。

2014 年 4 月 8 日，C 厂向 A 银行城南支行出具《借款申请》，主要内容为：2014 年我厂计划收购桐籽 30 000 吨，要完成本年度收购计划，还需向银行借款 1900 万元，现特以 B 公司担保的方式向贵行申请一年期流动资金借款 1900 万元，该笔借款将全部用于今年桐籽的采购及日常的经营活动。A 银行城南支行与 C 厂为债权债务关系，A 银行为债权人，C 厂为债务人，B 公司为担保人。

2014 年 4 月 18 日，C 厂（借款人/甲方）与 A 银行城南支行（贷款人/乙方）签订《流动资金借款合同》，约定：甲方向乙方借款 1900 万元；借款用于经营流动资金；借款期限为 12 个月，即从 2014 年 4 月 18 日至 2015 年 4

月 17 日；贷款利率为月利率 9.02‰，如遇国家利率调整，本合同项下贷款利率不变；甲方在本合同项下的贷款逾期的，罚息利率为在本合同载明的利率基础上加收 50%；贷款按日计息，日利率＝月利率/30＝年利率/360；如甲方不能按期付息，则自次日起计收复利；本合同项下借款的担保方式为质押；借款逾期后，对甲方未按时还清的借款本金和利息，自逾期之日起至本息全部清偿之日止按罚息利率和本合同约定的结息方式计收利息和复利及其他事项。

2014 年 4 月 18 日，C 厂（出质人/甲方）与 A 银行城南支行（质权人/乙方）签订《权利质押合同》，约定：为确保 C 厂与乙方签订的《流动资金借款合同》的履行，甲方以本合同第十四条"权利质押物清单"所列之权利向乙方对债务人享有的债权提供质押担保，担保范围为本金 1900 万元及利息（包括复利和罚息）等；"权利质押物清单"载明内容为菜籽油 4060 吨、入库封存、价值 3808.28 万元、权利质押编号为 RX0000059，5 升装味满天下菜籽油 2018 瓶、入库封存、价值 13.2179 万元、权利质押编号为 RX0000059；甲方应于 2014 年 4 月 18 日之前将质押的权利凭证移交乙方占有；及其他事项。A 银行为质权人，C 厂为出质人，质押标的为"权利质押物清单"。

同日，A 银行城南支行（质权人/甲方）、C 厂（出质人、借款人/乙方）、B 公司（监管人/丙方）共同签订《仓单质押物监管合作协议》，约定：为保障甲方与债务人签署的《权利质押合同》的履行，经甲、乙、丙三方协商一致，特订立本协议；在监管期间，甲方为质权人，乙方为出质人，丙方为甲方的代理人，代理甲方占有、监管质押物；质押物最低价值不得低于人民币 3800 万元；质押物以《仓单》列明的货物为准，如《仓单》中对质押物约定不明，或者约定的质押物与实际交付的质押物不一致的，以实际交付丙方占有的为准；丙方未按约定造成质押物短损灭失、甲方质权落空导致质押物价值不足质押物最低价值的，承担不足部分的赔偿责任。C 厂、B 公司、A 银行城南支行分别在该《仓单》客户（存货人/出质人）处、保管人处、质权人处签章确认。

C 厂与 B 公司分别签订了《仓单质押物保管和监管协议》《仓库租用合同》，C 厂为存货人和承租人，B 公司为保管人和出租人。B 公司又与 A 银行城南支行签订了《保证合同》，B 公司为保证人，A 银行为债权人，约定：甲方为 C 厂与乙方签订的《流动资金借款合同》提供连带保证责任；保证担保范围为本金 1900 万元及利息（包括复利和罚息）以及乙方为实现债权而发生的一切费用等；保证期间为主合同项下的债务履行期满之日后两年止及其他事项。又向 A 银行城南支行出具《法人（股东）承诺书》，甲、乙承诺对 C 厂的前述借款 1900 万元承担无限连带偿还责任。

上述合同签订后，A 银行城南支行按约向 C 厂发放了 1900 万元贷款，C 厂已归还借款本金 100 万元以及截至 2015 年 4 月 16 日的借款利息。

因 C 厂未再归还贷款，A 银行遂作为原告，向一审法院起诉请求："一、依法确认我行与 C 厂签订的《流动资金借款合同》合法有效，责令 C 厂偿还借款本金 1800 万元及从 2015 年 4 月 16 日起截止执行终结止的利息、罚息、复利；二、确认我行与 C 厂签订的《权利质押合同》合法有效，我行有权就质押物优先受偿；三、确认我行与 B 公司签订的《仓单质押物监管合作协议》合法有效，该公司对约定仓单质押物短损灭失或不能提货时对我行承担赔偿责任；四、确认我行与 B 公司签订的《保证合同》合法有效，该公司对本债务承担连带清偿责任；五、确认甲、乙出具给我行的《法人（股东）承诺书》合法有效，甲、乙对上述债务承担无限连带担保责任；六、由 C 厂、B 公司、甲、乙共同连带承担本案诉讼费用。"

我方当事人 D 库作为该涉案六罐菜籽油的所有权人，有独立请求权，申请作为第三人参加诉讼。诉讼请求如下：

"一、存放于油脂厂 7、9、10、11、12、13 号罐的菜籽油系我方当事人 D 库租罐临储的国家政策性粮油，该六罐油的所有权归属于 D 库，依法应驳回原告对该六罐油的相关诉讼请求。二、A 银行的质押权不成立，依法应驳回其相关诉讼请求。"

一审判决后，质押权人 A 银行不服，提起上诉。

二审期间，D 库的答辩意见是："一审判决认定事实清楚，适用法律正确，依法应予维持。A 银行与 B 公司在本案中不能举证明确案涉《仓单》及《权利质押合同》的质押物（菜籽油）所指存储罐号，而且案涉《仓单》的真实性还存在疑问。本案在一审开庭前，我方与一审合议庭曾就案涉《仓单》及《权利质押合同》的质押物（菜籽油）进行确认，但 A 银行与 B 公司未能指出具体存储的油罐号。实际上，现存放在 C 厂内的 7、9、10、11、12、13 号罐菜籽油属我方所有，且我方早已在前述油罐上标注'××总公司及 LC 标志'。因此，一审判决认定案涉《权利质押合同》不具备合同成立要件既属适用法律正确，也与客观事实相符，为保护国有资产不流失，保障国家储备粮油的安全性，应依法驳回 A 银行对案涉六罐菜籽油主张优先受偿的诉讼请求。"

 【法院裁判】

诉讼中，经审理法院对本案所涉及的法律关系释明后，原告 A 银行坚持在本案中的诉讼请求，审理法院认为：

第一，本案为金融借款合同纠纷案，案涉《流动资金借款合同》系当事人的真实意思表示，不违反法律法规的强制性规定，合法有效。A 银行城南支行按约向 C 厂发放了 1900 万元贷款，C 厂仅归还借款本金 100 万元以及截至 2015 年 4 月 16 日的借款利息，已构成违约，对于借款本金及逾期罚息、复利按照《流动资金借款合同》的约定履行。

第二，针对《仓单》《权利质押合同》以及《仓单质押物监管合作协议》是否有效，进而 A 银行是否对案涉《仓单》记载的仓储物享有优先受偿权的问题。

一审法院认为，仓单是一种权利凭证，仓单上所记载的事项应当符合《中华人民共和国合同法》第 386 条、第 387 条的规定，否则无效。具体到本案中的《仓单》，虽经 A 银行城南支行、C 厂、B 公司三方共同签章确认，但不符合上诉法律规定的要式，导致该《仓单》记载的仓储物并不明确和确定，且无任何证据证明《仓单》记载的仓储物系 B 公司实际控制和监管，故该《仓单》不产生作为权利凭证的效力。因此，案涉《权利质押合同》因质押标的不能明晰和确定，缺乏合同成立的必备要件，A 银行诉请就《权利质押合同》约定的质押物优先受偿缺乏事实和法律依据，不予支持。

案涉《仓单质押物监管合作协议》是以《权利质押合同》为基础产生的，如前所述，本案质押标的不能明晰和确定，导致相关合同缺乏成立的必备要件，故 A 银行所提 B 公司基于《仓单质押物监管合作协议》在本案中承担违约责任的诉请缺乏依据，不予支持。

针对仓单效力的争议焦点，二审法院认为：案涉《仓单》上载明的内容为：仓储货物为菜籽油 4060 吨、价值 3808.28 万元，5 升装味满天下菜籽油 2018 瓶、价值 13.2179 万元，合计金额 3821.4979 万元；该《仓单》及其项下的货物系 C 厂合法所有，B 公司享有对此《仓单》下货物的控制权、管理权和扣押权以及有效期限。而 C 厂作为存货人、B 公司作为保管人均在《仓单》上签章确认，故该《仓单》系存货人 C 厂与保管人 B 公司之间的真实意思表示，且已按法律规定记明了仓储物的品种、数量、存货人与保管人的名称等必要事项，不违反法律、行政法规的强制性规定，应属合法有效的仓单。

依照《中华人民共和国担保法》第 75 条的规定，仓单可以质押，质押合同自权利凭证交付之日起生效，出质人 C 厂与质权人 A 银行签订的《权利质押合同》自仓单交付之日即生效。《仓单质押物监管合作协议》是以《仓单》《权利质押合同》为基础并基于当事人之间的真实意思表示所订立的，未违反相关法律、行政法规的规定，该《协议》对合同当事人具有约束力。

所以，对于质押权的效力认定，二审法院指出：根据有效的《仓单质押物监管合作协议》的约定，B 公司有监管的义务，A 银行不能提取《仓单》项下货物的责任应由 B 公司承担。现有证据亦不足以证明《仓单》《权利质押合同》所列明的货物置于 B 公司保管，也无法证明 C 厂现存油即为《仓单》项下的仓储物，因此，A 银行所提其有权就质押物优先受偿的诉请客观上不能实现，法院不予支持。

第三，B 公司是否应就本案债务承担连带清偿责任。

一、二审法院均认为，B 公司与 A 银行城南支行签订的《保证合同》并未违反法律法规的强制性规定，约定内容明确具体，应视为当事人的真实意思表示，合法有效，B 公司应依约对 C 厂在本案中的债务承担连带清偿责任。

综上所述，经该一审法院审判委员会讨论决定，依照《中华人民共和国合同法》第 8 条、第 60 条第 1 款、第 207 条、第 386 条、第 387 条、《中华人民共和国担保法》第 21 条、《最高人民法院关于适用〈中华人民共和国民事诉讼法〉的解释》第 90 条之规定，判决如下：

"一、由 C 厂于判决生效后 10 日内归还 A 银行借款本金 1800 万元，并偿付自 2015 年 4 月 17 日起至判决确定的履行期届满之日止逾期罚息以及自 2015 年 4 月 18 日起至判决确定的履行期届满之日止的复利（其中，逾期罚息，以借款本金 1800 万元为基数，利率按合同约定的罚息利率即月利率 9.02‰ 再加收 50% 确定；复利以未偿付的逾期罚息为基数，利率按合同约定前述逾期罚息利率确定）；

"二、B 公司对前述第一项债务承担连带清偿责任；

"三、甲、乙对前述第一项债务承担连带清偿责任；

"四、驳回 A 银行的其余诉讼请求。案件受理费 129 800 元，由 C 厂、B 公司、甲、乙共同负担。"

二审法院，依照《中华人民共和国合同法》第 44 条第 1 款、第 382 条、第 386 条、第 387 条、第 394 条、《中华人民共和国担保法》第 75 条第（一）项、第 76 条、《中华人民共和国民事诉讼法》（2012 年修正）第 170 条第 1 款第 2 项的规定，判决如下：

"一、维持一审法院作出的［2015］兴民初字第 107 号民事判决第一项、第二项、第三项；

"二、确认 B 公司向 C 厂出具的 RX0000059 号《仓单》、A 银行与 C 厂于 2014 年 4 月 18 日签订的《权利质押合同》、A 银行、C 厂与 B 公司于 2014 年 4 月 18 日签订的《仓单质押物监管合作协议》有效；

"三、驳回 A 银行的其他诉讼请求。一审案件受理费 129 800 元，二审案件受理费 259 600 元，共计 389 400 元，由 C 厂、B 公司、甲、乙共同负担。"

 【律师意见】

案涉六罐菜籽油为我方当事人所有，A 银行无权对该六罐菜籽油主张优先受偿的权利。

（1）我方当事人与 C 厂签订的《油菜籽委托加工协议》委托 C 厂收购油菜籽进行加工，与《国家临时储备油租罐储存合同》将菜籽油存放于 C 厂，租用的罐号分别为 7、9、10、11、12、13 号罐，并在装罐后进行油权公示，且我方早已在前述油罐上标注"××总公司及 LC 标志"。还有 C 厂法定代表人甲及其员工乙的陈述，以及 C 厂出具的证明，都说明了该六罐菜籽油为我方当事人所有。

（2）A 银行、C 厂、B 公司的双方、三方协议、《仓单质押物监管合作协议》《权利质押合同》及其相关附件均约定：C 厂用于出质的质押物应为 C 厂合法所有的货物，需要合同、发票、货运单等作为拥有所有权的证明。根据我国《担保法》的规定，质押物应明确具体，显然在本案中，质押物不能从《仓单质押物监管合作协议》《权利质押合同》及其相关附件中得到确定，虽然该两份协议约定：明确质押物的品名、数量、外包装和货位等，但未能具体明确抵押物。A 银行与 B 公司在本案中不能举证明确案涉《仓单》及《权利质押合同》的质押物（菜籽油）所指存储罐号，该《仓单》的真实性还存在疑问。我方与一审合议庭曾就案涉《仓单》及《权利质押合同》的质押物（菜籽油）进行确认，但 A 银行与 B 公司未能指出具体存储的油罐号。

（3）本案中，仓单本身及其体现的事实之真实性存在与客观实际不相符的情形。A 银行与 C 厂的借款合同、权利质押合同等签订于 2014 年 4 月 18 日，而 B 公司对质押物的验收时间却为 2014 年 2 月 22 日。在 A 银行与 C 厂未对质押物作出明确约定时，B 公司便已知晓具体质押物且先行对质押物进行验收，这不符合实际逻辑。另，该验收单及仓单显示的 C 厂菜籽油库存数量为："1. 菜籽油，4060 吨。"此时 C 厂的菜籽油库存数量远不止此，庭审核实 C 厂正在使用的罐有 16 个，而仅 D 库六个罐的油量便多于 8000 吨。故，《仓单》及相关合同的真实性存在问题。在《仓单》真实性存疑的前提下，B 公司对附属于《仓单》的货物之保管和监管更是形式。

 【承办律师】

王勇前，贵州黔坤律师事务所副主任，主攻建筑工程、房地产开发、矿产资源方面的法律纠纷。

罗伶俐，贵州黔坤律师事务所专职律师，业务擅长领域建筑工程纠纷、刑事纠纷。

 【法律适用评析】

综观一审和二审判决的区别，在于对仓单效力的事实确认。一审以仓储物不能明确和确定为由，认为仓单缺乏必要记载事项而无效。二审法院则认为涉案仓单已按法律规定记明了仓储物的品种、数量、存货人与保管人的名称等必要事项，不违反法律、行政法规的强制性规定，应属合法有效的仓单。虽然两审法院对仓单效力的事实认定结论不同，但在实体判决结果上却是一致的。

一、仓单的效力认定

法律规定的仓单应记载事项是否均为绝对应记载事项，即缺少其中的任何一项是否使仓单无效？对这一问题不管是实务界还是学术界，都有不一样的理解。《合同法》第 386 条规定："保管人应当在仓单上签字或者盖章。仓单包括下列事项：（一）存货人的名称或者姓名和住所；（二）仓储物的品种、数量、质量、包装、件数和标记；（三）仓储物的损耗标准；（四）储存场所；（五）储存期间；（六）仓储费；（七）仓储物已经办理保险的，其保险金额、期间以及保险人的名称；（八）填发人、填发地和填发日期。"

我国学者对《合同法》规定的仓单的应记载事项，理解不尽相同。有学者认为，《合同法》所规定的仓单记载事项应为指导性事项而非法定必要事项。所以，只要仓单缺乏的事项不足以影响权利义务的确定和仓储的一致性，就应认定为无效，反之，应认定为有效。有理论研究指出，仓单的绝对必要记载事项，应明确为法律规定中的一部分内容，包括五项：存货人的名称和住所，仓储物的品种、数量、质量、包装、件数和标记，储存场所，仓储费，填发人、填发地和填发日期。[1]也有学者认为，在《合同法》所规定的仓单记载事项中，以下四项为绝对必要记载事项：存货人的名称和住所，仓储物的品种、数量、质量、包装、件数和标记，储存场所，填发人、填发地和填发日期。只要是绝对必要记载事项，若欠缺记载，则仓单不发生效力；对于相对必要记载事项，若欠缺记载，则可依《合同法》的有关规定予以处理。[2]

最高人民法院曾经发布《关于审理仓储合同纠纷案件适用法律问题的解释（征求意见稿）》，其中第5项规定，欠缺绝对必要记载事项的仓单是无效仓单，绝对必要记载事项包括存货人姓名、仓储物的品种、数量、存储场所、仓单出具人。其他的都为相对记载事项，不影响仓单的效力。本案中，二审法院实际就认可仓单只要按法律规定记明了仓储物的品种、数量、存货人与保管人的名称等必要事项，不违反法律、行政法规的强制性规定，就应属合法有效的仓单。

二、仓单质押的效力认定

根据我国《物权法》第210条、第212条的规定，仓单质押（质权）的设立以权利凭证交付为条件，具体到本案就是仓单的交付质权成立。但本案的核心问题在于，质押物是仓单作为物权凭证的物权效力，所以生效的质押并非动产质押而是权利质押。针对个案中"物与权利不一致"的事实，两审

---

〔1〕 王文林：《保管合同、仓储合同》，法律出版社1999年版，第137页。
〔2〕 房绍坤："仓单若干问题探讨"，载《求是学刊》2002年第1期。

法院给出了不同的法律定性结论。

根据第三人 D 库提交的证据显示，A 银行与 C 厂的借款合同、权利质押合同等签订于 2014 年 4 月 18 日，而 B 公司对质押物的验收时间却为 2014 年 2 月 22 日。在 A 银行与 C 厂未对质押物作出明确约定时，B 公司便已知晓具体质押物且先行对质押物进行验收并设定权利质押，这不符合逻辑。另，该验收单及仓单显示的油脂厂菜籽油库存数量为："1. 菜籽油，4060 吨。"此时油脂厂的菜籽油库存数量远不止此，经庭审核实 C 厂正在使用的罐有 16 个，而仅 D 库六个罐的油量便多于 8000 吨。故，仓单及相关质押合同的真实性存疑。

针对本案仓单之对应物无法确定的个案事实，一审法院根据"物无法确定权利亦不生效"的逻辑，认为仓单无效。而二审法院在认定仓单符合必要记载事项的情况下生效，且根据 B 公司出具的《质押物验收单》《质押物最低价值通知书（回执）》及《仓单质押复查及出质通知/确认书》等证据认为 B 公司已对仓储物进行验收监管。这说明抵押物已经实际在 B 公司的控制及管理之下，B 公司对抵押物有保管义务。

只不过，二审法院虽然认可了仓单效力，但对上诉人银行所主张的质押权效力，仍未予支持。二审法院认为，根据协议的约定，B 公司有监管的义务，A 银行不能提取仓单项下货物的责任应由 B 公司承担。现有证据亦不足以证明《仓单》《权利质押合同》所列明的货物置于 B 公司保管，也无法证明 C 厂现存油即为《仓单》项下的仓储物，因此，A 银行主张有权就质押物优先受偿的诉请客观上不能实现。

理论上，从仓单的法律定义和相关法规标准来看，《仓单要素与格式规范》的定义和《合同法》关于仓单的相关规定基本一致。根据国家标准《仓单要素与格式规范》（GB/T30332-2013）的定义，仓单是"仓储保管人在与存货人签订仓储保管合同的基础上，按照行业惯例，以表面审查、外观查验为一般原则，对存货人交付的仓储物品进行验收之后出具的权利凭证"。根据《合同法》第 385 条和第 387 条的规定，存货人交付仓储物的，仓储保管人应当给付仓单。

在法律性质上，仓单作为物权凭证，是仓储保管人对存货人交付的仓储物进行验收后出具的，仓储保管人对其出具的仓单负有见单兑付的责任，是提取仓储物的凭证。根据《合同法》第 387 条的规定，存货人或仓单持有人可以背书转让提取仓储物的权利,《物权法》第 223 条和《担保法》第 75 条也明确规定仓单可以出质,仓单的背书转让亦代表了仓储物所有权的转移。所以,仓单是一种有价证券,是物权证券。

仓单质押作为权利质押,能实现有融资需要的仓储物所有权人、金融机构和仓储企业的三方"共赢"。这样既盘活了仓储物的资产价值,也化解了金融机构的资金风险,还为仓储企业提供了拓展增值业务的机会。三方的基本权利义务:基于仓单物权证券的性质,仓单的合法持有人有权主张其作为仓单项下仓储物的所有权人,依法有权提取、转让和出质。银行等金融机构作为仓单出质的质权人,有权就仓单项下的仓储物主张担保优先受偿权。对于仓储企业来说,在仓单权利质押期间,未经质权人书面同意,不得向出质人放货,在债务人无法偿还借款时,银行可行使质权。

不过,实务中仓单质押最重要也是最难的部分不是法律规定,而是要有让所涉及的各方能够接受一张纸质仓单或更虚拟的电子仓单,即探讨仓单的商业信用基础,仓单质押本质上是商业信用。商业信用是否可靠,事关仓单质押权人的权利保障,需要进一步探讨油权质押的风险和防范。

三、实务中油权质押的法律风险及其防范

一旦仓储物无法特定化,物权显然不能成立,那作为物权凭证的仓单势必成为无本之木,更遑论以仓单为权利质押的担保权人优先受偿权的实现。所以,仓单权利质押的风险,既包括物权风险,也包括客户信用风险。

(一) 临储油油权风险及其防范

临储油油权风险,主要发生在物的仓储保管环节。依据《合同法》的规定,保管人应当按照约定切实履行货物验收义务,并根据验收结果出具仓单,保证初始状态下的单货相符。而实务中油权的标的物未特定化的风险,主要有三类:

第一是,混同。一般油厂既有代为储存的储备油,也有其自己经营的油品。所以,如果仓储管理措施不到位,容易引起混同,分不清储备油与自己经营的油。混同往往是引发纠纷和进一步风险的诱因。

第二是,质押。一是将储备油直接质押给债权人(主要是银行);二是把储备油混杂在其自有油品中质押给银行;三是蒙混银行,不指明质押的范围

向银行贷款，给储备油存储人带来法律上的权属争议。

第三是，偷盗。如安暗管或改造罐体影响测量。

对应的风险防范措施也有三个，一是进行油权公示。在油罐显眼位置、进行醒目标识。二是必要时进行油权公证。如直属库可与公证机构沟通，咨询相关公证的程序、收费、要求等。三是实时动态的监控。如专人驻库，明确职责，经常打尺测量，一有异常及时采取措施。特别是遇有其他人来考察、参观时要特别小心。

（二）接受油权质押的银行风险及其防范

第一，贷款对象选择的风险。结合本案来看，其一，C厂。其老板周某一开始做的业务挺大，涉及面很宽，在当地有较大影响，在本次贷款之前，银行也曾几次贷款给该厂。结果本次贷款疏于风险防范，其实这个时候周某因为盲目扩张，多方借贷，涉及民间借贷资金很大，已对地方金融稳定造成一定影响。其二，担保主体，B公司并无实力担保2000万的债务。一旦债务人不能归还债务，担保人没有能力承担担保责任。

第二，贷款审核的风险。当然，在前期贷款风险失察未得到有效控制的情况下，就只有依靠质押优先受偿权，来保障贷款收回。而质押本身又未严格审查，引发案外第三人主张所有权，导致无法实现抵押权。

CHAPTER 4

第四章

侵权责任

第一节　医疗损害责任的构成要件及举证责任

　　承担医疗损害责任的构成要件是什么？举证责任如何分配？医方如何抗辩不存在不当诊疗行为？

【法律服务】

　　代理人接受二审被上诉人（一审被告）医方委托代理诉讼，并用充分的证据证明：首先，被上诉人的就诊行为完全符合法律规定，不存在过错。其次，本案不具备鉴定条件，过错证明不能的责任应由上诉方承担。最终，二审法院采纳代理意见，认定由上诉人承担鉴定不能以及关于医方就诊过错举证不能的不利后果，判决驳回上诉。

【基本案情】

　　死者A（终年76岁，且去世前患有多种疾病）与B系夫妻关系，C、D、E、F系死者A之子。2015年3月6日，A因摔伤引发间歇性发热及多种疾病，在未见好转的情况下，于3月24日转入甲院（二审被上诉人、原审被告）急诊内科治疗。经过甲院一个月的治疗，A的身体状况已达出院标准。但在4月27日，患者A病情突然恶化，被护士发现其血氧饱和度低。甲院在患者家属同意的情况下遂对A采取了口腔气管插管等救治措施，并载录于抢救护理记录。经插管后患者A脱机，后转入甲院EICU。经过4天插管，A仍不能自己咳痰，无法依靠人工吸痰进行根治。由于没有其他的治疗措施，医生告知患者家属本院没有其余科室收治A。故5月8日，在甲院对A进行第二次口腔气管插管后，患者家属放弃治疗，并于5月9日为A办理了出院手续。A于当晚在家中去世，由于插管导致失声，A未留下任何话语。在A死亡后，患者家属对A并未进行尸体解剖检验。

B、C、D、E、F认为甲院的医务人员对A出现的血氧饱和度低的诊疗救治过程以及有创口腔气管的救治措施插管违反了医疗规程，存在过错；在A的病情恶化后，甲院没有采取任何积极的补救措施医治病人，造成A死亡。甲院在对A的治疗中未尽到注意义务和全面告知义务，违背了患者的意愿强行暴力气管插管，侵犯患者以及近亲属拒绝气管插管的权利，由此导致对A的生命健康权造成了严重侵害。患者家属方认为甲院对A的行为构成了医疗侵权，甲院对A的死亡需要承担侵权责任。甲院认为其就诊行为符合法律规定，其对于A的插管抢救已经过患者家属的同意，不存在任何过错，甲院无需对A的死亡承担责任。患者家属与甲院关于"甲院对A的诊疗行为是否存在过错，甲院对于A的死亡是否需要承担责任"产生争议。在争议发生后，患者家属曾向重庆市法医学会申请过错鉴定，但因费用过高而放弃，遂未对"甲院的诊疗行为是否存在过错"进行鉴定。

B、C、D、E、F作为原告方递向法院起诉，请求：①认定甲院在对受害者A的治疗、救治过程中存在严重的医疗过错。依法判令甲院承担A死亡伤害的各项医疗损害赔偿共计458 991.9元；②由甲院承担本案的全部诉讼费用；③由甲院承担原告因诉讼所产生的误工费、交通费、住宿费。

2016年3月18日，一审法院对外委托办公室出具《无法鉴定函》，认为本案不具备鉴定条件，将案件退回。另查明，B、D、E、F向二审法院提交声明书，表示放弃与甲院医疗责任纠纷的上诉，由C单独上诉，如若胜诉，保证不会因继承权问题而产生任何纠纷。

【法院裁判】

诉讼中，法院经审理对本案所涉及的法律关系进行释明后，原告坚持其在本案中的诉讼请求。经当事人陈述及相关书证等证据在案佐证，法院认为：

关于本案的纠纷性质。从原告的诉请"甲院的救治过程存在过错""甲院承担对于A的医疗损害赔偿"来看，一、二审法院均认为本案应定性为医疗损害责任纠纷。

对于本案，根据原告主张甲院的诊疗行为存在过错的诉讼请求，审判法院对于甲院的诊疗行为以及医疗责任分别作出如下认定：

首先，对于医方诊疗行为是否存在过错的问题。

一审法院认为：本案中原告主张甲院对于A的诊疗行为存在过错，需要对甲院诊疗行为中存在的不当行为进行举证。原告主张甲院未履行注意义务和充分说明义务，违背患者意愿进行暴力气管插管，侵犯了患者的选择权和知情权。而甲院实施口腔气管插管的行为是经过患者 A 亲属同意的，有同意书可以作证，且 A 在第一次插管后脱机，说明插管抢救产生了积极有效的作用，不存在过错。

二审法院认为：医疗活动具有较强的专业性。在医疗损害中，确定造成一般损害的各种原因力需要较强的专业技术，只通过一般的常识很难进行判断。本案中的上诉人主张甲院对 A 在诊疗救治过程中存在严重的医疗损害过错，其理由为上诉人的常识性判断。第一，上诉人主张医院未尽到告知义务。患者的病情需要以病历为准，通过病历以及记录可知，甲院实施的诊疗行为已事先经过上诉人的同意。由此可知，甲院在诊疗中已然告知了上诉方相关事项。第二，原告主张甲院在医疗损害发生后，没有采取任何积极的补救措施医治病人，导致患者死亡。对此，甲院提供了一份气管插管抢救护理的记录表。对于气管插管的问题，甲院提供了证据证明患者 A 有插管的指征，并有病历记录。甲院在 A 家属签署同意书的情况下，对 A 实施了口腔气管插管，在插管后 A 脱机。由此可见，甲院在 A 病情恶化的情况下，积极地采取了补救的措施。第三，原告主张甲院违反诊疗常规，救治不力，盲目用药。甲院对 A 的诊疗以及用药完全按照患者的病情，不存在用药不规范的情形。且由于本案未进行相应的过错鉴定，不能直接推定甲院的行为具有过错。因此，甲院对 A 实施的诊疗行为并未违反相关的法律法规，其行为不具有过错。

其次，对于甲院的诊疗行为与 A 死亡之间是否具有因果关系的问题。

一审法院认为：根据被告的答辩即根据专业人士给出的鉴定意见，证明患者的死亡与其年龄及多种基础性疾病有关，与被告的诊疗行为无因果关系。故本案死者的死亡与甲院的诊疗行为不具有直接因果关系。

二审法院认为：第一，医疗活动具有专业性特点。对于医疗过错以及医疗过错与损害后果之间因果关系的判断，二审法院认为一般应遵循医学原理和医疗科学技术规范，由有资质的鉴定机构从医学专业的角度进行客观、科学、合理的分析论证。由于本案中未进行相应的过错鉴定，故无法直接证明甲院的诊疗行为与 A 的死亡之间存在因果关系。第二，本案中的死者 A 在生前即患有多种疾病。A 系自行出院后且在家中去世。去世后未做尸体解剖检验，死亡原因不能明确。但 A 在甲院经过一个月时间的就诊已达到出院的标准，其后出现的死亡显然与之前甲院的诊疗行为不具有直接因果关系。因此不能认为医方的诊疗行为与 A 的死亡之间具有因果关系。

再者，对于举证责任的归责和认定问题。

一审法院认为：第一，医疗损害责任的成立要求医方必须存在医疗过错，否则将难以对医方进行归责。本案患者家属主张甲院的诊疗行为存在过错，应当由其承担举证证明责任。第二，《最高人民法院关于民事诉讼证据的若干规定》（2008 年调整，已被修改）第 25 条第 2 款规定："对需要鉴定的事项负有举证责任的当事人，在人民法院指定的期限内无正当理由不提出鉴定申请或者不预交鉴定费用或者拒不提供相关材料，致使对案件争议的事实无法通过鉴定结论予以认定的，应当对该事实承担举证不能的法律后果。"第三，根据《中华人民共和国民事诉讼法》（2012 年修正）第 64 条第 1 款的规定，当事人对自己提出的主张，有责任提供证据证明；以及《最高人民法院关于民事诉讼证据的若干规定》第 2 条第 2 款规定："没有证据或者证据不足以证明当事人的事实主张的，由负有举证责任的当事人承担不利后果。"在本案中，涉及对死者 A 的尸检以及过错鉴定，由于患者家属放弃鉴定，导致本案鉴定不能。因此，一审法院认为原告需要承担鉴定不能以及相应的举证不能的不利后果。

二审法院认为：第一，根据《中华人民共和国民事诉讼法》第 64 条第 1 款的规定："当事人对自己提出的主张，有责任提供证据证明。"本案属于医疗责任损害赔偿纠纷，由主张存在过错方（即上诉方）承担证明责任，即应由上诉人举证证明甲院的诊疗行为存在过错及该过错与患者损害后果之间存在因果关系。第二，由于医疗活动具有较强的专业性，一般需要由有资质的鉴定机构从医学专业的角度进行客观、科学、合理的分析论证，从而作出具有法律认证效力的医疗过错司法鉴定意见。上诉人作为举证方应当积极协助鉴定程序的进行。本案中，由于死者未做尸体解剖检验，死亡原因不明确，导致在原审中多家鉴定机构根据现有材料无法对医方"是否存在医疗过错""若存在医疗过错那么医疗过错与死亡后果之间是否存在因果关系以及参与度"进行鉴定，即鉴定条件不具备，以及鉴定机构作出的鉴定结论能否采纳产生分歧。根据《中华人民共和国侵权责任法》的规定，上诉人应当承担举证不能的责任。此外，上诉人未按照鉴定机构的要求预交鉴定费用，导致鉴定无法作出。《最高人民法院关于民事诉讼证据的若干规定》第 25 条规定：

"对需要鉴定的事项负有举证责任的当事人，在人民法院指定的期限内无正当理由不提出鉴定申请或者不预交鉴定费用或者拒不提供相关材料，致使对案件争议的事实无法通过鉴定结论予以认定的，应当对该事实承担举证不能的法律后果。"可见，上诉人自身对此应承担相应的责任。因此，《最高人民法院关于民事诉讼证据的若干规定》第 2 条第 2 款规定："没有证据或者证据不足以证明当事人的事实主张的，由负有举证责任的当事人承担不利后果。"上诉人需要承担鉴定不能以及举证不能的不利后果，即不可推定甲院对 A 的死亡存在过错。

最后，审理法院均认为，甲院行为不存在过错，故不可推定其主观上具有过错。甲院对 A 的诊疗行为符合法律的规定，A 死亡的结果与甲院的诊疗行为不具有直接的因果关系。故根据《中华人民共和国侵权责任法》第 54 条的规定，甲院以及医疗人员的行为不具有过错，故不需要对 A 的死亡承担医疗损害责任。

综上所述，一审法院依据《中华人民共和国侵权责任法》第 54 条、《最高人民法院关于民事诉讼证据的若干规定》第 25 条、《中华人民共和国民事诉讼法》第 64 条第 1 款、《最高人民法院关于民事诉讼证据的若干规定》第 2 条第 2 款的规定，判决驳回原告的诉讼请求。二审法院依照《中华人民共和国民事诉讼法》第 170 条第 1 款第（一）项之规定，判决："驳回上诉，维持原判。"

【律师意见】

甲院的诊疗行为不存在过错，与 A 的死亡不具有因果关系，不需要承担相应的责任。

第一，根据《侵权责任法》第 54 条以及《最高人民法院关于民事诉讼证据的若干规定》第 25 条、《民事诉讼法》第 64 条第 1 款的规定，本案由患者家属方承担侵权责任的证明责任。

第二，甲院对 A 的诊疗行为并不存在过错。首先，甲院的相应诊疗行为都有病历护理记录证明，其行为并未违反法律法规。其次，对于原告主张甲院未尽到告知义务和注意义务。甲院给患者进行插管是经过患者家属签署同意书后进行的（并有病历记录），且插管后患者脱机。可见甲院在诊疗中已尽到相应的义务。最后，对于原告主张的甲院未尽到对 A 的转科救助义务。A

的咳痰已经无法依靠自己的能力进行，且甲院已告知没有其余科室接收 A。综上，甲院的诊疗行为不存在过错。

第三，A 的死亡与甲院的诊疗行为没有因果关系。首先，患者 A 在生前患有多种疾病，且 A 死于家中，造成 A 死亡的原因具有不确定性。其次，本案中无过错鉴定，其导致的因果关系不能得到司法证明。因此，不可推定 A 的死亡与甲院的诊疗行为具有因果关系。

第四，对于本案鉴定不能的过错，应当归因于患者家属方。尸检鉴定对于认定医方的过错有证明作用。基于本案中患者家属未对 A 的尸体进行检验，导致本案中患者的死因无法明确，另患者本身患有多种疾病，且死于家中。因此，根据《最高人民法院关于民事诉讼证据的若干规定》第 25 条、《民事诉讼法》第 64 条第 1 款的规定，本案应当由患者家属方承担举证不能的不利后果。

综上，本案中，甲院主观上不存在过错，其诊疗行为不属于侵权行为，且 A 的死亡与甲的诊疗行为不具有因果关系，甲院无须承担责任。

【承办律师】

吴延馥，贵州黔坤律师事务所专职律师。在债权债务纠纷、合同纠纷、医疗损害责任纠纷等诉讼案件处理方面，经验丰富。

【法律适用评析】

本案系患者死亡导致的医疗损害赔偿责任纠纷。关于个案事实的法律定性，在医疗侵权行为的构成要件上，双方的争议焦点有两个：一是甲院的行为是否存在过错；二是甲院的诊疗行为与 A 的死亡之间是否存在因果关系。

一、医疗损害赔偿责任的构成要件举证及其难点

根据我国学界和实务界普遍认同的举证责任分配规则的"法律要件说"，可以将作为举证对象的要件事实分为权利发生根据要件事实、权利障碍（包括权利妨碍和权利限制）要件事实和权利消灭要件事实；权利主张者对权利及权利根据事实承担举证责任，权利反驳者对权利障碍事实和权利消灭事实承担举证责任。[1]

---

〔1〕 陈明国："论医疗侵权纠纷案件的举证责任"，载《西南政法大学学报》2006 年第 5 期。

实务中，医疗损害赔偿责任的承担，与一般侵权责任相同，是侵权行为引发的法律关系后果，所以需要齐备侵权行为的四个构成要件。具体来说包括：医方在诊疗活动中存在违法行为，患者在就医过程中出现损害后果，医疗机构及其医护人员的违法行为与患者的损害后果之间存在因果关系，医疗机构及其医护人员主观上存在过错。

（1）个案中存在侵害医疗行为的举证责任在患方的情形。患方要达到《侵权责任法》规定的举证要求，就要证明医疗机构确实对患者实施了侵害性的医疗行为。实务普遍认为，医疗行为虽以拯救患者的生命健康为目的，但采用的检查方法、治疗方法和手术方法对身体具有侵入性和损害性，而且对组织器官也会产生一定的损害，也就是说，医疗行为具有侵害性。当然，这里的"侵害性"只是从医疗行为本身的客观特性而言，而不是指损害赔偿后果。因此，实务中，对侵害诊疗行为的举证并不困难，患者只需要证明和医疗机构之间存在医疗服务关系即可。最高人民法院在其指导意见中指出：首先，人民法院在确定举证证明责任分配时具有法定性，即在法律未有特别规定的情况下，主张法律关系存在的当事人应当对产生该法律关系的基本事实承担举证证明责任。其次，患方请求医疗机构承担侵权责任时，对于其与医疗机构之间存在医疗关系负有举证证明责任。存在医疗关系是医疗机构承担民事责任的前提。[1]北京市高级人民法院于2010年发布的《关于印发〈北京市高级人民法院关于审理医疗损害赔偿纠纷案件若干问题的指导意见（试行）〉的通知》第7条规定，在医疗损害赔偿纠纷诉讼中，患者一方应对首先证明其与医疗机构之间存在医疗关系并发生医疗损害。医疗机构应当提交病历及相关资料说明相应的诊疗过程。交费单、挂号单等诊疗凭证及病历、出院证明等证据可以用于证明医疗关系存在。患者一方提供不出上述证据，但有其他证据证明医疗行为存在的，人民法院可以认定存在医疗关系。

就患方的举证而言，一方面，医疗行为客观上具有侵害性，故患方举证侵害医疗行为和损害结果时都较为容易；但另一方面，对此的反驳，医方往往会拿出手术同意书或知情同意等证据，以证明医疗行为属于正当的侵袭性诊疗，从而主张将客观上的医疗侵害在法律定性上认定为正当的诊疗行为。

---

〔1〕 杜万华主编：《〈第八次全国法院民事商事审判工作会议（民事部分）纪要〉理解与适用》，人民法院出版社2017年版，第205页。

所以，患者在举证时不仅应提供证据证明医疗行为对其产生了损害，还应当说明或证明这种损害的不正当性，即对医疗行为的主观过错进行举证。

（2）对过错要件的举证，根据《侵权责任法》的相关规定，需要注意的是特殊规则优先于一般规则的适用。具体来说，举证责任的分配一般由患方举证过错，但在符合《侵权责任法》第58条的情况下，还须由医方对不存在过错进行证明，若证明不能则推定有过错。《侵权责任法》第58条规定："患者有损害，因下列情形之一的，推定医疗机构有过错：（一）违反法律、行政法规、规章以及其他有关诊疗规范的规定；（二）隐匿或者拒绝提供与纠纷有关的病历资料；（三）伪造、篡改或者销毁病历资料。"实务中，对于医方在推定过错中的举证责任，最高人民法院民事审判第一庭的意见是，在实行推定过错的三种情形下，医方的举证责任主要集中在以下两个方面：一方面，证明医疗程序是否符合规范；另一方面，证明病历的正当性。[1]另外，法定情形中有两种情形和病历的真实性与完整性直接相关，足见再现诊疗过程的病历资料的重要性。不过，需要注意的是，即使是适用《侵权责任法》第58条，患方仍然需要证明存在本条规定的三种情形的事实，否则也不能发生举证责任的转移。

由医方负担举证责任，除推定过错情形之外，还有主张适用免责的情形。《侵权责任法》第60条规定："患者有损害，因下列情形之一的，医疗机构不承担赔偿责任：（一）患者或者其近亲属不配合医疗机构进行符合诊疗规范的诊疗；（二）医务人员在抢救生命垂危的患者等紧急情况下已经尽到合理诊疗义务；（三）限于当时的医疗水平难以诊疗。前款第一项情形中，医疗机构及其医务人员也有过错的，应当承担相应的赔偿责任。"

总结司法实务，过错是举证的难点。在确定医方过错时，人民法院并不是简单适用"谁主张，谁举证"的一般规则，而应依据《侵权责任法》第55条、第58条和第60条的规定综合认定医方是否存在过错。[2]

（3）患方对因果关系要件的举证。因果关系是成立侵权损害赔偿责任不可或缺的要件。医疗机构只在过错医疗行为与损害后果之间存在因果关系的

---

〔1〕 参见最高人民法院民事审判第一庭编著：《民事审判前沿》（第1辑），人民法院出版社2014年版。

〔2〕 人民法院出版社编：《最高人民法院司法观点集成：民事卷》（第3版），人民法院出版社2017年版，第757页。

情况下，才就医疗机构及其医务人员的过错诊疗行为负损害赔偿责任。学界对于确定医疗损害责任因果关系要件的规则研究，提出了直接原因规则、相当因果关系规则、推定因果关系规则三种学说。[1]其中，相当因果关系说是大陆法系的通说，并在医疗纠纷审判实务中得以广泛运用。医疗损害的发生往往表现为多因一果，过错医疗行为只是其中的原因之一。是否符合相当性之要求，实质上是"一个可能性的判断过程"。这种可能性表现为增加了损害发生的概率，也可以表现为减少了损害得以避免的机会。[2]

（4）医疗损害专业鉴定的诉讼意义。由于因果关系和过错两项内容具有非常强的专业性、科学性和隐蔽性，因而在司法实务中对于这两项内容的认定往往需要借助于专业鉴定结论来确定。也就是说，一般审判机关不能直接依据医患双方列举的证据来判断医疗过错和因果关系，即使在个案中医患双方已就过错和因果关系提供了证据证明。但由于医疗损害的专业性、科学性和隐蔽性，法官未必能从当事人所提交的证据中解读出医疗过错和因果关系，仍较难形成可以下判的心证。在这样的情况下，人民法院的做法是寻求第三方法定鉴定机构的解读。所以，医疗损害专业鉴定有利于法官就医学的专业事实形成心证。

将医疗损害专业鉴定服务于审判，根据《侵权责任法》的规定以及审判经验的总结，概括起来，医疗纠纷案件中委托鉴定的专门性问题主要是指如下情形：①诊疗行为是否违反法律、行政法规、规章以及其他有关诊疗规范的规定。②医疗人员在诊疗活动中是否尽到与当时医疗水平相应的诊疗义务，并对当时合理医疗水平的判断依据予以说明。③是否出现了需要抢救生命垂危的患者等紧急情况。④义务人员在抢救垂危的患者等紧急情况下是否已经尽到合理诊疗义务。⑤是否因药品、消毒药剂、医疗器械的缺陷，或者输入不合格的血液造成患者损害。⑥是否限于当时的医疗水平难以诊疗。⑦诊疗过程行为与损害后果是否存在事实上的因果关系。损害后果涉及多种原因时，对诊疗行为在损害后果的产生过程中的原因力进行分析。而且法院在委托鉴定时，应对医患双方争议的具体问题加以特别说明，要求鉴定机构给出分析

---

〔1〕　杨立新："医疗损害责任构成要件的具体判断"，载《法律适用》2012年第4期。

〔2〕　官健："医疗损害责任纠纷的审判理念、思路与模式"，载最高人民法院民事审判第一庭编：《民事审判指导与参考》（2014年卷），人民法院出版社2018年版，第206页。

意见。[1]

综上，关于医疗损害案件的举证责任问题。《最高人民法院关于审理医疗损害责任纠纷案件适用法律若干问题的解释》第4条规定："患者依据侵权责任法第五十四条规定主张医疗机构承担赔偿责任的，应当提交到该医疗机构就诊、受到损害的证据。患者无法提交医疗机构及其医务人员有过错、诊疗行为与损害之间具有因果关系的证据，依法提出医疗损害鉴定申请的，人民法院应予准许。医疗机构主张不承担责任的，应当就侵权责任法第六十条第一款规定情形等抗辩事由承担举证证明责任。"最高人民法院2011年的相关会议纪要对举证证明责任分配问题也作出了比较详细的规定。

二、本案的诉讼代理

对医方的成功代理，主要表现在以下几点：

（1）辩方在主张其观点即医疗行为无过错、具有正当性时，注重用"理""据"来说服法官。对于个案事实中的紧急医疗措施之气管插管救治的医疗行为，医方没有过错，行为是正当的。首先，甲院在无法依靠人工吸痰解决问题的情况下，告知患者家属没有其他科室可以接收A。其次，甲院提交了证据证明患者有适用插管的指征，并有病历记录。最后，甲院对A进行口腔气管插管时已经过家属的同意，有同意书为证。可见，一系列证据说明，医方已尽到相关的说明义务，包括：患者病情、医疗措施；患者进行特殊治疗的医疗风险、替代医疗方案；转诊指示的说明。告知义务的立足点是保护患者利益，以便妥当地在医患双方中划分医疗侵害行为的风险。从法理上讲，医方充分履行告知义务，如果患方同意，意味着医疗行为的客观风险已由患方自愿承担。只要医方认真充分履行了告知义务，即使患方拒绝，也能证明医方无过错。而且，本案中医方的代理人提供了相关的病历记录，说明并未违反相应的法律规定，证明了甲院诊疗行为的合规性，可适用法定免责情形。

（2）对于因果关系的证明，按照时间先后叙事的逻辑排列，有利于说服法官。辩方通过时间先后强调医疗行为的发生过程，将法官带入个案情境：A在生前患有多种疾病，因摔伤入院治疗、达到出院标准后，又出现呼吸困难

---

[1] 人民法院出版社编：《最高人民法院司法观点集成：民事卷》（第3版），人民法院出版社2017年版，第775页。

紧急情况由甲院对 A 进行插管治疗、后患者脱机，而 A 死亡的后果发生在出院回家之后。一般在审判实践中，对隐性损害的因果关系认定是难点。所谓隐性损害的因果关系，即治疗前已有损害，治疗后损害依旧。本案中甲院的诊疗行为，主要是针对 A 身体的摔伤治疗和气管插管救治。根据医方提供的病历记录，足以判断这两个行为并未增加 A 的生命健康的损害概率，故法院认定医疗行为与损害后果之间不存在因果关系。

（3）在初步证据的基础上，医疗责任案件中考虑到过错和因果关系的专业性，医疗鉴定可以帮助法院形成过错认定和因果关系认定的心证。首先是尸检鉴定，尸检对于后期医疗损害鉴定具有较大的影响。《医疗事故处理条例》第 18 条第 3 款规定："……拒绝或者拖延尸检，超过规定时间，影响对死因判定的，由拒绝或者拖延的一方承担责任。"本案中，由于死者未做尸体解剖检验，死亡原因不明确，导致审理中委托的多家鉴定机构根据现有材料无法对医方"是否存在医疗过错""若存在医疗过错那么医疗过错与死亡后果之间是否存在因果关系以及参与度"进行鉴定。其次，《最高人民法院关于民事诉讼证据的若干规定》第 25 条第 2 款规定："对需要鉴定的事项负有举证责任的当事人，在人民法院指定的期限内无正当理由不提出鉴定申请或者不预交鉴定费用或者拒不提供相关材料，致使对案件争议的事实无法通过鉴定结论予以认定的，应当对该事实承担举证不能的法律后果。"可见，本案的患方须承担鉴定不能以及举证不能的不利后果。

总结医疗纠纷的律师实务，一方面，医方可针对侵权赔偿之诉中患方的主张而积极反驳自身诊疗行为的过错以及与患方的死亡之间不具有因果关系。通过提供相关的病历记录、护理记录以及患者的身体状况的记录，证明医方的诊疗行为不存在不符合诊疗规范的情形，而且抢救也已经事先告知患者家属并且取得其同意。同时，诊疗行为取得了积极效果，患者死亡是在家中，不足以认定医院的诊疗行为与死亡后果之间存在因果关系。这也是本案的法律服务获得成功的最大原因。另一方面，由于患方应就医方存在过错和因果关系进行举证，以便于法官对个案事实形成足以下判的心证，所以患方应积极配合医疗鉴定，通过尸检、医疗损害鉴定等手段提供充分的专业证明，合理规避举证不能的败诉风险。

第二节　医疗行为过错的举证责任

医疗行为存在过错的举证责任，如何分配？实务中如何适用篡改、伪造和隐匿病历的医方推定过错情形？

【法律服务】

代理人接受被上诉人（原审被告）医方的委托，用充分的证据证明就诊行为合规；不存在篡改、伪造和隐匿病历的过错推定情形；且本案未进行鉴定的过错应归于上诉人，应当由上诉人承担未鉴定及其所导致的举证不能的不利后果。最终，两审法院采纳代理意见，认定甲院诊疗行为不存在过错，不构成医疗损害赔偿责任。

【基本案情】

死者A（女）与B是夫妻关系，C、D、E系A的子女，其中E系A的长子。2013年1月23日，A因间断性无痛性肉眼血尿两月有余，于2013年1月23日入住甲院泌尿外科，经检查、准备及手术风险告知，在患方（家属）签字同意的情况下，甲院于2月1日对A进行膀胱癌根治术+输尿管腹壁造瘘+子宫切除术。（甲院为A实施的膀胱根治性切除手术属于三级、静吸复合麻醉术属于一级）。手术中A病情危重，经与家属沟通，甲院进行了相应的处理。术后A病情严重，甲院向A家属下发病危通知，后转入重症监护室。A因失血过多于2月2日上午10时死亡。A死后，其家属曾向甲院提出尸检申请。2月4日，A的尸体由其家属送至殡仪馆火化。

在A死后，家属E（系A长子）与甲院于2月2日经协商达成协议，表示自愿放弃尸体解剖、医疗事故技术鉴定或法律诉讼的权利。同时，甲院减免医疗费用63 573.67元，给予A家属一次性经济补偿2000元。

后 A 家属 B、C、D 认为甲院以及相关的责任医生对 A 的诊疗行为存在过错。甲院违反违规、伪造病历（例：2013 年 1 月 29 日病理报告单载明的住院号为 1229753，实际的住院号为 1229735）、欺骗 A 住院，进行器官切除手术，其行为属于故意伤害、危害公共安全、以残忍手段致 A 被残杀，侵犯了 A 的生命健严权，要求甲院对 A 的死亡承担责任。另对于 E 与甲院签订的协议不予认可，认为其无效。

B、C、D 作为原告，以甲院的诊疗行为违法违规为由，向法院提起诉讼，请求：①认定甲院的行为存在过错，依法追究甲院及责任医生以故意伤害、危害公共安全、残忍手段致常规体检的就诊人 A 被残杀夺命辱尸的法律责任；②判令甲院因其医疗侵权损害原告母亲生命健康尊严权等，支付原告医疗费、丧葬费、死亡补偿金、精神损害赔偿金等共计 478.4 万元；③本案诉讼费、律师费、鉴定费、差旅费等由甲院承担。E 书面声明放弃参加诉讼的权利。

审理中，2016 年 4 月 7 日，法院依法向原告询问是否申请对 A 在甲院治疗病历的真实性以及甲院是否存在医疗过错进行鉴定，经法院释明不申请鉴定的不利后果，原告代理人明确回答不申请以上两项鉴定。

【法院裁判】

二审审理查明的事实与原判认定的事实一致。经当事人陈述及相关证据在卷佐证，且经质证，法院认为：

关于本案的纠纷性质。从原告的诉请"甲院违法违规""甲院支付医疗费、丧葬费等"来看，一、二审法院均认为本案应定性为医疗损害责任纠纷。对于原告主张的甲院及其工作人员存在违法犯罪行为，法院认为原告可向公安机关报案，对此不予处理。另 E 与甲院所签订的协议，对于 B、C、D 不发生效力。

（1）对于原告主张甲院的诊疗行为是否存在过错。

一审法院认为：《中华人民共和国侵权责任法》第 54 条规定："患者在诊疗活动中受到损害，医疗机构及其医务人员有过错的，由医疗机构承担赔偿责任。"第 55 条规定，医务人员在诊疗活动中应当向患者说明病情和医疗风险、替代医疗方案等情况，并取得其书面同意；不宜向患者说明的，应当向患者的近亲属说明，并取得其书面同意。医务人员未尽到前款义务，造成患者损害的，医疗机构应当承担赔偿责任。本案中，A 入院后，甲院对 A 进行了相关的检查，甲院对 A 的手术是在 A 家属签署手术同意书的情况下进行的。因此，甲院的行为符合法律的规定，尽到了相应的告知说明义务，其行为不具有过错。

二审法院认为：医疗活动具有较高的专业性，在医疗损害中，确定损害造成的各种原因力技术性很强，只通过一般的常识很难判断。本案中患者家属主张甲院存在误诊误治、术前检查准备不够充分的情况，A 死亡的原因是术中大出血导致重度失血性休克，以及甲院存在过错等属于上诉人的常识性判断。

第一，对于上诉人主张甲院及责任医生存在为谋取超额诊疗费、违法违规操作的行为。甲院自 A 住院开始就对其进行了相关的检查，2 月 1 日的手术也是在 A 的家属签订手术同意书的情况下进行的；手术中 A 病情危重，甲院经与家属沟通，其家属同意手术过程中的处理意见，并在手术意见书上签字。由此可见，甲院对于 A 的诊疗充分地尽到了提前告知的义务。

第二，对于上诉人主张甲院存在篡改、伪造和隐匿病历的情形，即病理报告单住院号为 1229753，与实际住院号 1229735 存在差异。对此甲院解释为输入笔误。由于病历报告单全部为打印内容，不存在篡改痕迹，笔误的解释符合客观实际。《中华人民共和国侵权责任法》第 58 条规定："患者有损害，因下列情形之一的，推定医疗机构有过错：……（三）伪造、篡改或者销毁病历资料。"本案中，甲院输入笔误不属于篡改等行为，故不应推定甲院存在过错。

第三，甲院提供了医疗手术的通知和办法、相关医生以及护士的资格证书，且病历资料中检验报告单、手术记录、入院记录等均有医生、护士签名，足以证明涉案的医务人员具有相应的资质，甲院的诊疗行为符合相关的法律规范，不存在违法违规操作。

第四，本案由于上诉人自身的原因放弃对病历真伪的鉴定，不能推定甲院存在过错。

因此，甲院对 A 的诊疗行为并未违反相应的法律规定，不存在过错。

（2）对于甲院的诊疗行为（手术）与 A 死亡之间是否具有因果关系的问题。

一审法院认为：当事人对自己提出的主张，有责任提供证据。由于原告所提供的证据不能证明甲院存在过错，故不能推定甲院的诊疗行为与 A 的死亡之间存在因果关系。

二审法院认为：第一，医疗活动具有很高的专业性。甲院对 A 的诊疗包括手术符合相关手术管理的通知、办法，且医务人员具有相应的资质，可以认为甲院的就诊行为符合专业性的要求。第二，对于医疗过错以及与损害后果间因果关系的判断，一般应依赖于有资质的鉴定机构从医学专业角度做出合理分析，遵循医学原理和医疗科学技术规范，而作出具有法律认证效力的医疗过错司法鉴定意见。本案中，一审法院就诊疗过错鉴定和病历真伪鉴定均向上诉人询问是否申请鉴定，并告知不申请鉴定所导致的法律后果，上诉人明确答复不申请鉴定。因此，不能推定甲院的诊疗行为与 A 的死亡之间存在因果关系。

（3）对于举证责任的归责和认定问题。

一审法院认为：《中华人民共和国民事诉讼法》（2012 年修正）第 64 条第 1 款规定："当事人对自己提出的主张，有责任提供证据。"《最高人民法院关于民事诉讼证据的若干规定》（2008 年调整，已被修正）第 2 条第 2 款规定："没有证据或者证据不足以证明当事人的事实主张的，由负有举证责任的当事人承担不利后果。"本案中，原告诉请甲院及其医务人员基于在 A 诊疗过程中存在的重大过错赔偿原告各项损失。从现有证据不能证实被告对 A 的诊疗行为存在过错，且由于原告的原因导致未进行医疗过错鉴定，故举证不能的不利后果由原告承担。

二审法院认为：对于上诉人提到的相关记录中时间不符、违规过度检查等问题，由于涉及医疗专业知识，一审法院曾就医疗过错和病历真伪向上诉人询问是否申请相关鉴定，并告知了不申请鉴定所导致的法律后果。上诉人放弃鉴定，故应当由其自行承担相应的法律后果。即上诉人认为本案存在篡改、伪造和隐匿病历的主张不能成立，不适用《中华人民共和国侵权责任法》第 58 条的规定推定甲院存在过错。因此，本案中上诉人在法院明确释明不利后果的情形下仍不申请鉴定，没有提供医学上的专业证据证明被上诉人的医疗行为存在过错，应当由上诉人承担未鉴定以及举证不能的不利后果。

（4）审理法院均认为甲院的行为不存在过错，不可推定其主观上存在过错。甲院的诊疗行为与 A 的死亡之间不存在因果关系。医疗损害责任不成立。

最终，一审法院根据《中华人民共和国侵权责任法》第 54 条、《中华人民共和国民事诉讼法》第 64 条第 1 款、《最高人民法院关于民事诉讼证据的若干规定》第 2 条第 2 款，判决驳回 B、C、D 的诉讼请求。二审法院依照《中华人民共和国民事诉讼法》第 170 条第 1 款第（一）项之规定，判决驳回上诉。

 【律师意见】

甲院的诊疗行为不存在过错，也不构成篡改、伪造、修改病历的情形。相关的医务人员具有相应的资质，甲院的诊疗行为与 A 的死亡之间不存在因果关系，无须对其死亡承担法律责任。

第一，自 2013 年 1 月 23 日 A 入住甲院，甲院就对 A 进行了相关的检查；甲院对 A 进行的手术以及手术中的一系列处理都是在 A 的家属签订同意书的情况下进行的，其已经在事先告知了手术的相关事项，尽到了充分说明和告知义务。以上事项均有病历作证。而且相关的医务人员有资格证书，可以证明其具备相应的资质。故甲院对 A 的诊疗行为不存在过错。

第二，对于本案中患者家属主张的病理报告单住院号的差异（53 与 35 之间），由于其均为打印且不存在篡改的痕迹，应当认为是输入笔误，而非患者家属主张的篡改、伪造、修改病历的情形。故对于病理报告单的该项错误不适用《侵权责任法》第 58 条规定（伪造、篡改或者销毁病历资料）的推定过错情形。

第三，甲院于 2 月 1 日对 A 进行手术，A 于 2 月 2 日死亡。甲院的手术行为符合手术管理通知、办法等规定，甲院的诊疗行为与 A 的死亡之间没有直接的因果关系，且甲院的诊疗行为不存在过错，不能推定其与 A 的死亡之间存在因果关系。

第四，患者家属在法院明确释明是否进行鉴定以及不利后果的情况下，仍放弃申请鉴定。因此，本案未鉴定的原因在于患者家属自身，故其应承担未鉴定导致的举证证明不能的后果。在鉴定之外，上诉人主张甲院诊疗行为具有过错，根据《侵权责任法》的规定，患者家属在鉴定外没有提供医学上的专业证据证明甲院的医疗行为存在过错，不能推定甲院行为存在不当。

综上，甲院对 A 的诊疗行为不存在过错，与 A 的死亡之间不存在直接因果关系，无需对 A 的死亡承担法律责任。

【承办律师】

吴延馥，贵州黔坤律师事务所专职律师。在债权债务纠纷、合同纠纷、医疗损害责任纠纷等诉讼案件处理方面，经验丰富。

 【法律适用评析】

本案系因患者死亡导致的医疗损害赔偿责任纠纷。关于个案事实的法律定性，当事人双方的争议焦点有二：一是甲院的医疗行为是否存在过错；二是病理报告单是否属于篡改、伪造和隐匿病历的推定过错情形。二者均是围绕过错要件的认定。

一、过错要件的证明

司法实务中，在确定医方过错时，人民法院并不是简单适用"谁主张，谁举证"的一般规则，而是依据《侵权责任法》第 55 条、第 58 条和第 60 条的规定综合认定医方是否存在过错。[1]《侵权责任法》中，第 55 条规定的是医方的说明义务，即"医务人员在诊疗活动中应当向患者说明病情和医疗措施。需要实施手术、特殊检查、特殊治疗的，医务人员应当及时向患者说明医疗风险、替代医疗方案等情况，并取得其书面同意；不宜向患者说明的，应当向患者的近亲属说明，并取得其书面同意。医务人员未尽到前款义务，造成患者损害的，医疗机构应当承担赔偿责任"。第 58 条规定的是医方推定过错的情形，即"患者有损害，因下列情形之一的，推定医疗机构有过错：（一）违反法律、行政法规、规章以及其他有关诊疗规范的规定；（二）隐匿或者拒绝提供与纠纷有关的病历资料；（三）伪造、篡改或者销毁病历资料"。第 60 条规定的是医方免责情形，即"患者有损害，因下列情形之一的，医疗机构不承担赔偿责任：（一）患者或者其近亲属不配合医疗机构进行符合诊疗规范的诊疗；（二）医务人员在抢救生命垂危的患者等紧急情况下已经尽到合理诊疗义务；（三）限于当时的医疗水平难以诊疗。前款第一项情形中，医疗机构及其医务人员也有过错的，应当承担相应的赔偿责任"。

本案中，医方代理人对不存在过错诊疗行为的成功辩护，主要表现在：

第一，针对患方所诉违法手术诊疗行为，医方代理人用证据说明甲院的医疗行为符合相关手术的通知、管理办法的规定且充分履行了告知义务，应

---

〔1〕　人民法院出版社编：《最高人民法院司法观点集成：民事卷》（第 3 版），人民法院出版社 2017 年版，第 757 页。

适用免责情形，不存在过错。手术行为作为典型的侵害性医疗行为，对其行为主观过错的认定，不能仅凭侵害行为的客观方面。甲院对患者 A 进行相关手术和手术中的紧急处理，均向患者家属说明，且是在家属签署同意书的情况下进行的。实务中，最高人民法院公报案例确立的裁判规则是：有风险的医疗行为如果是征得患者及其亲属同意后实施的，风险责任应由患者及其亲属承担。不过需要注意的是，同意本身只是针对医疗方案的医疗风险划分而言，如果医方在具体的诊疗过程中存在其他过错医疗行为，仍然应该承担损害赔偿责任。

第二，医方代理人强调患方未就过错要件成功举证，应承担举证不能的不利后果。针对手术决定和术中突发情况的紧急处理，这两个个案中的医疗行为的正当性，还涉及医学专业判断的问题。一方面，医方进一步提供证据证明涉案的医务人员具有相应的资质；另一方面，一审法院审理过程中经法院释明后患方仍拒绝对医疗过错进行专业鉴定。

总结实务，构成医疗损害责任，司法判断多倚重对过错的专业鉴定。其原因正如全国人大法律委员会和全国人大常委会法制工作委员会的观点：鉴于诊疗活动本身的特殊性，医疗损害的许多情形，不仅患者方面往往难以证明医疗机构和医务人员的过错，而且医疗机构和实施诊疗行为的医务人员也往往难以证明自己无过错。这样，无论是将举证责任和举证不能的后果归属于患者方面负担还是归属于医疗机构方面负担，都失之偏颇。因此，在具体案件中确定医疗过错的举证责任分配问题，应当具体问题具体分析，必要时借助第三方的力量来解决。[1]

学界对医方正当诊疗行为的举证责任，也有从轻的研究趋势。医疗侵权诉讼适用的举证责任分配学说，有对"危险领域说"的赞成和反对两种观点。赞成"危险领域说"的学者认为，证明责任分配的标准在有危险领域和没有危险的领域应当是不同的，在这些领域中，如果仍然按照规范说的标准分配证明责任的话，就难以使受害人的权利得到救济。《侵权责任法》颁布之前，我国民事诉讼理论界的通说认为，医疗侵权诉讼的举证责任应当适用危险领域说，医方对诊疗护理行为及其过程能够加以控制、诊疗护理过程是医方掌

---

〔1〕 人民法院出版社编：《最高人民法院司法观点集成：民事卷》（第 3 版），人民法院出版社 2017 年版，第 756 页。

控范围内的危险领域。而反对适用"危险领域说"举证责任分配规则，主要基于以下原因：第一，患者从一开始就积极参加医方对自己的诊疗护理行为，而且对整个诊疗行为应当是大致了解的；第二，医疗过程中，诊疗护理行为不一定完全处于医方的控制之下，医疗机构也不一定就能够更容易得证明自己无过错，适用"危险领域说"举证责任分配规则不具备正当性；第三，"危险领域说"中加重危险领域控制人的举证责任之立法目的在于防止损害的发生，但在医疗侵权诉讼中，医方不能够完全控制诊疗护理行为的结果，也不能完全有效地防止损害结果的发生。医疗侵权诉讼举证责任根本不具备"危险领域说"的立法基础。[1]

二、对病历报告单上错误记录的法律定性

本案中患方主张病历报告单住院号的差异，构成篡改。根据《侵权责任法》第54条、第58条的规定，对于医疗损害责任纠纷案件，医方诊疗行为的过错举证证明责任在于患方，一般由原告主张医方存在不当的行为以及相应的过错。但对于原告主张医方存在篡改、伪造和隐匿病历情形的，此时适用于过错推定原则，推定医方在诊疗过程中存在相应的过错。此种情形对于原告对过错要件的举证责任有所减轻，但其仍应当提供证据证明医方存在不当的行为（篡改、伪造和隐匿）。

学理上，将"伪造、篡改或者销毁病历资料"理解为："医疗机构及其医务人员制造虚假的病历资料、将真实的病历资料进行改动、将医疗机构保管的病历资料销毁使之不复存在，是对医学文书等采取的积极行为。这三种行为带有很强的主观恶意，目的都是使真实的原始病历资料销毁不复存在，最终目的是掩盖自己诊疗行为的不合法。"[2]医疗机构隐匿、伪造、篡改病历情况，属于典型的违法情形，与其违法性不同，实践中大量存在的是病历的部分瑕疵。[3]瑕疵病历是指病历缺失、病历不完整、前后矛盾、封存病历与病

---

〔1〕 宋平："我国医疗侵权举证责任分配之反思与重构"，载《河北法学》2010年第6期。

〔2〕 王毓莹："浅析患者的举证责任"，载最高人民法院民事审判第一庭编：《民事审判指导与参考》（2015年卷），人民法院出版社2018年版，第305页。

〔3〕 孙铭溪："医疗纠纷证据认定的制度性调和——以瑕疵病历认定为视角"，载《法律适用》2015年第12期。

历原件不符等情形。病历瑕疵与《侵权责任法》中所称的"篡改"不能等同。[1]

病历不规范的实践情形众多，但在法律上，只有伪造、篡改的病历，才被认为是不真实的，并导致直接推定医方过错的法律后果。笔误，如病历记录写错日期，写错床号、页码、年龄等，只能构成瑕疵病历记录，一般不会影响对事实的认定。

医方代理律师的成功，就在于说服法院只是笔误而非篡改，不适用医方推定过错的情形。医方代理律师成功说服法官，对于病理报告单记载的住院号与实际住院号存在数字53与35之间的差别，既没有篡改的事实即病理报告单全部为打印内容，同时针对患方的相关诊疗措施均有病历资料、知情同意书等证据佐证完全符合对患方病情的处置。所以，也不存在篡改的主观恶意。故法院最终认定，病理报告单的错误不存在篡改的痕迹，医院不存在恶意销毁的目的，仅是输入笔误。本案不构成篡改病历的情形，不能适用对医方的推定过错。

此外，需要说明的是，本案中存在手术行为及术后死亡的事实，还可以考虑适用过错要件的医方免责情形，即医务人员在抢救生命垂危的患者等紧急情况下已经尽到合理诊疗义务。当然，合理性判断是相对问题，涉及专业技术方面的内容。《侵权责任法》没有罗列具体免责情形，司法实务中一般认为，符合法定免责情形的医疗行为有以下几种：①急诊急救行为；②术中大出血；③患者有紧急输血的必要，医疗机构又没有充足库存血，医疗机构可以自采血；④抢险救灾、战争等情况下对生命垂危患者的救治。[2]

可见，医疗纠纷解决中对对错的判断，是对医疗关系本质的把握。司法实务中，审理法院一般会引导当事人通过申请专业鉴定的方式查明事实，分清责任。本案审理中经法院释明后患者家属仍然放弃专业鉴定，而医方则针对性地说服法官诊疗行为合规且不存在适用过错推定的情形，在没有其他充足的证据证明甲院存在过错的情况下，最终法院根据在诉讼中形成的心证，对患方的诉请未予支持。

---

[1] 陈树鹏："病历书写对医疗过错认定的重要性"，载《医学与法学》2019年第2期。

[2] 人民法院出版社编：《最高人民法院司法观点集成：民事卷》（第3版），人民法院出版社2017年版，第757页。

第三节　医疗损害责任纠纷中的尸检及尸检告知义务

医疗损害责任纠纷中未进行尸检，过错鉴定意见是否能作为裁判的依据；医疗机构是否应承担未告知尸检的责任？

◎【法律服务】

诉讼代理人接受被上诉人（原审被告）委托，抓住个案事实认定的关键点充分举证，证明甲院的医疗行为不存在过错，鉴定中心的意见可以作为本案裁判的依据，未进行尸检的过错在于原告。最终，两级审理法院采纳了代理意见，驳回患方的上诉请求。

◎【基本案情】

2016 年 10 月 24 日，A 因左下腹疼痛至甲院治疗，甲院急诊以肠梗阻收其入胃肠外科并经 X 光平片检查诊断为非机械性肠梗阻。2016 年 10 月 27 日，甲院对 A 在全麻下进行"剖腹探查术"，术中见腹腔内腹水约 500 毫升，腹膜、盆底、小肠系膜遍布灰白色粟粒样结节，小肠之间及小肠与原手术切口下方广泛致密粘连等，遂进行"肠粘连松解+肠扭转复位+小肠切除+小肠造瘘术"。此后 A 出现脂肪液化，且经甲院多次处理后未见好转。2016 年 11 月 2 日，甲院对 A 进行 VSD 负压封闭引流术处理，引出淡黄色液体。同月 5 日 22∶30，A 突然出现引流管周边大量出血，导致失血性休克，经积极抢救治疗后于 6 日 03∶30 临床死亡。死亡诊断为失血性休克，急性机械性肠梗阻，腹腔粘连并腹内疝形成，阑尾中分化腺癌切除术后腹腔广泛种植转移。经查明，B 系 A 的丈夫，C 系 A 的女儿，A 无其他法定继承人，且 A 为城镇居民户口。为让死者入土为安，家属遂先行将 A 的尸体运走并于 2016 年 11 月 9 日火化。2016 年 11 月 22 日，B、C 向甲院相关部门投诉。

患者死后，为查明事实，医学鉴定中心就"甲院对 A 的诊疗行为是否存在医疗过错"给予了鉴定意见：若未行尸体解剖的责任方是院方，建议过错在 A 死亡中的参与度为 10%~20%；若未行尸体解剖的责任方是患者，则院方无过错。

B、C 作为原告，以甲院诊疗行为存在过错致患者死亡为由，向法院提起医疗损害赔偿之诉。B、C 对于鉴定结论提出异议，要求重新鉴定；B、C 认为鉴定中心作出的鉴定意见不能作为本案的定案依据，需要进行重新鉴定；甲院在此次医疗过程中存在严重过错，且该过错行为是导致 A 死亡的直接原因；甲院在 A 死亡后未尽到尸检的告知义务，故甲院需要对 A 的死亡承担赔偿责任。请求：①甲院赔偿各项损失共计 337 710.49 元；②本案一、二审案件诉讼费、鉴定费等由甲院承担。

 【法院裁判】

经过一审法院的审理，原告 B 坚持其诉讼请求。

关于本案的纠纷性质。从原告的诉请"甲院在本次医疗过程中存在严重过错""甲院赔偿各项损失"来看，一、二审法院均认为本案应定性为医疗损害责任纠纷。

（1）关于"甲院对 A 的诊疗行为是否存在医疗过错"的鉴定，其鉴定意见是否可以作为本案的依据。一、二审法院分别作出如下的认定：

一审法院认为：鉴定中心是原告建议指定的鉴定机构，且经被告同意，应当视为双方协商一致指定的鉴定机构，且该鉴定机构具备相应的鉴定资质。原告未能提供证据证明存在需要重新鉴定的情形，本案的情形不属于《最高人民法院关于民事诉讼证据的若干规定》（2008 年调整，已被修改）第 27 条第 1 款规定的重新鉴定的情形，故对重新鉴定的申请不予准许，上述鉴定意见可以作为定案的依据。

二审法院认为：一审中经双方协商选定鉴定中心作为鉴定机构，该机构系具有法定资质的鉴定机构，程序合法。上诉人并未提交充分的证据对本案鉴定意见书的客观性、合法性提出反驳意见，故鉴定意见可以作为本案的定案依据。且本案中的死者已经进行火化，尸检的条件已不具备，上诉人对死者的死因并不持有异议，确不具有重新鉴定的条件，对于上诉人主张的重新鉴定申请，不予认定。

（2）关于甲院的诊疗行为对死者的死亡是否存在过错的问题。

一审法院认为：公民依法享有生命健康权。医疗机构及其医务人员在医疗活动中，违反医疗卫生管理规定，有过错、过失，造成患者人身损害的，应当承担民事赔偿责任。本案诊断明确，死亡原因明确，甲院在对 A 进行的诊疗过程中没有过错。

二审法院认为：第一，关于死者出现失血现象，鉴定机构均在甲院提交的病历资料中提取到相关的记载。2016 年 11 月 5 日 18：15，甲院发现红色液体，以及对红色液体进行了处理，并非上诉人所说的长达几个小时未予以处置。且鉴定机构认为甲院对 A 术后的失血情况处理符合诊疗常规，尽到了相应的注意义务。第二，根据鉴定意见，因本案死者死后未进行尸体解剖，具体的失血原因不明，仅能给出推测结论以供参考。鉴定意见并未认定甲院的诊疗行为对死者的死亡存在过错。第三，由于本案尸检条件已不具备，且上诉人也未提供其他证据证实甲院存在过错，故不能认定甲院对 A 的死亡存在严重过错。根据《最高人民法院关于适用〈中华人民共和国民事诉讼法〉的解释》第 90 条"当事人对自己提出的诉讼请求所依据的事实或者反驳对方诉讼请求所依据的事实，应当提供证据加以证明，但法律另有规定的除外。在作出判决前，当事人未能提供证据或者证据不足以证明其事实主张的，由负有举证证明责任的当事人承担不利的后果"的规定，对上诉人认为甲院对 A 的死亡存在严重过错的主张，二审法院不予支持。

（3）针对未进行尸检的责任如何认定的问题。

一审法院认为：院方有告知患者家属进行解剖的义务，但前提是家属对患者的死亡提出异议。本案中，根据甲院提供的证据，患者家属在患者死亡后 16 日向甲院投诉，家属在患者死亡后即将尸体运走并火化，可见患者家属并未及时向被告提出异议，这是导致本案未进行尸检的主要原因。另针对原告主张曾在患者死亡后多次找甲院反映情况，由于没有证据予以佐证，且被告不予认可，故对原告所称不予采信。因此，本案未行尸检的过错在于患者家属方。

二审法院认为：第一，《医疗事故处理条例》第 18 条规定："患者死亡，医患双方当事人不能确定死因或者对死因有异议的，应当在患者死亡后 48 小时内进行尸检；具备尸体冻存条件的，可以延长至 7 日。尸检应当经死者近亲属同意并签字。"可知，尸检的前置条件是双方不能确定死因或者对死因有异议。本案中患者家属在患者死亡两日后即将尸体火化埋葬，故不能认为患者家属对死因存在异议。第二，根据鉴定意见，若未进行尸体解剖的责任方是院方，建议过错在 A 死亡中的参与度为 10%~20%；若未进行尸体解剖的责任方是患方，则院方无过错。本案中不存在医患双方不能确定死因或者对死因有异议，故甲院没有向患者家属告知尸检的责任，对于 A 主张甲院未尽尸检告知义务不予支持。第三，根据《医疗事故处理条例》第 18 条的规定，尸检的有效期限已超过，实际不可能完成。本案中 A 的尸体已经被火化，尸检的条件已然不具备。因此，本案中甲院未告知患者家属进行尸检不属于未尽到告知义务，未尸检的责任不在于医方，甲院无需对未行尸体解剖承担过错责任。

综上所述，审判法院均认为甲院的诊疗行为不存在过错，与 A 的死亡之间不具有直接的因果关系，且本案不属于重新鉴定的情形，未尸检的责任不在于医方，故对于 B、C 请求甲院承担赔偿责任的诉求不予支持。一审法院依照《中华人民共和国侵权责任法》第 54 条、《最高人民法院关于民事诉讼证据的若干规定》第 27 条第 1 款的规定、《中华人民共和国民事诉讼法》（2012 年修正）第 64 条第 1 款"当事人对自己提出的主张，有责任提供证据"，判决驳回原告的诉讼请求。

二审法院在一审认定事实的基础上，另根据《最高人民法院关于适用〈中华人民共和国民事诉讼法〉的解释》第 90 条、《医疗事故处理条例》第 18 条、《中华人民共和国民事诉讼法》第 170 条第 1 款第（一）项之规定，判决："判决驳回上诉，维持原判。"

【律师意见】

甲院的医疗行为不具有过错，鉴定程序合法，鉴定机构具备资质，鉴定意见不存在不明确的问题，故鉴定中心的鉴定意见能够作为定案依据；且未尸检的责任应当由患者家属承担，甲院无须承担未告知尸检的责任。

第一，2016 年 11 月 5 日，患者 A 出现大量出血，甲院在发现红色液体时及时对 A 进行了针对性的处理。关于死者出现失血现象，有相关的病历资料可以证明。另甲院对 A 的诊疗行为均有病历资料以及记录加以佐证。甲院对 A 的处理符合诊疗常规，尽到了相应的注意义务和告知义务。

第二，鉴定意见书可以采信。本案中的鉴定程序合法，鉴定机构具备资质。对于上诉人提到的漏评的问题，由于本案的委托事项是过错参与度、医方是否存在过错与损害后果之间是否存在因果关系，对上诉人观点没有采纳并不是漏评，反而反映了鉴定机构依法、客观、独立进行鉴定的情况。鉴定意见中没有不明确的问题。因此，鉴定结论可以作为定案的依据。甲院对于A 的诊疗行为符合常规。

第三，本案未进行尸检的责任不在于甲院。《投诉登记表》虽然没有上诉人的签字确认，但是上诉人在一审中是认可该证据的真实性以及所记载内容的。依据《医疗事故处理条例》第 18 条第 1 款的规定，只有在不能明确死因或者对死因有争议的前提下，才需要进行尸检，医院才有告知家属尸检的义务。本案中死者家属对甲院出具的死亡报告并无异议，且已将死者尸体运回老家火化埋葬，死者家属后返回投诉甲院，已经不具备尸检的条件，故未进行尸检的责任不在甲院。

【承办律师】

杜汉杰，贵州黔坤律师事务所律师，擅长处理房地产、建设工程、人身损害纠纷。

【法律适用评析】

本案系因患者死亡导致的医疗损害赔偿责任纠纷。对于个案事实的法律定性，当事人双方的争议焦点为：一是甲院的行为是否存在过错；二是有关过错认定的医疗鉴定结论是否可以作为定案的依据。

一、本案的诉讼代理

医方代理人的法律意见的专业性，表现在：

（1）针对患方关于手术行为及术后处理行为医方违法的主张，医方证明其诊疗行为的合规性和正当性。医方提交了与本案相关的病历资料、患方家属知情同意书等，用于证明甲院在 A 手术中以及术后出现失血时，履行了告知义务并对 A 进行了相应的处理，甲院的诊疗行为符合诊疗常规。

（2）更关键的是，对于本案的医疗过错鉴定意见，医方代理人成功说服法院将其作为定案依据。

第一，《最高人民法院关于审理医疗损害责任纠纷案件适用法律若干问题的解释》（已被修改）第 4 条第 2 款规定："患者无法提交医疗机构及其医务人员有过错、诊疗行为与损害之间具有因果关系的证据，依法提出医疗损害鉴定申请的，人民法院应予准许。"本案中，原告向一审法院申请对"甲院对 A 的诊疗行为是否存在医疗过错"进行鉴定。鉴定意见认为甲院对 A 术后的失血情况处理符合诊疗常规，对过错认定进行了鉴定，医疗过错的具体鉴定内容结合尸检鉴定给出了推论性结论，即若未进行尸体解剖的责任方是院方，建议过错在 A 死亡中的参与度为 10%～20%；若未进行尸体解剖的责任方是患方，则院方无过错。

第二，针对该鉴定意见，双方的争议在于其内容是否明确、是否足以采信作为定案的依据。患者家属以鉴定结论不明确为由，对其持有异议。《最高人民法院关于审理医疗损害责任纠纷案件适用法律若干问题的解释》第 15 条第 1 款规定："当事人共同委托鉴定人作出的医疗损害鉴定意见，一方当事人不认可的，应当提出明确的异议内容和理由。经审查，有证据足以证明异议成立的，对鉴定意见不予采信；异议不成立的，应予采信。"本案中，一方面，鉴定机构是根据双方当事人的协商而选定的，鉴定程序合法，鉴定机构具备资质；另一方面，患者家属的异议，还需要提交充分的证据对鉴定意见的客观性、合法性提出反驳。

第三，本案医疗损害鉴定意见的司法采信，实际上从意见内容来看牵连到对尸检责任的认定。所以，法院最终的态度，是与尸检责任认定联系在一起的。

第四，本案的基本事实是，没有进行尸检故无法作出明确的医疗损害过错认定。由于尸体的组织细胞会发生自溶和腐败，因此尸检必须在法定的时限内、由具备法定资格的人员实施才能得到可靠的、科学的结论，以充分发挥尸检结果在解决医疗纠纷案件中的证据作用。所以，定案的关键，即究竟是否要采信过错鉴定，法官需要对未尸检的责任形成心证。

作为医方代理，律师需要进一步说服法官，医疗机构不存在尸检告知义务，无须承担未尸检的责任。

总之，案件诉讼代理的成功在于必须找准双方争议的核心，以明确的法律依据和事实基础，用专业的法律语言说服法官接受己方的观点。本案中，死者家属对死者的死因不持异议；且患者家属在患者死亡去世后即对其进行火化，导致尸检的条件不再具备。最终，成功说服法官，未尸检的责任在于患者家属方，而不在于甲院。

二、尸检及尸检告知义务

一方面，尸检不同于医疗损害鉴定。根据《全国人民代表大会法工委关于对法医类鉴定与医疗事故技术鉴定关系问题的意见》的说明：医疗事故技术鉴定中涉及的有关问题，如尸检、伤残鉴定等，属于法医类鉴定范围。

另一方面，尸检和医疗损害鉴定又有一定的关联性。医疗损害鉴定中的死因分析，是鉴定意见书的重要组成部分，而尸检（包括尸体解剖和法医病理学诊断）作为判断死因的"金标准"，在分析医疗过错与死亡后果之间的因果关系特别是确定过错参与度时起着至关重要的作用。尸检对判明死因具有特殊意义，明确的尸检意见是正确分析医疗行为对死亡后果过错参与度的前提条件之一。特别是对于那些死因不明、因疑难疾病致死的情况应进行尸体解剖，这能给医学技术鉴定和司法裁决提供直接的证据，达到了最终明确责任、分清是非的目的。[1]

理论界，主流观点认为医院作为专业机构，应履行尸检告知义务，在医院未告知尸检导致无法查明死因时医院承担相应的赔偿责任，具体的赔偿责任根据个案确定。进一步讲，医院应当向患者家属告知尸检而未告知的，就可以认定为院方存在过错，并结合医院其他过错情形，认定医院的医疗损害赔偿责任。而且，在尸检告知时，医疗机构仅仅就是否尸检征询死者家属的意见还不足以使其免责，还要将尸检后的后果、风险等情况全面告知，告知不充分，也应由医院承担相应的责任。[2]

立法中，结合《侵权责任法》第55条的规定，尸检告知义务显然未被纳入我国法律规定中医疗机构告知义务的范围。相关规定具体是《医疗事故处理条例》第18条和《医疗纠纷预防和处理条例》第26条。《医疗事故处理条例》第18条规定，患者死亡，医患双方当事人不能确定死因或者对死因有异议的，应当在患者死亡后48小时内进行尸检；具备尸体冻存条件的，可以延长7日。尸检应当经死者近亲属同意并签字。《医疗纠纷预防和处理条例》第

---

〔1〕　王伟国、任宏斌："浅谈尸检在医疗损害司法鉴定中的作用和意义"，载《中国卫生法制》2018年第5期。

〔2〕　宋文华："医疗损害责任纠纷案件的尸检责任负担"，载《山东审判》2015年第5期。

26 条规定，患者死亡，医患双方对死因有异议的，应当在患者死亡后 48 小时内进行尸检；具备尸体冻存条件的，可以延长至 7 日。尸检应当经死者近亲属同意并签字，拒绝签字的，视为死者近亲属不同意进行尸检。不同意或者拖延尸检，超过规定时间，影响对死因判定的，由不同意或者拖延的一方承担责任。可见，根据法律相关规定，患者死因不明确或死因异议，是医疗关系中启动尸检的前提。

综上，在因患者死亡引起的医疗损害赔偿纠纷中，死因查明的意义在于认定医疗损害的因果关系。从医学上说，患者的死亡及死因应由医方向患者说明，死者近亲属一旦认可，死亡医学问题自然终结；从法律上说，医患双方若对死因有争议，尸检报告可以成为确定赔偿责任的关键证据。所以，为避免医疗纠纷，一方面，医方要充分重视对死因的告知，而且医方有义务就诊断患者的死亡和死因提出证据，即随诊疗护理而逐次形成病历等资料；另一方面，对于患者家属而言，就医过程中一旦发生死亡而死因不明的情况，应该及时配合尸检，特别是对尸体的处理应当等到尸检结果出来后再进行，以避免超过法定尸检期限后导致尸检不能而承担责任的情形。

第四节 医疗机构的合理注意义务

孕产医疗责任中，缺乏医疗过错和因果关系鉴定的辅助，法官应如何形成心证？特别是存在多个责任主体的情况下，法官应建构起什么样的合理诊疗标准，以对造成损害结果的原因力进行独立的司法判断？

 【法律服务】

诉讼代理人接受上诉人乙院（原审被告）委托，用充分的证据证明，上诉人执行医院间的互认行为不存在过错，对患者的损害所产生的作用较小，不应承担一审中所认定的 40% 的赔偿责任比例。最终，二审法院采纳代理意见，重新认定上诉人行为与患者的损害后果之间的因果关系，改判其承担10% 的损失赔偿责任。

【基本案情】

2012 年 1 月，A（原审中原告）因"原发不孕"到甲妇幼保健院（原审被告）接受治疗，经两次胚胎移植失败后，于 2013 年 5 月 31 日胚胎移植手术取得成功，确认怀孕。2013 年 6 月 14 日至 9 月 20 日，A 在甲妇幼保健院遵医嘱进行规律产检，均未发现异常。2013 年 9 月 19 日，A 出现腹痛，至甲妇幼保健院就诊，经 B 超检查胎儿属正常，排除产科疾病，建议 A 至乙院处就诊。根据甲保健院建议，A 遂于 2013 年 9 月 20 日午间至乙院处就诊。于20 日 14：00 左右，在乙院进行初次 B 超检查，于 22：34 进行 CT 检查，于21 日 2：30 被乙院收住入院。并且当日 3：20 进行产科会诊。又经术前准备，A 于 9 月 21 日在乙院实施剖腹探查术，后行"子宫次全切除术"（包括胎儿及其附属物）。经查，A 自事发后一直未就业。

2014 年 2 月 19 日，医学会出具医疗事故技术鉴定书，认为：甲妇幼保健院在本病例中属于二级乙等医疗事故，医方承担次要责任。乙院不构成医疗事故。在 A 的申请下，后昆明某鉴定中心对此案进行二次鉴定，针对医疗过错和因果关系的鉴定意见书载明："（一）A 在甲妇幼保健院胚胎移植手术……胚胎最终着床位置是胚胎自行游走后自我选择的结果，与医方医疗行为无关。根据 A 的病史以及夫妻生殖检查的相关资料数据，医方对 A 不孕症的诊断正确，移植方案合理，操作过程符合规范。（二）A 在甲院妇幼保健院产前检查（至 2013 年 9 月 20 日）的诊疗过程。医方检查结果均未提示特殊发现，但经中心阅片，以上超声检查均提示 A 宫内见孕囊、单胎妊娠……故甲妇幼保健院在对 A 的 B 超检查中存在检查结论描述不规范、不全面的过错；医方未在检查报告中对相应表现根据《指南》进行描述，也未对该表现进行认真的观察随诊，存在对疾病认识不足，重视度不够；A 属于不孕症患者，本次妊娠属高危产妇、珍贵儿；对于 A 产检提及的腹部不适，甲妇幼保健院在产检病历中均未见描述，临床症状仍无仔细地观察、记录以及分析致病情严重，延误诊断。（三）关于 A 在乙院 2013 年 9 月 21 至 30 日的诊疗过程。就诊时间（20 日午间）与初次检查（21 日 3：20）就诊观察已近 15 小时，且手术前未对甲妇幼保健院的产科影像结果进行复查和分析，存在分析不全面及处理时间过长，未及时排查产科情况的过错。（四）关于因果关系以及参与度分析。宫角妊娠是 A 胚胎自然位置选择的结果，与医疗行为无关；医方过错与 A 自身的异位妊娠是致损害后果出现的共同因素，建议甲妇幼保健院对 A 的损害参与度为 50%；由于现有资料无法判断 A 入院时子宫是否具有保宫特征，且疾病发展中存在个体差异，对于乙院的参与度无法判断。"

另贵州某鉴定中心对 A 伤残等级进行鉴定，评定为七级。经原告申请重新鉴定，鉴定伤残等级评定为六级。

A 遂以甲妇幼保健院、乙院的就诊行为存在过错，需要对 A 的损害承担责任为由，向法院提起诉讼，请求：①甲妇幼保健院、乙院赔偿 A 的各项损失共计 703 426.68 元。②本案的诉讼费由甲妇幼保健院、乙院承担。

甲妇幼保健院认为：其对于患者的处置并无不当，对于鉴定意见的参与度不予认可，乙院耽误了患者的治疗时间，对于伤残等级应当以七级评定。

乙院认为：其执行国家医疗政策规定对甲妇幼保健院进行互认的行为不存在过错，其不需要承担相应的责任，乙院无须承担应由甲妇幼保健院承担的责任。

三方对于赔偿责任的主体、比例分配以及伤残等级的评定标准发生争议。

【法院裁判】

诉讼中，经审理法院对本案所涉及的法律关系进行释明后，原告坚持其在本案中的诉讼请求。

关于本案的纠纷性质。从 A 的诉请"甲妇幼保健院、乙院承担医疗费等赔偿责任"来看，一、二审法院均认为本案应定性为医疗损害责任纠纷。

（1）对于甲妇幼保健院、乙院的诊疗行为是否存在过错的问题。

一审法院认为：第一，对于甲妇幼保健院诊疗行为的过错问题。A 在甲妇幼保健院的产检中均未发现明显异常。但根据昆明某鉴定中心的鉴定意见，对于超声检查均提示 A 宫内见孕囊、单胎妊娠等，甲妇幼保健院存在检查结论描述不规范、不全面的过错，且对于疾病认识不足、重视度不够，致 A 病情严重，故甲妇幼保健院存在医疗过错。第二，对于乙院诊疗行为的过错问题。针对 A 于 2013 年 9 月 21 日至 30 日在乙院的诊疗过程，乙院对 A 的就诊观察长达 15 小时，且在术前未对甲妇幼保健院的产科影像结果进行复查和分析，存在分析不全面、处理时间过长以及未排查的过错。另由于乙院未能提供证据证明 A 在入院时亦丧失保宫特征，无法证明其医疗过错与损害后果之间无因果关系。综上，甲妇幼保健院、乙院均存在医疗过错。

二审法院认为：第一，对于甲妇幼保健院诊疗行为的过错问题。甲妇幼保健院作为医疗机构在对 A 提供诊疗活动的过程中，在多次 B 超检查中均提示孕囊、胚盘位于子宫后壁偏右上，接近子宫角处，右侧宫角妊娠可疑的情况下，未对该表现进行认真的观察随诊，存在对疾病认识不足、重视度不够的过错；且在 2013 年 8 月 14 日孕周 13+超声的结论为"无特殊发现"，仅对胎盘厚度有描述，胎盘位置、羊水及附属物等均无相应描述，存在检查结论描述不规范、不全面的过错；甲妇幼保健院的未及时处理，导致 A 错过最佳诊疗时机，最终切除子宫。故认定甲妇幼保健院在本案中具有重大过错。第二，对于乙院诊疗行为的过错问题。针对 A 于 2013 年 9 月 21 日至 30 日在乙院的诊疗过程，乙院对 A 的就诊观察长达 15 小时，且在术前未对甲妇幼保健院的产科影像结果进行复查和分析，存在对术前产科相关检查及分析不全面、未及时请产科会诊排查产科情况的过错。综上，甲妇幼保健院、乙院均存在医疗过错。

（2）对于赔偿责任的主体以及比例的确定。

一审法院认为：

对于赔偿责任的主体：第一，甲妇幼保健院、乙院在本案中均存在医疗过错，需要对 A 的损失承担赔偿责任。第二，因原告行试管婴儿胚胎移植手术后，宫角妊娠是胚胎自然位置选择的结果，与二被告的医疗行为无关。且 A 属于"原发不孕"，A 自身的身体状况也是损害发生的因素之一，A 需要承担相应的责任。

对于责任的比例分担：第一，宫角妊娠与二被告的医疗过错共同导致 A 损害后果的出现。两被告在诊疗过程中未尽合理注意义务，是 A 损害后果出现的主要原因。法院酌定两被告承担 80% 的责任。第二，甲妇幼保健院、乙院分别具有医疗过错，每个被告的医疗过错都不足以造成原告损害后果，根据现有证据无法判断责任大小，故两被告平均承担 40% 的责任。第三，A 自身的疾病因素是损害产生的次要因素，法院酌定 A 承担 20% 的责任。

二审法院认为：

对于赔偿责任的主体：第一，根据《中华人民共和国侵权责任法》第 54 条的规定："患者在诊疗活动中受到损害，医疗机构及其医务人员有过错的，由医疗机构承担赔偿责任。"甲妇幼保健院、乙院的诊疗行为均存在过错，故甲妇幼保健院、乙院均需要对 A 的损害承担责任。第二，A 因自身体质原因在接受试管婴儿胚胎移植手术后出现宫角妊娠是胚胎自然位置选择的结果，故 A 需要承担一部分的损失。

对于责任的比例分担：根据《中华人民共和国侵权责任法》第 54 条的规定："患者在诊疗活动中受到损害，医疗机构及其医务人员有过错的，由医疗机构承担赔偿责任。"故本案中的甲妇幼保健院、乙院均需要承担一定比例的责任。第一，甲妇幼保健院存在对疾病认识不足、重视度不够，检查结论描述不规范、不全面的过错。甲妇幼保健院的未及时处理导致 A 错过最佳的诊疗时机，相比于乙院，具有重大过错。故甲妇幼保健院应承担 80% 的赔偿责任。第二，乙院存在未对术前产科相关检查及分析不全面，未及时请产科会诊排查产科情况的过错，应承担 10% 的赔偿责任。第三，A 自身体质对于损失产生也起到一定作用，应承担 10% 的损失。

（3）对于伤残等级评定标准问题，即 A 的经济损失以及赔偿数额的认定。

一审法院认为：A 因子宫缺失导致伤残，因《劳动能力鉴定职工工伤与职业病致残等级》（2014 年）为现行标准，故参照此标准确定伤残等级为宜，不应参照《劳动能力鉴定职工工伤与职业病致残等级》（2006 年）标准确定伤残等级。故认定原告的伤残等级为六级。

二审法院认为：A 因子宫缺失导致伤残，两次鉴定日期均为 2015 年 1 月 1 日后，故应当参照《劳动能力鉴定职工工伤与职业病致残等级》（2014 年）标准确定伤残等级。对于 A 主张参照《劳动能力鉴定职工工伤与职业病致残等级》（2006 年）标准确认伤残等级的诉请不予支持。因此，二审法院支持一审认定标准，认定 A 的伤残等级为六级。

综上所述，审理法院均认为甲妇幼保健院与乙院的诊疗行为存在一定的过错，需要对 A 的损失承担责任。根据责任分担比例以及对于伤残等级六级评定的认定，一审法院根据《中华人民共和国侵权责任法》第 12 条、第 54 条、《最高人民法院关于审理人身损害赔偿案件适用法律若干问题的解释》第 3 条、第 17 条至第 24 条、《最高人民法院关于确定民事侵权精神损害赔偿责任若干问题的解释》第 8 条、第 10 条以及《中华人民共和国民事诉讼法》（2012 年修正）第 64 条之规定判决：甲妇幼保健院、乙院分别赔偿 179 986.47 元（40%责任）。

二审法院对于责任比例进行了重新认定，依照《中华人民共和国侵权责任法》第 54 条、《最高人民法院关于审理人身损害赔偿案件适用法律若干问题的解释》第 17 条、第 25 条、《中华人民共和国民事诉讼法》第 170 条第 1 款第（二）项之规定：判决撤销一审判决，认定甲妇幼保健院承担赔偿损失共计 359 972.94 元（80%责任），乙院承担赔偿损失共计 44 996.62 元（20%责任）；一审受理费 8050 元，由 A 承担 805 元，甲妇幼保健院负担 6440 元，乙院负担 805 元；二审受理费 8050 元，由 A 承担 805 元，甲妇幼保健院负担 6440 元，乙院负担 805 元。

【律师意见】

乙院对 A 的诊疗行为不存在过错，与 A 的损害后果之间不存在因果关系，故不应承担应甲妇幼保健院及 A 自身需承担的责任。

第一，乙院严格遵守"实行同级医疗机构检查结果互认"的规定。乙院对于甲妇幼保健院的产科影像结果未进行相应的复查和分析，属于执行国家医疗政策规定医院对妇幼保健院进行互认的行为，该行为符合政策的规定，不属于未尽到合理注意义务。对于医疗过错鉴定意见书所认定的存在医疗过错的结论，不予认同。

第二，乙院的未排查行为并非导致 A 的损害后果出现的直接原因。医疗责任鉴定意见书记载：根据现有资料无法判断 A 入院时是否具有保宫特征，故不能推定乙院的诊疗行为与 A 的损失之间存在因果关系。

第三，甲妇幼保健院对 A 的诊疗行为存在重大过错，致 A 损害发生的责任应当归于甲妇幼保健。另经鉴定甲妇幼保健院的过错参与度为 50%。乙院与甲妇幼保健院对于损害的责任大小具有明确性，不应平均承担甲妇幼保健院的赔偿责任。

此外，患者 A 的自身体质具有特殊性，需要对其损失承担一定的责任。

【承办律师】

杜汉杰，贵州黔坤律师事务所律师，擅长处理房地产、建设工程、人身损害纠纷。

【法律适用评析】

本案系因患者身体受损导致的医疗损害赔偿责任纠纷。患者 A 由于自身体质的特殊性，先后在甲妇幼保健院、乙院诊疗，势必出现多重原因致害。患方主张：在孕妇出现异常状况后，医疗机构未及时发现并告知其具有的危险性和发生事故的可能性，违反注意义务，致使胎儿丧失救治的机会，应当承担相应的赔偿责任。因此，本案的争议焦点在于三方的医疗损害赔偿责任以及赔偿责任比例的划分。

一、医疗机构抗辩诊疗行为过错的合理注意义务

对个案事实的司法认定，只有医方过错诊疗行为所引发的损害后果，才有科加赔偿责任的必要。因此，法官需要判断：医疗机构是否因怠于履行专业注意义务，致使患者病情恶化，即要确定医方的过错。理论上，违反合理诊疗注意义务的行为，符合过错要件，是法律对医疗机构实施违法诊疗行为主观状态的谴责。[1]日本法认为，医疗过错是指医生在对患者实施诊疗行为

---

[1] 杨立新："医疗损害责任构成要件的具体判断"，载《法律适用》2012 年第 4 期。

时违反业务上必要的注意义务。我国亦有学者主张，医疗过错是指医护人员在诊疗过程中违反业务上的必要注意义务。[1]

司法实务中的难点在于，需要在个案中合理构建医疗机构的专业注意义务。为此，《最高人民法院关于当前民事审判工作中的若干具体问题》指出："既要通过举证证明责任、证明标准等法律技术手段充分保护患者的合法权益，也要注意医学面对的领域永远是未知大于已知、医护人员的职业特殊性和病患复杂性等特点，为医学发展和医疗水平的提高提供司法保障。"

所以，实务中一般通过专业的医疗鉴定来帮助法官形成医学专业注意义务的司法判断。《最高人民法院关于审理医疗损害责任纠纷案件适用法律若干问题的解释》（已被修改）第12条规定："鉴定意见可以按照导致患者损害的全部原因、主要原因、同等原因、次要原因、轻微原因或者与患者损害无因果关系，表述诊疗行为或者医疗产品等造成患者损害的原因力大小。"

本案中，二次鉴定关于医疗过错和因果关系的鉴定意见认为，只要甲妇幼保健院、乙院在诊疗中尽到合理注意义务，在现有的医疗技术条件下，存在为原告保留生育功能即保宫的可能。这为法院最终认定个案事实的过错和因果关系，构成医疗侵权承担损害赔偿责任，提供了医学专业依据。事实上，该鉴定意见也成为两审法院确定赔偿责任的基础，法院最终认定：医方需要为其未尽到必要的专业诊疗注意义务的行为承担相应的过错赔偿责任。

另外，本案中还存在两次医疗鉴定。值得说明的是，医疗损害的过错和因果关系鉴定是服务于医疗损害赔偿责任认定的，与医疗事故鉴定不同。本案中，患方申请了两次鉴定，第一次是医疗事故鉴定，第二次是医疗损害的过错和因果关系鉴定。《最高人民法院审判委员会委员、民事审判第一庭庭长杜万华在成都、汕头召开的民事审判专题座谈会上的讲话——加强监督指导，促进司法和谐，努力推动民事审判工作新发展》谈到关于审理医疗纠纷中的一些问题：最高人民法院于2003年12月26日出台《最高人民法院关于审理人身损害赔偿案件适用法律若干问题的解释》，这个解释实施后，残疾赔偿金和死亡赔偿金被纳入物质损失范围，并且根据这个司法解释规定的计算方法，

---

[1] 王敬义："医疗过错责任研究"，载梁慧星主编：《民商法论丛》（第9卷），法律出版社1998年版，第673页。

赔偿金的数额有了较大提高，这就直接导致当事人不愿意进行医疗事故鉴定，回避用《医疗事故处理条例》解决争议。关于医疗事故鉴定结论的采信问题，其只能作为法院审查、认定事实的证据，是否应作为医疗单位承担赔偿的依据，必须经过法庭质证。

二、合理注意义务司法判断之"理性人标准"

作为乙院的代理人，当医疗损害鉴定出具的鉴定结论是医疗机构违反专业诊疗注意义务时，成功地将诉讼策略的重点定位转向强调赔偿责任划分的司法认定问题。

医疗责任划分的现有法律依据，是《最高人民法院关于审理医疗损害责任纠纷案件适用法律若干问题的解释》第 19 条，该条规定："两个以上医疗机构的诊疗行为造成患者同一损害，患者请求医疗机构承担赔偿责任的，应当区分不同情况，依照侵权责任法第八条、第十一条或者第十二条的规定，确定各医疗机构承担的赔偿责任。"《最高人民法院关于审理人身损害赔偿案件适用法律若干问题的解释》第 3 条第 2 款也规定："二人以上没有共同故意或者共同过失，但其分别实施的数个行为间接结合发生同一损害后果的，应当根据过失大小或者原因力比例各自承担相应的赔偿责任。"

理论上，对两个以上医疗机构的诊疗行为造成患者同一损害发生的医疗损害赔偿责任纠纷案件，应当区分不同情况，分别认定为共同侵权行为、叠加分别侵权行为和典型分别侵权行为。对于典型分别侵权行为，即通常所说的无过错联系的共同致害行为，侵权人分别实施加害行为，但是数个行为人的行为没有主观上和客观上的共同联系。各个医疗机构应按照自己诊疗行为的原因力，按份承担责任，相互不连带负责。[1]也就是说，在医疗损害责任的因果关系构成多因一果的情况下，多种原因对于患者损害的发生为共同原因。共同原因中的各个原因对于损害事实的发生发挥不同作用，因此应当适用原因力规则。原因力，是在构成损害结果的共同原因中，各个原因对于损害结果的发生或扩大所发挥的作用力。杨立新教授认为：违法诊疗行为如果是患者损害结果发生的共同原因力的一个，就应当适用原因力规则，确定医

---

〔1〕 杨立新："《最高人民法院关于审理医疗损害责任纠纷案件适用法律若干问题的解释》条文释评"，载《法律适用》2018 年第 1 期。

疗机构及其医务人员的违法诊疗行为对于患者损害结果发生的原因力大小，准确确定赔偿责任。[1]

进而，本案中乙院的医疗责任，在提交的医学专业鉴定结论中并未涉及，所以针对乙院诊疗行为参与损害结果发生的原因力大小，法院实际上要在缺乏专业鉴定辅助司法判断的基础上，对乙院诊疗行为对损害后果发生的原因力形成心证。

本案的医疗责任鉴定意见书已记载：根据现有资料无法判断 A 进入乙院时是否具有保宫特征，故不能推定乙院的诊疗行为与 A 的损失之间存在因果关系。换言之，医疗专业鉴定，根据鉴定的客观性标准，无法确定出乙院诊疗行为参与损害结果的原因力。

为了帮助法官形成心证，乙院的诉讼代理人强调，乙院诊疗行为的合理性标准确立的基础，应该是对甲院无法治疗的病人给予进一步治疗。为此，代理意见认为乙院对于甲妇幼保健院的产科影像结果未进行相应的复查和分析，属于执行国家医疗政策规定医院对甲妇幼保健院进行互认的行为，该行为符合政策的规定，不属于未尽到合理注意义务。

但是，法院并未认同。一方面，甲妇幼保健院对产科影像结果的解读结论，已经被采信的医疗责任专业鉴定认定为存在重大过错。医疗责任专业鉴定指出：甲妇幼保健院作为医疗机构在对 A 提供诊疗活动的过程中，在多次 B 超检查中均提示孕囊、胚盘位于子宫后壁偏右上，接近子宫角处，右侧宫角妊娠可疑的情况下，未对该表现进行认真的观察随诊，存在对疾病认识不足、重视度不够的过错；且在 2013 年 8 月 14 日孕周 13+超声的结论为"无特殊发现"，仅对胎盘厚度有描述，对胎盘位置、羊水及附属物等均无相应描述，存在检查结论描述不规范、不全面的过错；甲妇幼保健院的未及时处理，导致 A 错过了最佳诊疗时机，最终切除子宫。所以，甲妇幼保健院对影像结果的分析，并不能直接作为被信任具备专业能力的诊疗机构乙院自己的分析结论。

另一方面，如果怀疑胎儿出现问题要终止妊娠，根据《母婴保健法》第17 条、第 19 条的规定，医方应该进行充分的产前诊断并履行告知义务。

所以，法院最终形成的下判心证是，即使是收治甲妇幼保健院无法医治

---

〔1〕　杨立新：《医疗损害责任研究》，法律出版社 2009 年版，第 176～196 页。

的病患，乙院也仍然有针对患者情况独立进行医疗检查的义务。

总之，二审法院法官对乙院行为对损害结果所致原因力大小的心证，体现为对诊疗行为的合理性判断标准与乙院诉讼代理人的认识不同。生效判决中强调基于患方立场对医方专业诊疗的合理期待。所以，最终才认定乙院未对甲妇幼保健院影像结果进行复查和分析的行为，对损害结果的发生存在一定的过错，应承担 10% 的原因力。

第四，作为乙院的诉讼代理人，在强调甲妇幼保健院的诊疗行为对患方损害后果的发生有重大过错的同时，说服法院认同患方的特殊体质对损害后果的发生也有一定影响。以此强调，责任的划分还有必要进一步明确。这也为诉讼策略的成功奠定了基础。

司法实务中，一般认为，在考虑医方过错的同时，必须考虑患者原发疾病的因素。患者本身患有原发疾病，疾病本身就会导致损害。没有医生能绝对保证治愈，这就是所谓的"原发疾病"因素（特殊体质等自身因素也可归于此）。[1] 不过，患者 A 属于"原发不孕"，其体质具有特殊性，但这不是《侵权责任法》所规定的过错，过错是主观状态，而个人体质具有客观性。所以，A 的个人特殊体质状况，只是对子宫切除后果存在一定影响。因此，二审法院在认定责任比例时，酌情重新认定 A 需要承担责任，撤销一审中认定 A 承担 20% 的责任，改判 A 承担 10% 的损失。

另外，对于伤残等级评定问题。2015 年《最高人民法院关于当前民事审判工作中的若干具体问题》指出，关于人身损害赔偿标准问题。由于侵权责任法没有对人身损害赔偿标准作出明确规定，目前仍要以人身损害赔偿司法解释为依据。而《劳动能力鉴定职工工伤与职业病致残等级》（GB/T16180-2014）于 2014 年 9 月 3 日发布，2015 年 1 月 1 日实施，代替 GB/T16180-2006。本案中，由于鉴定日期均为 2015 年 1 月 1 日之后，因此，对 A 的鉴定应当以新的标准确定伤残等级，认定 A 的伤残等级为六级。

综上，在医疗损害事故中，当鉴定意见无法辅助司法判断时，法官仍然需要综合全案事实来判断过错的大小和因果关系，形成足以下判的"心证"。其中，法官对合理诊疗行为的判断标准建构是关键。一般法官会从患方信任

---

〔1〕 官健："医疗损害责任纠纷的审判理念、思路与模式"，载最高人民法院民事审判第一庭编：《民事审判指导与参考》（2014 年卷），人民法院出版社 2018 年版，第 215 页。

专业医疗的立场出发建构医方合理诊疗的理性人标准。同时，当患方的特殊体质对损害结果发生有一定影响时，"原发疾病"因素也会成为判定责任划分的依据。因此，诉讼代理人需要积极说服法官，使其认同相关医学专业性知识和相关的诊疗规范。

第五节　高压电侵权责任主体的认定

高压电侵权责任主体如何认定？高压电线的产权人如何认定？

 【法律服务】

代理人接受第三人委托，用充分的证据证明，在本案的高压触电事故中，一方面，侵权责任主体依法应为经营者C；另一方面，事故线路的产权及管理义务属于经营者C而非第三人D，第三人D不是事故线路的产权人。最终审理法院采纳代理意见，裁定高压电经营者为侵权责任主体，第三人不应承担侵权责任。

 【基本案情】

2015年9月，A将其家中（承德××组告村七组万水桥处）部分旱地和水田改造为鱼塘，拟供钓鱼爱好者垂钓以收取一定费用。在修建鱼塘过程中，B发现此情况后，于2015年10月12日向A送达义国土监停字〔2015〕第735号《责令停止违法行为通知书》，以A未经依法批准，擅自占用集体土地修建鱼塘的行为，违反了《土地管理法》的相关规定，责令其停止违法行为，听候处理。

在鱼塘上方有从10千伏德团线034号杆处分往第三人D方向的10千伏高压输电线路（线路名称"10千伏德团线直属粮库支线"，其中001号电杆位于鱼塘之中，在003号电杆处安装有"大院子变"的变压器一台，供给附近村组使用，D用电于008号电杆处分线安装，008号电杆以后继续延伸供之后的用电户使用），2015年10月22日C向A母亲送达《客户用电安全隐患整改通知书》，隐患项目填写内容"在10千伏德团线直属粮库支线001号杆处开挖修建鱼塘，001号杆基础已被挖松，修建鱼塘钓鱼人钓鱼时，上方10

千伏线路有很大危险性，有触电可能"，整改期限 10 天。

上述通知书发出后，A 仍继续修建，001 号电杆其用水泥砂浆加固，建好后 A 于 2015 年 11 月 18 日下午投鱼进塘，并定于次日即 19 日开业垂钓，其在线路下方的鱼塘堤坝上设置有"高压危险"、在其他部位设置有"水深危险、禁止游泳"几块警示标牌。

同年 11 月 18 日晚，苗某与其朋友来到 A 的鱼塘，到达鱼塘时已是 19 日凌晨，四人见 A 在鱼塘处，便问可否钓鱼，A 告知晚上不能钓，到 19 日早上开塘再来钓。

苗某等四人吃完饭后又返回 A 鱼塘处，此时已是凌晨 2 时许，A 已回家睡觉。苗某在找好钓位后整理鱼竿的过程中，鱼竿不慎触及上方的高压线，当即被电击倒地，右手和右脚烧焦受伤，后由其同行朋友送往医院抢救，当日 4：35，苗某经抢救无效死亡。支付抢救费用 2821.24 元。

黔西南州公安局顶效经济开发区（安龙经济开发区）分局接到报警后，110 指挥中心指令德卧派出所出警处理，并委托贵州医科大学法医司法鉴定中心对苗某死因进行鉴定，该中心于 2016 年 1 月 15 日作出贵医大司法鉴定中心［2015］病鉴字第 381 号法医病理鉴定意见书，鉴定意见为苗某系因生前电击导致死亡，原告为此支付鉴定费用 6000 元。另委托黔西南州人民医院司法鉴定所鉴定（［2015］法毒鉴字第 1164 号），苗某血液中检出乙醇成分，其乙醇含量为 42.42 毫升/毫克，原告为此支付鉴定费用 300 元。

另查明，苗某生于 1981 年 1 月 23 日，于 2007 年 11 月与 E 登记结婚，育有一子 F；G、H 系苗某父母，I 系 E 与其前夫所生子女。

E、F、G、H、I 作为原告，以被告 A 无合法经营手续，被告 B、C 监管不力，三被告应承担人身损害赔偿责任为由，向法院提出诉讼请求：①请依法判令被告 A、B、C 连带赔付苗某因被电击致死的各项经济损失共计 1 051 437.1 元；②本案诉讼费由上述被告全部承担。

【法院裁判】

被告 C 申请追加 D 作为第三人参加本案诉讼，法院经审查依法予以追加。

诉讼中，经审理法院对本案所涉及的法律关系释明后，原告坚持本案中的诉讼请求。审理法院认为：

首先，从原告 E、F、G、H、I 的诉请"被告 A、B、C 连带赔付苗某因被电击致死的经济损失"来看，本案应定性为触电人身损害赔偿纠纷。

其次，针对本案受害人、三个被告和一个第三人各自的因受害人触电身亡的人身损害赔偿责任，法院认为：

第一，死者苗某系具有完全民事行为能力的自然人，因爱好钓鱼，在凌晨时分光线较暗和对鱼塘环境不了解且在饮酒后和遭到鱼塘主 A 明确拒绝晚上钓鱼并告知 19 日早上才可钓鱼、鱼塘堤坝上设置有"高压危险"等警示标牌的情况下，仍到 A 的鱼塘处做钓鱼准备，在整理鱼竿过程中鱼竿触及上方 10 千伏高压输电线，导致遭受电击受伤经抢救无效死亡，对此损害结果，苗某自身有重大过错，根据《中华人民共和国侵权责任法》第 26 条之规定："被侵权人对损害的发生也有过错的，可以减轻侵权人的责任。"

第二，被告 A 未经有关部门许可、将承包田地改变用途改造为鱼塘供人有偿垂钓，虽设置了"高压危险"等警示标牌，但因修筑鱼塘堤坝，导致上方高压输电线有效安全距离缩小，致使苗某触电受伤经抢救无效死亡。《中华人民共和国侵权责任法》第 6 条第 1 款规定："行为人因过错侵害他人民事权益，应当承担侵权责任。"第 16 条规定，侵害他人造成人身损害的，应当赔偿医疗费；造成死亡的，还应当赔偿丧葬费和死亡赔偿金。被告 A 改造鱼塘的行为对苗某的死亡有相应过错，应承担相应侵权责任。

第三，被告 B 作为土地行政主管部门，对其辖区内违反土地管理法律、法规的行为有进行监督检查的职责，其下属土管所在日常监督检查过程中，发现 A 占地修建鱼塘的行为后，向 A 发出了《责令停止违法行为通知书》，告知 A 听候处理，但事后并未对 A 作出任何处理，放任 A 继续修建鱼塘。其主张经调查，鱼塘位置不在基本农田保护区范围、不属于法律禁止挖塘养鱼范畴、不是其依法行使行政职权的范围，不存在未有效制止和监管不力而不应承担责任的辩解意见，不符合法律法规的规定，仍存在一定监管失职的过错，应承担相应责任。

第四，被告 C 作为本案事故线路高压电的经营者，其下属供电所在日常巡查中，发现 A 开挖鱼塘的行为存在危险性而向其送达《客户用电安全隐患整改通知书》，并告知整改期限 10 天，但事后对 A 继续修建鱼塘的行为亦未采取任何措施，致使 A 因修筑鱼塘堤坝、缩小上方高压输电线路有效安全距离，从而导致苗某在整理鱼竿时触电受伤经抢救无效死亡。苗某触电死亡的原因在于高压电能冲击而非电力线路或设施本身致损，故对于高压电能的经营者，应适用无过错责任原则，因此被告 C 应承担相应赔偿责任。

第五，对于第三人 D 的责任认定，事关 10 千伏德团线直属粮库支线的产权问题，虽然被告 C 与第三人 D 于 2013 年签订的《供用电合同（高压）》第 3 条 3.1 明确"供、受电设施产权分界点为：110 千伏德卧变 10 千伏德团线 034 号杆分界点，电源侧产权属供电方，负荷侧产权属用电方。用电计量装置产权属供电方，产权分界示意图见附件 1"。但 D 提交合同附件 1 中所标注的"产权分界点：10 千伏德团线 006 号杆"，与 C 提交合同附件 1 所标注的"产权分界点：设在 10 千伏德团线 034 号杆 T 接点处"明显不同，而附件 1 双方均未加盖合同印章，故作为格式合同的提供者，对 C 应作不利解释。同时 C 从 10 千伏德团线直属粮库支线 003 号杆处分线又安装供附近大院子组的变压器及线路、从 008 号杆以后亦有供之后其他用电户的线路，因此 10 千伏德团线直属粮库支线的产权并不明确，即使事故线路产权明确，均因发生电击伤害的危险源是高压电能而非输电线路，故第三人 D 主张不应承担侵权责任的意见充分，且审理中原告方明确表示不要求追加该三人作为当事人参加诉讼，因此 D 不承担赔偿责任。

综上所述，根据《中华人民共和国侵权责任法》第 12 条之规定和本案触电事故发生情况，可确定受害人自行承担 60% 的责任，C 作为高压作业的经营者，应对侵害后果承担无过错责任，可确定其承担 20% 的赔偿责任、可根据过错程度确定 A 承担 15% 的赔偿责任、B 承担 5% 的赔偿责任。三被告的侵权行为不存在主观上的意思联络、也非同一行为，各自的侵权行为也不足以造成全部损害，苗某死亡的损害后果系由其本身及各被告各自实施的行为竞合所致，故原告主张由三被告承担连带赔偿责任的主张，不予支持。

最终，审理法院依照《中华人民共和国侵权责任法》第 6 条第 1 款、第 12 条、第 16 条、第 26 条、第 73 条，《最高人民法院关于审理人身损害赔偿案件适用法律若干问题的解释》第 17 条至第 19 条、第 27 条至第 29 条，《最高人民法院关于确定民事侵权精神损害赔偿责任若干问题的解释》第 8 条至第 11 条的规定，判决如下：

"一、苗某受伤抢救无效死亡产生的医疗费 2821.14 元、法医鉴定费 6300 元、丧葬费 27 318 元、死亡赔偿金 660 733.69 元（其中含被扶养人生活费 169 140.89 元）、办理丧葬事宜支出的合理费用 4000 元、精神损害抚慰金 50 000 元，共计 751 172.83 元，由被告 C 赔偿 20% 计 150 234.57 元、由 A 赔偿 15%计 112 675.92 元、由 B 赔偿 5%计 37 558.64 元。限义务人于本判决生效后十日内履行。

"二、D 不承担赔偿责任。

"三、驳回原告 E、F、G、H、I 的其他诉讼请求。

案件受理费 14 263 元由 E、F、G、H、I 负担 8558 元、C 负担 2852 元、A 负担 2140 元、B 负担 713 元。"

 【律师意见】

第三人 D 不应承担赔偿责任。

一、本案是高压触电损害，侵权责任主体是经营者

根据我国《侵权责任法》第 73 条"从事高空、高压、地下挖掘活动或者使用高速轨道运输工具造成他人损害的，经营者应当承担侵权责任，但能够证明损害是因受害人故意或者不可抗力造成的，不承担责任。被侵权人对损害的发生有过失的，可以减轻经营者的责任"之规定，发生高压电触电事故，承担责任的主体为经营者。本案中，受害人苗某触到的 10 千伏高压电由 C 经营，故承担损害结果的责任主体应当为 C，而非 D。

二、事故线路的产权及管理义务属于 C 而非 D

1. 根据 D 与 C 签订的两份合同，结合前后文的关系及逻辑联系，论述事故线路的产权人及管理维护责任主体是 C 而非 D。

2. 《电力供应与使用条例》等电力有关法律法规规定，公共供电设施的产权人及管理维护责任主体是供电企业。

3. 事故线路的实际维护管理者是 C，而非 D，C 向 A 下达《整改通知》即可印证。

4. 从管理能力、管理权限、管护资质、能否控制等常识方面看，事故线路的产权人及管理维护责任主体也不可能为 D。

【承办律师】

王勇前，贵州黔坤律师事务所副主任，主攻建筑工程、房地产开发、矿产资源方面的法律研究。

陈秋薇，贵州黔坤律师事务所律师，主要办理公司金融纠纷案件以及刑事案件；另外，还负责多家大型单位的法律顾问及合同审查工作。

【法律适用评析】

本案系因鱼塘钓鱼触及高压电所引发的人身损害赔偿纠纷，争议焦点和难点在于第三人 D 是否应当承担赔偿责任。

一、个案的裁判逻辑与诉讼代理

本案中，审理法院首先根据第三人的答辩，审查了产权归属问题。被告 C 与第三人 D 签订《供用电合同（高压）》的合同中，有关于触电事故线路的产权约定，但约定不明，被告 C 与第三人 D 正是对产权分界点持有不同观点而对责任承担有不同主张。根据是《合同法》第 178 条关于供电合同的规定中也使用了"产权"这一概念，即"供用电合同的履行地点，按照当事人约定；当事人没有约定或者约定不明确的，供电设施的产权分界处为履行地点"。本案中，被告 C 与第三人 D 于 2013 年签订的《供用电合同（高压）》第 3 条 3.1 明确"供、受电设施产权分界点为：110 千伏德卧变 10 千伏德团线 034 号杆分界点，电源侧产权属供电方，负荷侧产权属用电方。用电计量装置产权属供电方，产权分界示意图见附件 1"。但 D 提交合同附件 1 中所标注的"产权分界点：10 千伏德团线 006 号杆"，与 C 提交合同附件 1 所标注的"产权分界点：设在 10 千伏德团线 034 号杆 T 接点处"明显不同，而附件 1 双方均未加盖合同印章，故作为格式合同的提供者，对 C 应作不利解释。同时 C 从 10 千伏德团线直属粮库支线 003 号杆处分线又安装供附近大院子组的变压器及线路、从 008 号杆以后亦有供之后其他用电户的线路，因此 10 千伏德团线直属粮库支线的产权并不明确。

法院确定供电设施产权的依据是：因合同有关产权人的约定不明，作为格式合同的提供者，对被告 C 应作不利解释。事实上，法院根据第三人 D 的诉讼代理人提供的证据即事故发生地的线路示意图，最终未采信格式合同约定中的产权分界点。

进而，法院强调引发本案纠纷的根源是高压电能而非输电线路。潜在的意思是，无须查明产权人，而应适用《侵权责任法》所确定的责任主体为经营者的规定，追究供电企业的责任。

审理法院的认识与实务的主流观点一致。在《最高人民法院关于审理触电人身损害赔偿案件若干问题的解释》被废止后，以电力设施产权人界定高压电触电损害的责任主体为"产权人"缺乏司法解释基础，多数法院认为不能再以电力设施产权人来解释经营者的概念，因而出现了较为普遍的扩大供电企业承担赔偿责任的后果。不过，对于《侵权责任法》第73条将经营者规定为高度危险活动损害的责任主体，有的法官认为，这是新法对责任主体作出的最新规定，因此不应再使用电力设施产权人的概念；也有的法官认为应当继续使用《最高人民法院关于审理触电人身损害赔偿案件若干问题的解释》中规定的电力设施产权人的概念。可见，司法实践中出现了法律适用上的分歧。

作为第三人D的诉讼代理人，诉讼策略是力证D不是产权人，应该由电力企业承担触电侵权责任。代理人分别从事故地的线路图、与被告C之间的《供用电合同（高压）》以及线路的管护责任几方面充分证明了"D不是产权人"的观点。并适时强调了电力行业法规中有关责任主体规定的法律适用观点。最终，成功说服法官，判决D无须承担责任。

二、对高压触电损害赔偿纠纷中责任主体的理解

从立法上来看，对电力损害责任主体的规定较为繁杂，具体分为经营者、电力企业和供电设施产权人。《侵权责任法》第73条规定的责任主体是"经营者"，即"从事高空、高压、地下挖掘活动或者使用高速轨道运输工具造成他人损害的，经营者应当承担侵权责任，但能够证明损害是因受害人故意或者不可抗力造成的，不承担责任。被侵权人对损害的发生有过失的，可以减轻经营者的责任"。而电力行业法规则使用了电力企业的概念，如《电力法》（2018年修正）第60条第1款规定："因电力运行事故给用户或者第三人造成损害的，电力企业应当依法承担赔偿责任。"《电力供应与使用条例》第43条第1款采用的则是供电企业的概念。《最高人民法院关于审理触电人身损害赔偿案件若干问题的解释》在《侵权责任法》实施后被废止，其前三条关于责任主体的认定为"电力设施产权人"，这样的规定与《供电营业规则》第51条的规定是一致的。《供电营业规则》第51条规定："在供电设施上发生事故引起的法律责任，按供电设施产权归属确定。产权归属谁，谁就承担其拥有的供电设施上发生事故引起的法律责任。但产权所有者不承担受害者因

违反安全或其他规章制度，擅自进入供电设施非安全区域内而发生事故引起的法律责任，以及在委托维护的供电设施上，因代理方维护不当所发生事故引起的法律责任。"

鉴于无论是发电、供电还是用电，电能都在同一条电线上运行的实际情况，因而对责任主体的界定，有必要根据实际情况予以特别规定。充分考虑到发电、供电和用电的特殊情形，供电设施的产权界限在供用电的经营中具有重要意义，有利于划清不同的经营者责任。

理论研究也认为，在对高压电触电损害案件适用法律时必须考虑到电能及电能交易的特殊性，确定责任主体时，产权人的概念比经营者的概念更准确。电能的所有权和经营权在经过产权分界点的瞬间，就完成了交付，实现了权利的转让。此时的经营者就是特指持有电能进行经营的人，这种人就是电力设施产权人，而非仅指供电企业为经营者。[1]

总之，需要注意的是，经营者是一个宽泛的概念，从以持有电能进行经营的角度观察，其外延会远远大于仅仅是提供电能的供电企业、电力企业的概念。所以，对于《侵权责任法》第 73 条所规定的经营者，法官在对个案事实的认定中存在不同的理解，而一旦作出司法定性就会直接决定法律适用的结果。

此外，在第三人 D 无须承担本案侵权赔偿责任的基础上，本案的三个被告，其侵权行为不存在主观上的意思联络、也非同一行为，并且各自的侵权行为都不足以造成全部损害。对此，我国《侵权责任法》第 12 条规定："二人以上分别实施侵权行为造成同一损害，能够确定责任大小的，各自承担相应的责任；难以确定责任大小的，平均承担赔偿责任。"最终，审理法院根据查明的情况，判处三被告根据其责任大小承担按份责任。

---

[1]　杨立新："触电司法解释废止后的若干法律适用对策"，载《人民司法》2015 年第 1 期。

附录 　"问题自觉引导式"案例教学法

[内容摘要]

"问题自觉引导式"案例教学法的设计和实施，以提升法律硕士的法律应用能力为目标，围绕如何有效促进学生"学"这一难题，将学生自主性探究的案例教学法内涵与典型案例模拟法庭的载体形式有机结合。经过项目组成员共同的教学实践探索，在案例教学法应用的若干难点上，取得重大突破。"问题自觉引导式"案例教学法，是对建构主义学习环境展开实证研究的总结，关注和深入分析了案例教学学习环境的运作，关注学生应用法律能力培养的方法及其实效。报告全面深入阐析研究背景，总结教学设计实施理念，回顾教研过程，解析教学模式特点，介绍教改经验和应用效果，最终指明"问题自觉引导式"案例教学法的内涵及其推广价值。

[关键词] 　自主性探究　在案例中学　合作学习　教师引导　问题自觉

教育部、中央政法委员会联合下发的《教育部、中央政法委员会关于实施卓越法律人才教育培养计划的若干意见》指出了法学院教育存在的主要问题："我国高等法学教育还不能完全适应社会主义法治国家建设的需要，社会主义法治理念教育还不够深入，培养模式相对单一，学生实践能力不强，应用型、复合型法律职业人才培养不足。提高法律人才培养质量成为我国高等法学教育改革法制最核心最紧迫的任务。"这对法学高等教育提出了要求，应不断探索教学方式改革，有效提升法律职业素养所要求的法律应用能力培养效果，特别是对于研究生培养层次的法律硕士培养，定位就直接以法律应用能力为目标。因此，如何采取有效途径、切实提升法律硕士研究生法律应用能力培养，成为研究生教育教学中亟须解决的重大课题。

一、案例教学法的研究背景

（一）法律硕士培养中案例教学法研究的必要性

案例教学在学生法律应用能力培养方面的意义，已被我国法学高等教育普遍认同。在法学院教育中，案例教学被广泛应用。我国法学专业第一批案例教材和教辅材料自 20 世纪 90 年代开始出现，各高校法学院的专业课讲授也多在教案和课件中穿插各种真实或虚拟的案例材料，法学课堂上的案例讨论也较为多见。综观案例教学方法的应用，一方面，的确对传统理论"满堂灌"式的教学模式起到了一定的纠偏作用；但另一方面，却不免流于表面，因为仍然强调老师讲授的权威性和答案的唯一正确性，这就与传统讲授型教学方法并无实质区别。因此，在教学实践中，深入认识案例教学法的内涵，研讨和总结能有效提升法律硕士应用能力的案例教学方法，实为必要。

具体来说，当前法学院教育教学实践中存在问题，常见的案例使用方法多为教师在教学讲解特定知识点的教学过程中为加深学生的理解而引入案例情景解析法律概念，其实质仍然是教师主导的知识理解。教学过程没有充分关注和发挥学生学习的自主性，导致学生无法直面案例冲突、深入领悟法律理论所内含的实践选择功能，使得案例的功能与理论讲授一样，始终都是外在于学习者的学习材料，是背诵、记忆的对象，与倡导学生本位的案例教学内涵背道而驰。

案例教学在法学教育中的作用，再怎么强调都不为过。法学不同于纯粹理论学科，法学理论体系化的意义在于服务社会发展的法治化需要，用法律规范组织起社会关系以适应经济社会的发展需要。相应地，法学教育的任务、教学目标就是"使学生充分认识法律在组织社会生活方面的作用并能自主应用法律"，法律应用能力培养是教学的根本目的。对此，传统理论讲授型教学不足以胜任，故案例教学势在必行。案例的法学教育意义，就在于发展理论"为什么和怎么样"的阐释和实践选择功能。通过案例教学，一方面，学生可以通过学习案例更好地领会适用于特定事实的理论的具体含义，在理论与实践的对应中理解理论存在的必要性；另一方面，学生可以更好地思考在面对个案案情时，司法裁判会怎样处理，习得内在的认识标准，内化应用理论的方法。

（二）当前开展案例教学法的难点

案例教学开展的难点，首先是案例教材的编写，解决"学什么"的问题。当前亟须寻找典型案例并进行编写，使之能够全面覆盖知识点、阐释法律原理。缺乏合适的案例教材之所以成为案例教学开展的瓶颈，是由学界研究重心和当前司法特点所造成的。学界的研究重点在于法律体系的框架建设与制度设计，法学教育的中心也是原理的传授、知识的讲解；研究偏重理论性和体系性。而在实践中，司法的重点则在于解决纠纷与适用法律，而公布的裁判文书对裁判理由的详细阐述尚不完整。于是各种条件的制约，使得对案例的研究未能成为学界关注的焦点，遑论对案例的系统整理。另外，在案例典型性的识别方面，案例收集亦受制于我国司法制度的特殊性，如法院管辖的级别往往取决于案情的大小与标的数额的多少，上诉制度中并不存在事实审与法律审的区分，从而使最高人民法院审理裁判的案件并不必然具有判例价值，而基层人民法院的案件尽管具有特别重大的判例价值却既无被传播研究的可能性，也不具有法律上的判例地位。尽管《最高人民法院公报》案例发布制度和近年来推行的指导案例发布制度有助于此种状况的改变，但必然具有太大的偶然性而缺乏司法制度本身的保障。正是由于这些因素，在案例教学中，我们可能只是随机地获取案例（即便是指导案例或公报案例），或者可能只是在某些规则领域找到案例，或者所找到的案例不一定具有教学价值与研究意义。从部门法的角度来看，这样的案例教学势必只可能是零散的、个别化的，难以真正实现我们所赋予案例教学的期望。

其次，即使完成了对经典案例教材的编写，也只是解决了可"教"的问题，而如何促进学生"学"，才是案例教学得到真正推广和发展的关键问题。问题更多地表现为对现实教学过程的组织不力。在多数实施案例教学的课堂上，教师仍被置于讲授者的地位而显得过于主动，从案例的介绍、问题的提出、分析的展开到结论的得出均受控于教师。这样不仅削弱了学生主动参与的积极性，也压抑和束缚了学生的思维倾向和方式。同时，目前各高校的教学案例大多是司法实务案例，这类案例判决篇幅冗长、背景复杂、问题难度大，学生由于知识储备不足又缺乏工作经历和社会经验，导致其无从下手，进而失去兴趣，影响学习效果。如何聚焦知识点、锐化案例问题、引导学生通过理论的视域由浅入深、循序渐进地理顺案例问题的解决思路，帮助学生习得法律思维，是案例教学过程需要突破的难点。

二、案例教学法设计与实施的理念

案例教学有助于培养学生的法律应用能力，从案例教学与学生法律应用能力培养的现有研究成果来看，一方面，案例教学法所内含的学生自主性学习的建构主义教学基本内核，已经为案例教学法反思的相关研究所揭示。遗憾的是，在这类以自主探究式学习为理念的案例教学方法探讨中，因为缺乏实践载体，导致其研究多从理论到理论，缺乏以学科教育为基础的实证分析。法学教育界关于案例教学法奠基于建构主义的内涵以及现实操作、效果的探讨，还远未展开。另一方面，当前对法律硕士的能力培养是研究重点，模拟法庭的作用得到公认，但研究多将其视为实训方法，研究内容多为流程化的总结，如指出模拟法庭实训包括学生模拟法庭任务的准备和完成、教师点评和独立撰写总结报告等，尚未上升到教学模式创新的高度——对模拟法庭案例教学的知识观、师生观基础展开深入研究。

(一) 学习内涵：学生自主探究

案例教学首要的目的在于培养和发展学生的判断力，这涉及学生对知识的运用以及问题解决的能力，尤其是针对现实实践的"分析技能"与"决策技能"。其次才是学习和了解特定领域里的具体知识。一般来看，如果一种教学将关注的重心放在具体知识内容的获得上，那么，仅仅运用讲授法就足够了。的确，运用讲授法（或演讲法），把学生所要学习的知识内容直截了当地告诉学生、传递给学生，这样做自然省时省力、富有效率，但它的意义也仅仅限于那些稳定的、客观的知识信息的传递，一旦学习目的转向智慧能力的培养，讲授法的局限性就暴露无遗。最早倡导案例教学的先驱人物——哈佛大学工商学院的格拉格（Charle·I Gragg）教授曾撰文指出，正是"因为智慧不是经由别人直接告知而得来的"（because wisdom can't be told），所以才有开展案例教学的必要。这一信念几乎构成了所有案例教学的基石。

对于能力培养而言，一旦缺乏对学习者"自主性"的认知，在教学实施中不关注学生的自主知识建构过程，未激发学生发现自身学习中的真实问题，并进行有的放矢地引导，而一味采取灌输的方式，根本无法实现能力培养目标。反观当前法学高等教育教学活动中常见的案例教学法，教师在讲解特定知识点的过程中，为了加深学生的理解，而引入案例情景解析法律概念。其实质仍然是教师主导的知识理解，与案例教学的内涵背道而驰。问题就在于，教学过程没有关注和充分发挥学生学习的自主性。

传统讲授型教学，更为强调教师的控制性。其中，即使是对案例的分析讨论，也只是学生在教师详细限定的要求和控制内执行教师的命令。学生需要按照教师设计的方案，执行教师规划的步骤，探究教师提出的问题，生成教师想要的结论。这样的学习活动丢失了探究式学习强调自主性的基本内核。对于学生而言，是他主而非自主探究，教育学研究中将这种异化的案例教学，称之为过度"结构化"的探究。案例教学不同于举例分析，也不是教师指导下的学生实践训练课程。所以，贯穿案例教学的理念，应该是学生自主探究式学习。它与传统讲授型教学由教师主导的控制性学习相比，存在显著差别，更突出学生学习的自主性。

总之，要实现案例教学的目标——对教学质量和教学效果的追求，就必须实现教学活动从"教师本位"向"学生本位"的转向。案例教学法对学生自主性学习的强调，其意义诚如案例教学法的倡导者哈佛法学院院长兰德尔（Christopher C. Langdell）所言："虽然流行的教科书讲授教学法尽管也将这些法律理论和原则在教科书和教授的讲解中进行了阐释，但并没有给予法科学生以充分的机会，让他们运用自己的思索、推理和判断去深入领会这些原则和理论。相反，如果有机会让法律学生们在即决案例研习中去发现、总结和阐释这些法律原则和理论将会更好地实现法律教育的目的。这样，法律原则和规则就不再仅仅是被教授给学生的，而是学生自己发现和概括的。"

（二）教学实质内容：案例研究

案例教学与传统教学最大的区别，就在于学生学习方式的转变。这个转变概括起来讲就是，从被动学习走向主动学习、从个体学习走向合作学习、从接受学习走向探究学习。在传统教学模式中，学生往往以相对被动的方式进行学习，由于学习的对象往往是各学科领域中比较稳定的、客观公认的、现成的知识与结论，因此，学生仅仅需要认真听讲、做好笔记、及时复习巩固、完成家庭作业就能获得较好的成绩。但在案例教学中，教师不能把有关问题的答案、现成的结论直接教给学生，而是要求学生自主地去发现和探索，学生需要承担更大的学习责任，包括课前充分准备，课堂上主动参与、思考，课后积极总结。同时，案例教学把学习看作是一种社会性的相互作用活动，强调团体讨论、互动交往的重要性，这与常规课堂教学中学生相互竞争或相互隔绝、互不相干的学习方式形成了鲜明的对比。总之，案例教学中，学生的学习具有三个基本特点，即"参与性""协作性"与"研究性"。更准确地讲，学生的学习是一种"半学习""半研究"性质的活动，甚至可以说就是一种"研究"。

案例教学的本质是案例研究，旨在通过典型案例来应用和发展知识，使学生形成对知识的自主认知，并培养法律职业所需的知识应用能力。其难点在于收集典型案例并将案例进行有益于教学目标的使用。完成典型案例收集整理工作后，在具体的课堂教学中，教师需要思考如何引导学生理解案例情景中的困境，使法律概念辨析和法理分析以及现有法治反思成为案例研究的支撑点，这样方能在教学中确立起案例的典型性，使案例成为有效组织教学、引导学生理解法律知识、应用法律知识的起点。总之，案例教学的过程始终着眼于案例与理论实践选择之间的联系，通过教师有意识地引导，使学生通过自主学习形成理论认知，让学生持续地进行案例法律适用的研究。

为了突出学生的案例研究过程，项目研究教学过程中安排了典型案例模拟法庭任务。在模拟法庭准备—演练—评价—总结的全过程中，不断强化和考核学生法律理解、事实归纳及法律适用的法律应用能力。所谓法律理解，就是使用适当的方法，对法律条文进行合理解释，解决法律普遍性和个案特殊性之间的矛盾。所谓事实归纳，是从纷繁复杂的生活事实中，发现关键的规范事实、要件事实。所谓法律适用，则是将法律适用于社会生活的全过程，并且对"为什么案例事实可以适用法律"进行充分论证。案例教学要在事先进行周密的策划和准备，要使用特定的案例并指导学生提前阅读，要组织学生开展讨论，形成反复的互动与交流，通过各种信息、知识、经验、观点的碰撞，达到启示理论和启迪思维的目的。由此，不断推进案例认识的过程和相关法律条文及理论研究的深度。

（三）教学活动形式：模拟法庭

模拟法庭之所以被选择为适当的案例教学方式，一方面，司法案例裁判属性决定了可将其作为合适的案例研究素材。如果将法律应用能力表现在书面上，最直观的，就是法律解释清晰、事实归纳准确及法律论证充分的法院判决书。葛云松教授在《法学教育的理想》中指出："实际上，法官所需要做的工作与学者所撰写的法律适用论文相比，其工作性质是完全一致的，都是一种法教义学上的研究，需要的都是法律诠释能力、法律推理能力和法律论证能力。"从司法案例教学运用的形式上来看，模拟法庭的案例研究，更多的是个案分析。当然，在案例教学实践中，对司法案例的运用，受制于有限的教学时间，还可以采取小组案例分析的方式，对某个知识点进行群案分析。这样，可以更有助于使学生自主形成对现实纠纷的类型化把握，深入思考法律条文规定对现实实践需要的应对。

不过，在案例教学之前，有必要对其中可能存在的问题做好充分考量。尤其值得注意的是，在现有公开的判决书中对裁判理由的论证不充分，大多只是简单的事实认定结论和法律适用结果，而对法律理解和法律适用的具体理由并不直言，这些内容多半只体现在法院的内部办案卷宗中，外部人根本难以接触。所以，当前以司法判决为基础的案例研究和案例教学法实施，难度和空间并存。

另一方面，从教学开展角度来看，模拟法庭同时也是适合学生自主探究式学习的教学设计。一个好的探究教学设计具有这样的特点——它知道学生在建构的进程中会遇到多少复杂问题，多少障碍物，要兜多少圈子，并设计了一个充满适度竞争与阻碍的动态系统。在探究式学习中，一个好的教师通过设计一种无忧无虑的空间，一种可以探索、表达、分享思想、计划和产品的自我完善的空间，来创造意义建构、知识建构的领地。最好的方法是引导学生思考和谈论他们所做的事，探究式学习不是依靠教师找到一种传播知识的最佳教学方法，而是给学习者更好的机会去建构。模拟法庭的学习方式正好吻合了这种教学设想：通过引入案例，让学生自主在执业角色中去感受、分析法律对于现实生活的建构作用，在这个过程中完成自己对法律知识的认知及对知识意义的建构，最终内化为自身的法律应用能力。

三、案例编写与案例教学的设计

在开展案例教学法前，项目组成员经过反复教研和长期准备，编写完成了适应案例教学的典型案例教材，充分论证了案例教学法实施的关键点，为案例教学教改活动的开展奠定了坚实基础。

(一) 案例编写设计

有必要明确案例编写的目的。编写案例的目的是进行课堂讨论，它使得学生通过实际参与，体会到自己将来在职业生涯中可能遇到的问题。因此，案例不单是具有权威性质的历史文献，也不单是传播知识体系的信息，其存在目的是要生动地再现法律问题。所以，案例应该是事件，具有现实性，案例可以被定义为"特殊的、很好地用资料证明的、详尽叙述的事件"；同时，案例本身也是事件或事件结果的报告，案例所代表的知识使它们成为案例；案例代表理论知识，这样案例和理论永远联结在一起。"没有理论知识就没有案例"，"如脸上的一个红疹，在观察者了解到该病的病理之前，它不是某种病的案例"。一个司法案例本身可以进行法理分析的深度，决定了该案例所具有的典型性。

一个好的案例通常会强制学生作出自己的决定。这种强制性的决定分为采取行动走向性和回顾性两种。前者主要是模拟法庭的任务承担，旨在让学生从参与者的角度来思考如何采取行动解决一个具体的问题，即"如果你在原告方的位置，你将如何处理此事？为什么？"相比之下，回顾性案例则是案例总结评价阶段，当所有同学都了解了整个案例进程后，需要回答的最关键问题是，"你如何评价诉讼各方的行为，为什么？"

项目研究过程中，在布置案例编写任务时，对编写题目、知识点、收集资料、案例典型性、案例编写范式和讨论设计都做了充分的事前设计和论证。一方面，确定了统一的编写体例。包括五个部分：第一，案例问题，即对案例事件及其法律问题的提要。示例：行为人没有可以理解的自我利益而注册一个互联网域名，该域名同自己的姓名和活动不存在任何联系，但却与另一个公司的商标相同。在法律上对这种行为的性质应如何认定，是依《商标法》进行认定，还是依《反不正当竞争法》进行认定？如何理解商标法律关系、商业混淆法律关系的不同定性？第二，案情介绍（事实）及法院裁定（针对争议焦点的认定）。第三，案例评析（涉及法律适用），包括案例证据、事实、法律适用的基础材料。特别要注意请求权基础、法律事实构成要件的逻辑梳理。第四，我国法治实践。简要介绍这类案例的普遍性，甚至可以概括列出对于同一事实不同法院的不同认定。若涉及的经济法行政监管机构主动监管的，简要介绍行政监管实践。第五，推荐阅读书目，有利于拓展学生学习、理解相关理论和实务的书籍或期刊论文，不少于 3 本（篇），而且不能是教材性质的。

另一方面，明确编写题目，要求围绕经济法中的具体法律，每门法五个左右的案例，案例选择必须针对知识点、具有理论对应性。具体而言，公司法治基本知识点包括：公司设立和成立、股东资格和股东权利、公司治理结构、公司注册资本增减与公司的合并、分立，公司解散和清算。竞争法治基本知识点包括：一般条款，商业混淆、商业诋毁、商业虚假宣传、侵犯商业秘密。消费法治基本知识点包括：消费合同法律关系，产品责任法律关系。金融法治基本知识点包括：银行法律关系、票据法律关系、信托法律关系和保险法律关系。最终，在项目组成员的通力合作和辛勤努力下编写出了适应案例教学需要的案例教材。

（二）案例教学法实施论证

案例教学法不是仅仅列出几个案例，让学生们回答几个问题，然后教师再将正确答案评析一番。案例教学对教师的素质要求较高。

（1）教师必须正确选题，所选案例要适合教学目的和学生水平层次。其次，教师必须具备从理论知识到实践操作的综合运用能力，具有较强的课堂驾驭能力，能够始终把握住案例讨论的主题，以免主题过于分散。最后，教师要更新教育观念，有投入教学方法改革的自觉性和热情。在具体的案例教学过程中，一名好的或称职的案例教师，通常是先给一个有意义的分析构架，并不把讲课的重点放在案例细节的问答上，而是着力分析、以模拟法庭的演练为话题引导学生讨论事实背后的问题及其含义，最后给出若干带有普遍意义的结论。

（2）应拓展教学方式，在案例教学中，应适当选用视听型案例，开展多媒体教学。心理学实验证明，在听觉、视觉和触觉三种信息接收方式中，常人通过听觉接收的信息量比例约为 11%，而通过视觉接收的信息量比例高达 85%，其余身体各部位如鼻、舌、肢体等接收的信息量比例约为 4%。采用多媒体教学，学生在教学过程中主要是通过视、听的方式来接受教师所传递的信息，可以确保信息传输的有效性。

总之，案例教学与案例编写息息相关。案例的编写旨在使案例的运用有章可循，编写案例包括选择题目、收集资料、案例撰写、设计讨论四个部分。

案例教学的步骤一般可以分为：提供案例—组织讨论—教师评述—养成指导。与此相适应的学生学习过程是：体验情境—分析材料—掌握原理—锻炼技能。通过案例编写，教师的案例研究能力得到锻炼，还可以深入思考案例事实与理论的连接点，从而在具体的案例教学指导中，更能做到有的放矢，有利于提升对案例教学课堂的驾驭能力。

四、"问题自觉引导式"案例教学法的特点

要发挥典型案例学习环境创设的有效性、切实提升学生的自主学习效果，必须把握案例教学法的特点。总体来看，教改过程始终围绕案例的典型性、学生学习的自主性，在合作学习中的同伴影响以及教师引导的反思中进行，并将这四点视为个体建构知识不可或缺的环节，这是"问题自觉引导式"案例教学法不同于传统教师主导控制式教学模式的实施关键。经过长期的教研和教改实践，项目组成员深刻认识到：一旦缺失了学生积极自主地探究及学习共同体的交流与研讨（质疑与反驳），没有同伴知识、教师知识的参与和影响，学生知识能力的自主建构势必难以实现，探究式学习最终也将无法完成。

（一）案例的典型性

开展案例教学的前提，是能够寻找到与理论有连接点、可以阐释和发展法律理论的典型案例。开展案例教学，教师必须对案例与法律的关系，典型案例与法律发展的关系有深刻地认识。法律本身并非客观、稳定的知识，案例法律适用自然也不是客观法律的僵化表达。通常而言，法律被想象为一种真实的存在，它分散且孤独地居住着，并通过法官们的声音说出了它不得不说出的语词。这是将法律视为一种客观真理的理想，每个法律体系都趋向这种理想。孟德斯鸠说："一个民族的法官，只不过是宣布法律之词语的喉舌，是无生命的人，他们既不能变动法律的效力也不能修正其严格性。"但理想终究不能替代现实，洞察法律本质的表述是美国总统罗斯福在 1908 年向国会发表的咨文中的论断："在我们国家，主要的立法者也许是、并且经常是法官，因为他们是最后的权威。在他们每一次解释合同、财产、既得权利、法律的正当性过程以及资源之际，他们都必然要将某种社会哲学体系的某些部分带入法律；并且，由于这些解释是根本性的，他们也就是在给所有的法律制定提供指导。法院对经济和社会问题的决定取决于他们的经济哲学和社会哲学；

并且，为了我们民族在 20 世纪的平稳进步，我们应将其中的大多数归功于那些坚持 20 世纪经济哲学和社会哲学的法官们，而不是归功于一种早已陈旧的、其本身就是初级经济条件之产物的哲学。"所以，随着历史变迁，社会发展对法律的调整需要，为法律客观性的理想提供了必需的校正。案例具备了阐释和发展法律的基础，也就成了典型案例。

为攻克典型案例的收集、整理难点，保障案例教学的有效实施，项目组成员专门组织起来，完成案例教材的编写工作。第一，分解和确定知识点，要求匹配的案例必须具有典型意义，具体选择的案例或是最高人民法院指导案例或公报案例，或是二审改判案例或是再审改判案例；第二，在对每个知识点对应的典型案例进行法理分析后，必须撰写实践观察，引入系列案例，分析法律适用的规律，展现现实问题的法律回应和对案例的法理探讨。

（二）自主探究式学习的过程性

采用模拟法庭的必要性在于，通过课前的模拟法庭准备，以及课堂演练、针对性讨论和评价，可以有效贯穿学生的自主学习过程。教学应用目标是：通过安排案例模拟法庭，学生不仅能迅速地了解司法实践中的制度运作，更能够加深对法律条文、法律漏洞、法律解释方法等问题的理解与认识，通过引入学生在理论知识记忆中没有经历过的现实场景，使其能训练自身的法律应用能力。

通过在教学中引入真实案例情景，推进学生"在案例中学"和"合作学习"过程。具体案例教学法的过程围绕案例法律适用的自主探究，可以分为以下阶段：

（1）案例布置阶段。引入案例情景，布置案例任务。首先，通过引入知识应用背景，以激发学生自主学习知识的兴趣。其次，交付学生未加工过的典型案例材料，布置模拟法庭学习小组和非模拟法庭学习小组的案例学习任务。

（2）模拟法庭阶段。提出模拟法庭演练的具体要求。首先，安排适当的探索时间。从布置案例到模拟法庭呈现，中间有一周的准备时间。其次，维持对证明、解释和意义的强调。强调证据事实与待证事实的关系，待证事实与规范事实以及与法律规范适用之间的关系。最后，示范高水平的操作行为。对学生在模拟法庭的表现有严格要求，要按照"程序控制、事实查明、法理分析、说服与心证"各项指标进行综合评分。一旦评分低，则可能被要求重新组织模拟法庭，以形成学习压力。

（3）模拟法庭评价阶段。教师为学生自主思维和推理"搭脚手架"，引导非模拟法庭组学生围绕案例展开自主分析。首先，分析澄清具体诉辩主张与主体利益之间的关联。其次，建立起事实与法律概念之间的联系。一是，解读诉辩主张中所蕴含的法律概念；二是，总结双方诉辩不一致之处以形成争议焦点；三是，讨论案例诉辩双方所争议的究竟是事实问题还是法律适用问题。最后，在对案例争议充分讨论的基础上，由非模拟法庭组学生自主根据评价指标对模拟法庭的表现进行评价。

（4）法律应用问题自主发现阶段。教师根据模拟法庭组学生的回答，通过问答的方式引导学生自主发现案例法律应用中存在的认识问题，形成问题自觉意识。首先，在基本要求上，需要模拟法庭组的学生在回答问题的过程中清晰表达思考过程，自主厘清使用案例相关的法律概念维护当事人利益的知识意义。学生的回答，可以缘于非模拟法庭组学生的发问，必要时也可以由老师追问。其次，通过不断对学生法律应用思维过程的追问，引导模拟法庭组学生反思自身在对知识的理解与应用中存在的错漏或不足。一旦学生形成"问题自觉"，就会启动新一轮的自主知识建构。

（5）案例教学知识总结阶段。引导学生总结自己在过程中所形成的对知识的感知。教师的总结，只重总结知识的意义而非传达知识的内容。一方面，总结不聚焦于特定法律概念，不确定所谓的正确答案，也就是不充当知识权威的角色。另一方面，引导学生总结自己的知识建构过程，分享知识建构的感悟，明确案例启发意义并回答：对社会生活中特定当事人利益保护而言，可以选择哪些合适的法律武器，以及需要注意哪些法律应用中的思维逻辑问题。

以模拟法庭方式组织案例教学的优点在于，能充分发展学生与学习同伴之间的对话，激发学生自主积极思考，防范消极学习的"搭便车"现象。与小组专题汇报相比，模拟法庭角色更多，而且每一个角色都有自我表现的空间；同时，角色与角色之间又有配合，因为要更好地呈现庭审过程，大家都承担着完成庭审任务的共同目标。所以，既定的任务和角色，会使得每一个学生积极参与、贡献智慧。在参与案例教学的学生中，有90%的学生更认同小组模拟法庭方式的学习效果。虽然，在教学实践中，模拟法庭组偶尔会出现对知识运用的偏离，未抓住法律适用关键的问题，但通过课堂引导及分析讨论，重新进行模拟法庭后，一般能有效解决。有意义的教学经验是，即使模拟法庭表现不佳，也只是说明学生存在真实的、属于自己的学习问题和知识理解问题，而这正是案例教学的最大意义，即突出学生学习过程的自主性。

（三）合作学习的非指导性

学习（教学）方式和学习效果之间，并不是简单地决定与被决定的关系，前者只是影响后者的一个变量。在教学中，"如果教师只从知识本身的逻辑体系来思考教学上的安排，又单纯以讲授方式组织教学活动，那么实际上就是将学习过程的最重要部分留给学生自己去做"。应该认识到，即使产生了学习效果，那它也常常是以建构的方式发生的，教师的讲授活动只是这种建构过程的支持物而已。建构必须基于学习者的个体体验，"正是由于不同的学习者在建构新知的过程中是基于不同的知识经验，对于当前学习支持系统有不同的适应程度"，最终才产生了不同的建构结果，也就出现了不同的学习效果。

值得进一步反思的是，传统教学模式对学生自主探究式学习的抑制。教师的事先理论讲授，指定材料的阅读与分析，实质都表明学生要"学什么"。学生无非是按教师的思路学习，可这样的思考却不是学生自己对问题真实的、深层次的思考。当然地，在面对真实案例问题的解决时，学生就不能自己着眼于问题的解决，通过法律概念来"再造"生活事实，从案例中解读出有法律意义的规范事实。所能做的只是机械再现、简单重复老师讲授时所灌输的理论。

上述反思结论，实质上与建构主义对学生学习的预设完全一致。众多建构主义观点都可以归结为一个根本的学习假设，即知识是由学习者积极主动建构的。在建构主义看来，对事物的理解，是学习者在自己与环境相互作用的过程中自主建构的认识。通常认为，学习者的认识并不是固定在某种客观事物中的，而是由个体在实际情景中，在自己解决问题获得经验的过程中所自主建构起来的。一旦引入建构主义的学习观后，对学生学习过程就会产生不同的预设：学生学习的效果、获得知识的多少，"完全取决于学习者根据自身经验去建构有关知识的意义的能力，而不取决于学习者记忆和背诵教师讲授内容的能力"。案例教学法实施中，真实案例的作用只在于创设情境。对于学习者而言，法律的概念难以通过识记、背诵的方式获得，只能在现实情境的自主探究、学习者"有意义"学习的过程中被"习得"。将案例教学法实施的重点放在情境创设中，选取合适的典型案例对教材知识点进行阐释、引发学生关注理论概念文字表述背后的法律调整需要，符合建构主义的学习预设。

案例教学法的实施是通过案例创设学生的自主学习环境，目的在于培养学生的法律适用能力。法律适用是一个复杂的过程，针对具体个案寻找所有可能适用的法律，从纷繁芜杂的现实中提炼出有法律意义的事实，需要学习者自己无数次从理论到现实的"穿梭"。这又必须以学习者完备的法律知识为基础，所以说，法律适用是一种关于法律专业知识的"智能技能"。学习者专业"智能技能"的提高体现为对法律适用的判断力，这种判断力的取得无法单纯的通过教导获得，必须经过训练。学生只有在所创设的学习环境中通过不断的自主式探究，才能培养出其自身对法律适用的判断力。

在合作学习阶段，教师秉承非指导性，也就是要做到：除了要求模拟法庭演练使用法言法语之外，对所谓的案例法律适用的唯一正确答案，教师始终不做正面回应。教学过程的开展和教学效果的取得，完全倚重学生的合作学习，从而使学生正确对待和评价自主学习过程。小组同学之间良好的合作学习，成为自主探究式学习开展的起点。倡行合作学习的非指导性的重要意义在于，使学生在法律应用方面存在的问题，在模拟法庭演练环节中可以自动呈现。

（四）教师作用的引导性

法律应用问题自主发现阶段，通过教学互动的设计，教师有意识地引导学生自己形成"问题自觉"，自己总结出在法律应用中存在的有关法律概念或法律条文认识理解的问题。在案例教学法的实施过程中，教师根据学生互动交流中的模拟法庭组学生的回答，通过问答的方式引导学生自己发现案例法律应用中存在的认识问题，形成问题自觉意识。首先，在基本要求上，需要模拟法庭组的学生在回答过程中清晰表达思考过程，自主厘清所使用的与案例相关的法律概念对于维护当事人利益的知识意义。学生的回答，可以缘于非模拟法庭组学生的发问，必要时也可以由老师追问。其次，通过不断对法律应用思维过程的追问，引导模拟法庭组学生反思发现自身在知识的理解与应用过程中存在的错漏或不当之处。一旦学生形成"问题自觉"，就会启动新一轮的自主知识建构。

学生自主学习的有效性方法就是在教师指导下的、以学习者为中心的学习,"既强调学习者的认知主体作用,又不忽视教师的指导作用,教师是意义建构的帮助"。通过案例教学法实施的教学活动,能感受到教师的明显成长。在教改过程中,教师关注的重点不再是知识本身的逻辑体系,教师的定位也不再是知识的讲授者而仅仅将学生作为被动的知识获取对象,而是更关注学生在被引导后回应和互动,着力于启发学生通过自主思考而自己"走向"正确答案、收获知识。所以,仅强调教师的非指导性并非探究式学习的关键。能否有效引导学生反思法律应用中存在的问题,并自主形成有关问题的"自觉意识",是检验案例教学法实施效果的根本标准。

引导的过程,就是通过不断的追问和反思,强化学生对法律应用的认识——理论与现实永远不是一一对应的,法律定性是理解现实的结果,而理论前见决定了对现实的认定结论。所以,判决可以被质疑,但始终都是围绕妥当性进行质疑,质疑本身是实践理性发展的结果。案例结论没有唯一的结果,通过引导学生从理论知识本身把眼光深入到理论前见,以案例中特定法官的思维模式作为思考对象,从而批判性地发展出属于学生自身的思维。所以,教学势必体现教师对学生自主知识建构的引导,而非教师单向对知识权威的控制。

五、教学实践探索及其效果

案例教学法的推广和发展不仅需要完善和加强案例库的建设、提高教师素质,更需要教师引导学生改变传统的学习方式,进行自主式探究学习。以学生自主的合作和讨论为基本学习形式,教师将复杂冗长的案例进行分解、化繁为简,巧妙地设计封闭型任务、半开放型任务和开放型任务,通过"任务"驱动学生进行由表及里、逐层深入的自主和探究学习,学生在完成一个个任务的过程中实现对课程知识体系的建构。最终,学生在模拟法庭任务的驱动下,在完成任务、解决问题过程中自主、探究、合作学习,构建自身对知识的认知和能力的提升。

(一)"问题自觉引导式"案例教学法的实践经验

(1)案例教学是学生自主的思考和解说。

案例教学,离不开对案例认识的启发和引导。如何认识案例决定了教学实践中对案例分析的引导方向。在案例认识上，存在着两种截然不同的观点，一种观点认为：案例作为真实情景的再现，意义在于通过案例可以获得理论知识。实践被看作是科学知识的逻辑推演，因此，实践能力的培育就演变成科学知识的获得，认为学好理论也就等于学会了实践或者说学好理论自然就会实践。案例是理论教学的"练兵场"，因此，案例教学的根本就在于理论的获得。另一种观点认为：案例是主体建构的结果。不同叙事者面对"同样"的现实，可能有不同的故事。因此，案例是负载叙事者意义的文本，而不完全是对现实的客观描述，案例中的现实是经过叙事话语过滤了的现实。在案例教学过程中，只有了解了案例叙述者的意图、视角以及立场，才能不被案例中隐含的思维模式、文化、意识形态等所控制，进而才能批判地吸收叙事知识，实现自我的解放与发展。两种观点的根本不同，源于价值观的不同——前者是科学知识取向、后者是叙事知识取向。叙事知识取向的案例教学并不否认科学知识对于学习者的价值，只不过它认为我们应"把重点放在活的科学形成过程中，而不是放在已经完成的科学遗骸上"。

通过教改实践，明确了案例教学引导学生自主学习的重点是：致力于建构主义的案例教学，不仅要关注案例故事，还要关注话语表达与叙述行为本身。也就是说，对案例的理解，应关注法官的视角，案例本质上是叙事者将现实以一定的视角及叙事框架建构而生成的。通过对他人案例的话语与叙述行为的分析，比如叙事视角、叙事框架等的分析，能洞悉案例中隐含的偏见，也就能够对他人的"前见""前理解"、缄默的个人实践知识等进行深入理解，从而批判地吸收他人的叙事知识，促进自我的发展。通过对案例话语与叙述行为的分析，可以了解观察者自己的"视域"和自己缄默的个人实践知识，开启自我能力转化之路。

从案例叙事视角来看，每一个案例中除了理论知识点之外，更多的是对现实场景中问题的解决，需要不断考量案例要解决的问题是什么？困境是什么？现有解决措施的边界何在？所以，在案例任务的布置环节，需要进一步优化设计，以激发学生的学习兴趣。具体来说，就是通过案例情景引发学生的认知冲突。一方面，案例典型性源于能够形成认知冲突的案例情景。比如，企业简称是否受法律保护？根据学生记忆和理解的现有法律条文，受保护的商业标识在范围上并不包括企业简称，但案例中原告要求保护。这样就形成了认知上的冲突。另一方面，生发情景学习的迫切性，追问法律是否有必要提供保护，法律保护的意义何在。

通过反复、多轮展开的模拟法庭案例演练和引导追问过程，学生会普遍认识到：理论与现实永远不是一一对应的，具体案例事实的法律定性是法官应用法律知识理解现实的结果，而理论前见决定了对现实的认定结论。个案法官所作的判决本身成为质疑的对象，围绕判决的妥当性进行质疑。案例没有唯一的结果，通过引导学生从理论知识本身把眼光深入到理论前见，将案例中特定法官的思维模式作为理解思考的对象，回答个案法官为什么会如判决那样认识问题，从而批判性地发展出属于学生自身的思维。所以，教学过程势必是对话取向的，学生自身的思维发展是在与其他学习同伴的对话、与老师的对话中不断取得的。

（2）案例教学是合作学习中的倾听和理解。

教师的"听"及适时提问，旨在将讨论推向纵深；学生的"听"，强调认真参与。在教改实践中，曾经更艰难、亟须解决的问题是：如何保证非模拟法庭组学生的认真倾听，以确保课堂讨论的全员和全过程参与。问题源于最开始的教学设计，最开始采取的教学方法较为简单，具体安排是：模拟法庭由学生主导，模拟法庭后的课堂总结由教师主导。虽然也会结合案例及学生的模拟法庭表现，展现出对知识点的把握和理解，但在效果上，学生仍然是被动学习，仍然没有超越老师"灌输知识"的常规教学方法。好处只是通过模拟法庭的案例呈现，让学生领会理论和实际的结合点。但是，对于那些理论基础不扎实的学生，根本无法深入思考理论和实际为什么需要结合，仅限于"老师是这么说的"。因此，知识带入仍然是外在于学生自身思维的（我自己没有这么想）。教学的效果是，模拟法庭组和非模拟法庭组形成截然相反的评价——模拟法庭组的学生经过思考和解说，再加上课堂中老师的分析总结，对相关的知识点形成了自身深入的认识；而非模拟法庭组的学生，因为对案例本身缺乏前期的学习与思考，针对模拟法庭的现场解说无法形成在专业知识基础上的有效理解，互动效果差。比较明显的表现为，在课堂讨论以及评价结论环节，非模拟法庭组学生往往因为对法律问题及其关键法律事实的把握有偏差，使案例教学不能被有效推进。最后，模拟法庭组的学生甚至总结道："模拟法庭是展现给老师看的，至于其他同学听不听得懂不重要，只要专业的老师认可就可以。"

不得不反思的是，如果教学效果仅仅是每一组学生针对自己的案例获得了对相关知识的理解，这无疑表明课堂教学的效率偏低。因为从分组来看，根据学生总人数，6~8 人一组，即使整个学期的 18 个课时都采取案例教学，最多也不过进行两轮。一门课程，只掌握两个知识点远不足以把握基本的课程知识。所以，要有效提高学习效果，使每个学生既能在自己组的模拟法庭学习中受益，又能在其他组的模拟法庭中受益，成为亟须突破的关键问题。

反思教学设计，首先，专业知识应用的模拟法庭评价标准是明确的，所以模拟法庭组有较大的动力进行专业思考以获得老师的认可。其次，对专业知识评价标准的理解，只有在经过学生自主的前期学习思考的基础上，学生才可能戴上"专业知识的眼镜"重新去观察和审视"案例"，也才有机会深入思考和理解知识的全貌，才可能在课堂点评阶段实现有效交流。围绕着对"怎么调动非模拟法庭组学生的前期自主学习动力"的思考，后续调整的教学安排是：增加了两个非模拟法庭组主导的环节，一是，在课堂模拟法庭之前，由非模拟法庭组总结出"对案件的法律定性，庭审需要查明的关键事实有哪些"，小组代表解说，教师主持全班对不同组的认识进行比较；二是，在课堂模拟法庭结束之后，教师总结评价之前，增加非模拟法庭组根据之前提出的庭审标准对模拟法庭的表现进行讨论后打分，各小组必须严格根据之前总结的评价标准给出小分，加总后给出总分。调整教学安排后，教学效果得到了明显提高，无论是模拟法庭组还是非模拟法庭组的学生自主学习，都得到了积极调动。通过导向性的总结任务安排，实质上成功地向非模拟法庭组的学生传递了信号——在观察评价模拟法庭之前，务必要准备好"专业知识的眼镜"。

调整教学设计之后，教学效果较为显著：教学安排，督促学生形成认真倾听和理解的习惯。非模拟法庭组的学生在模拟法庭开始前，被要求进行模拟庭审目标设计，虽然并没有承担模拟法庭的任务，但仍然需要"像法官那样"预先确定好庭审需要查明的事实任务。这样做能确保非模拟法庭组的学生通过认真观察模拟庭审之后，在案例模拟法庭评价和讨论环节，充分地理解模拟法庭组表现出来的举证、质证是否有利于案件的事实查明，要件事实是否已经查明，双方关于事实认识和法律适用的意见是否已经充分表达。

（3）案例教学是教师的引导性学习。

案例教学，需要激发出学生自主学习的热情，倡导以学员为中心的教学理念，那么学生个人学习兴趣和教师教学要求二者之间的有效平衡就决定了学生的参与程度及互动讨论的成败。教师需要正确把握学生的学习情况、合理安排分析讨论过程，使学生能通过自主学习思考从案例事实中建构起法律概念。通过模拟法庭的呈现，教师需要把握学生的基础、理解新知识的困难和学生之间的差别，梳理出：①学生已经懂得了什么；②学生自己能学懂什么；③学生误解和不理解的是什么；④学生学习的差异在哪里；⑤推进学生自主学习需要怎样的合理"铺垫"。在知识讨论和总结环节，教师主要通过提问引导，引入以学生个体的评价，以推进互动讨论的全程性，让学生通过自主的思考走向"知识本身"，更深入地贯彻"案例教学"的宗旨。对学生自主探究过程中的教师引导作用的理解应该是：一方面，关于教师的定位，案例教学中我们应该推崇苏格拉底式的教师，像雅斯贝斯所说："学生们渴望把老师变成权威，变成大师，一个苏格拉底式的教师须将此看作是对学生的最大诱骗而加以抵制；他应当引导学生从自身出发返回自身；他应当隐藏在悖谬之中，使人无法接近他。"另一方面，对于教师的职能，为有效激发学生在各个学习环节的自主性，教师应该严格设计对自主学习任务完成的考核流程，明确考核标准。且为了进行合理的学情分析，设计一系列的环节进行引导。

首先，在案例分析结束后的评价阶段，由其他组的同学承担点评任务。然后，老师再阐述自己的观点。在模拟法庭的案例分析中，其他非模拟法庭各组需要说明对案例事实的自主判断，以此为标准评判模拟法庭组庭审查明事实的清晰程度，为评判庭审是否有助于形成案例判决结论所必需的"自由心证"进行打分。在群案案例分析中，各个组之间进行循环评价，针对讲授交流环节的临场表现，以及案例分析本身的理论判断（包括案例的相关性、典型性，法律概念辨析的正确性，法理分析的全面性，以及法治反思）进行综合评分。小组点评完毕后，教师进行总结梳理。并要求承担案例分析任务的各组做案例总结报告，内容要求包括经验总结（检点自身表现的优缺点）、各组案例分析内容以及各组案例的类型化认识。

其次，在学生自主点评结束后的案例总结环节，教师需要进一步引导学生总结、引申知识。譬如在商业标识的指导案例分析中，引导学生分析如何看待商业标识的作用、怎么判断一个商业标识的构成。对此，学生需要结合案例分析：商业标识法律保护的必要性——能得到法律保护的标准，即法律事实构成要件。还可以进一步引申到互联网经济中，对网址、搜索引擎等范围文字使用的法律规范。这样，通过不断变化案例前提，激发学生寻找答案，在开放的变式环境中重视教学内容的扩展。案例教学活动，更强调激发学生对商业标识法律保护必要性的思考，所以较之知识记忆再现的浅层思维阶段，不只是将《反不正当竞争法》第 14 条进行记忆，经过模拟法庭的组织和评价，以及自主探究式合作学习和交流学习阶段之后，在教师的引导下，学生可以更深入地从竞争关系、竞争环境的角度思考法律调整的必要性。当然地，也就为自主知识构建奠定起商业标识法律保护的思维体系框架。

总之，教师的引导和评价，应关注理论建构的过程而非结论。在自主探究式学习阶段，对事实的认知，是学生根据既往知识经验思考的成果。在对学生展示进行评价时，老师不能以理论本身作为评价标准，去简单认定知识的正确或错误。首先，应该引导学生自己总结或互相总结认识的过程，鼓励学生表达出自己想展现的和旁观者观察到的展现的内容。其次，让学生总结、厘清案例中法律适用需要查明的核心事实以及事实的证明强度（即法院是否足以采信），进而引导学生有理有据地反思、认识结论并对结论作出评价。

（二）案例教学法是培养法律应用能力的方法

郑金洲先生在《案例教学：教师专业发展的新途径》一文中指出：案例教学的着眼点在于学生创造能力以及解决问题能力的发展，培养学生的理解、分析与反思能力。因此，案例教学的最大优势就在于培养学生的思维能力。如果说模拟法庭考验学生认定事实的法律思维能力，那点评总结阶段则旨在发展学生适用法律的能力。所以，每一次模拟法庭任务，都是对小组通力合作以及法律适用能力的考验。小组成员需要在为期一个星期的准备阶段，研讨法律构成要件事实以及个案的证据事实等。通过一个学期的模拟法庭，近12 个典型案例的模拟庭审，学生普遍意识到存在法律并不意味着立法律能自动适用于个案，如何认识法律对于最终的案件判决、法律适用结果的意义，是每一个法律职业人都需要思考的根本问题。在回答期末考题"你认为法律适用的三个基本要素，即'适用法律的人''适用的法律条文'和'法律条文适用前提的构成要件事实'三者中，哪一个要素对最终的法律适用结果有决定性的影响"时，近五成的同学认为法官很重要，提到了法官的专业素质；仅四成的同学认为法律事实很重要，提到了庭审的根本作用和基本流程。应该说，这样的答案与学生自身内化的认识密不可分，是学生在学习过程中不断拷问自身思维过程、锻炼自身思维能力的结果。所以，案例教学法的实施，能切实有效地培养学生的法律应用能力。

经过自主探究式的知识建构，学生能够把握法律应用中的"范式"。如经过对商业混淆指导性案例的分析，学生既掌握了法律条文中规定的商业标识保护范围所体现出的常规"范式"，还掌握了典型案例的法律保护必要性所体现出的网络经济新兴发展"范式"。更关键的是，可以进一步从对立法目的解读中，把握住法律概念中的实践理性。从而，有助于其更敏锐地从个案中识别出是否需要法律保护的关键问题。

具体来说，以应用能力培养为取向的特色教学安排的要点有二：

（1）明确教学要求。模拟法庭的基本要求是：锻炼学生的法律事实判断能力以及相应的证据收集能力。根据案例判决结果，再现法庭认定事实的证据，在每一关键法律事实上必须匹配相关的对己方有利的证据。每一个案例在庭审前的案情简介阶段和庭审后的点评阶段，首先都要求用一句最简短的话总结"案例中被告存在的行为事实是什么"；其次，针对行为的法律定性，判断诉辩双方的法律事实要点和证据是否齐备以及具有对应性；最终，提出观点，即认为哪一方所提出的事实有利于法官形成"心证"、作出事实认定结论。模拟法庭的目的是让学生充分认识到庭审的根本作用是查明事实，诉辩双方很明确的目标是说服"法官"，而法官则在双方举证、质证和辩论的过程中通过听审把握双方关系的"事实"。只有在事实清楚、认定事实正确的基础上，才能有准确的法律适用。比如关于违约之诉，究竟是否存在违约行为，如何界定按约交付是需要综合全案事实进行分析判断的；对是否存在违约行为的判断不同，自然影响最终的判决结果。再比如在商业秘密侵权之诉中，对于是否存在值得法律保护的商业秘密，是原告举证的关键点。原告为开发商业秘密所进行的商业投入和努力，被告是否存在合理付出，都需要综合全案证据进行分析判断；对商业秘密的认定不同，最终的判决结果也会不同。所以，教学过程被前置，教学重心不再是静态的所谓法律原理，诸如受保护的商业秘密应该具备秘密性、保密性和价值性，侵权人应承担的法律责任有民事责任、刑事责任。学生通过自主思考，抽象的秘密性概念，在个案证据中如何具体体现，且足以"说服"法官。

（2）教学设计旨在不断强化学生的自主思维。案情简介阶段，让非模拟法庭组学生清晰地表述自己从行为到行为法律定性的思维过程，分解构成要件事实。在点评阶段，首先让学生通过自主打分的方式评判庭审的证据展示是否符合法律事实的构成要件，且足以"说服"法官。其次，教师从庭审的行为到行为法律定性、证据展示的过程，一步步地引导学生反思庭审过程；同时，也为之后的教师倾向性意见奠定思维的认识基础。最后，在大家都对典型案例案情、争议焦点（通常是行为的法律定性）和证据事实都有了固化印象和思考的基础上，老师深入引导同学进行法理讨论——分析法条，思考在司法裁判中，针对行为的法律定性，现有立法中的构成要件事实是否明确、应如何界定。

在法理讨论阶段，围绕现有立法，当学生发现规定不够明确或者说立法中的法律事实并没有与个案中的生活事实一一对应时，进一步引导学生从部门法框架体系、部门法价值判断的角度入手思考构成要件的明确方式，这其实是司法实务中常见的法律解释方法，如文义解释、目的解释等；同时，兼顾个案的利益平衡需要视角，也就是从法律调整的保护目标出发，去看待和衡量双方的利益，从而对现有法律规定进行扩大解释或限缩解释。在有关公司设立的相关案例中，针对公司设立不能时发起人之间的责任承担，立足于原告诉求，引导学生思考现有法律包括《公司法》规定的对外责任的承担问题，在对内责任的问题上，包括公司设立不能时发起人损失的认定、损失补偿的归责原则等问题，都没有明确规定，但这个问题却是事关如何激发发起人设立公司的积极性，如何有效发挥公司制度在我国当前经济发展中的根本作用的宏大时代主题。进而，从制度构建和设计的角度，让学生思考：民法的所有权模式、债权模式能否有效解决发起人之间的责任承担？如果采取既有的民法模式，显然加重了主要发起人的责任，客观上会阻碍发起人设立公司的积极性。所以有必要进一步思考：设立不能的后果，是否有必要存在过错认定问题？在没有过错认定的情况下，又如何在发起人之间分担公司设立不能的后果？

（3）使学生认识到，个案的法律适用是法官在充分解读法条、领会法律调整目的的基础上的事实认定和解释法律的结果。司法判决结果本身，并不具有决疑的功能。每一个案件都有必要深入思考证据事实、当事人双方利益，思考判决裁判说理的合理性。事实上，期末问卷中，九成的同学认可"老师点评"的课程环节是自己学习收获最多的。第一，认可老师点评对庭审的指导作用，特别是第一次不合格后被要求二次组织庭审的小组。第二，认可老师点评对法律知识认知的发展作用，使自己认识到原来学习过程中所忽视的思维盲点，比如注意到法律漏洞、证据事实的法律意义、法律理论的体系功能等。

（三）学生反馈的教学效果

（1）关于合作学习的有效性。当被问及"对自己影响最多，收获最大的教学环节时"，全班近3/4的同学选择了小组模拟法庭任务，认为通过和小组同学的积极互动讨论、思考，共同努力合作，促进和提升了自己对法律的认知。并认同好的模拟法庭呈现，需要小组成员之间的合理分工和配合。模拟法庭之所以受到学生的普遍认可，一方面，是学生有压力——知道老师有明确的评价标准，不合格就会重新做；与此同时，另一方面，也是动力——既然老师要求严格，就要给老师留下深刻的好印象。正是因为调动了学生的积极性，在模拟法庭为期一个星期的准备时间里，小组成员要多次讨论、分工、彩排，大家一起反复思考法律问题、证据要呈现出的关键事实，以及可以影响法官心证、对案件事实认知的重要证据事实。

（2）关于学习过程的自主探究。通过为期一个学期的案例教学开展，12个典型案例的模拟庭审，6个组反复进行了两轮，学生普遍意识到了存在立法本身并不意味着立法能自动适用于个案，同时，对于如何看待法律适用也都有所思考。在期末反馈中，面对"你认为法律适用的三个基本要素，即'适用法律的人''适用的法律条文'和'法律条文适用前提的构成要件事实'三者中，哪一个要素对最终的法律适用结果有决定性的影响"的问题，近五成的同学认为法官很重要，提到了法官的专业素质；四成的同学认为法律事实很重要，提到了庭审的根本作用和基本流程；一成的同学认为法律条文很重要，提到了法律条文的规范意义。应该说，这样的答案与学生自身内化的认识密不可分，是学生不断拷问思维过程、锻炼自身思维能力的结果。学生反复组织和观摩模拟法庭，对案例的法律适用有了较为直观的感受。所以，在谈到对法律适用的认识，即针对法律、事实和法官三个影响法律适用的基本要素，选择哪一个对最终的法律适用结果能起到决定作用时，每个同学都提出了自己的观点，并进行了充分的论证。这体现出知识内化的良好效果。

（3）关于教师作用的引导性。当被问及"印象最深的案例及之所以印象深刻的原因"时，近六成的同学选择了案例总结阶段教师分析引导加深了对案例的认识，四成的同学选择了被要求二次组织模拟法庭时在教师的引导下重新关注的法律问题和事实问题要点。在经过模拟法庭评价阶段后，如果在证据事实、法官心证和规范事实上，缺乏法律专业的思考，则可能因为模拟法庭不完整的原因，被老师要求二次重做。教师务必通过模拟法庭呈现，使所有同学都对典型案例案情、争议焦点、证据事实、法官心证、规范事实有一定印象和思考。以此为基础，进入案例教学知识总结阶段，老师深入引导同学进行法理讨论——分析法条，思考在司法裁判中，针对行为的法律定性，现有立法中的构成要件事实是否明确、应如何界定。学生多半会发现规定不够明确，或者说立法中的法律事实并没有和个案中的生活事实一一对应；教师进一步引导学生从法律概念、法律体系、部门法价值判断等角度思考构成要件事实的明确方式，引入司法实务中常见的法律解释方法，如文义解释、目的解释等；同时，兼顾个案的利益平衡需要视角，去看待和衡量双方的利益，从而围绕特定争议对现有法律规定进行扩大解释或限缩解释，领悟案例判决的合理性。这体现出知识认知的良好效果。

六、"问题自觉引导式"案例教学法的内涵及其推广价值

总体来看，"问题自觉引导式"案例教学法的实施效果，之所以能得到学生认可，根本原因在于学生的积极配合，当然也离不开教师的专业热情和法学院领导的支持。具体说，以模拟法庭为载体的案例教学，就是以学生自主探究为主，不断激发学生的"问题自觉意识"。首先，在模拟法庭庭审层面，使学生通过直观的庭审对诉辩双方主张的证据事实、法官"心证"进行理论思考。其次，在法律适用层面，使学生思考实践问题是什么，针对实践问题解决的现有立法条文、立法目的、法律体系的关系等。从教育学角度来说，模拟法庭实际上是"抛锚"，通过学生自主学习确定其"最近知识发展区域"，在总结知识及应用拔高阶段，能以此为契机深入，使理论思考始终针对实践问题，既做到有的放矢，也使学生始终在自主思考的基础上，能够对法律应用问题产生共鸣，通过自主思考获得问题的答案。

（一）以学生应用能力培养为导向的案例教学法

"问题自觉引导式"案例教学法的设计实施，切合法律硕士应用能力培养的导向。一方面，设计形式上，始终围绕能力培养的途径即学生自主性学习

过程。"问题自觉引导式"案例教学法是对自主性学习过程的总结：首先是法律应用预设场景，引入案例任务；其次是法律应用问题激发场景，在学生之间和师生之间知识碰撞中激发"问题自觉"；最后是法律应用能力习得场景，引导学生认识和总结案例法律应用中的法律知识应用意义。根本而言，案例教学的课堂教学本身，完全根据学生自主知识学习的过程，自主动态发展。另一方面，"问题自觉引导式"案例教学法在内涵上，关注学生自主学习的有效性，以法律应用能力培养为目标。

"问题自觉引导式"案例教学法就是，以建构主义理论为基础，通过典型案例模拟法庭的学习任务载体，在学习过程中贯穿合作式学习、"在案例中学"的自主探究式学习理念，着重发挥教师对学生自主学习的引导作用，使学生反思对案例法律应用问题，自主生成"问题自觉意识"，在学习过程中不断修正和建构起对法律理论实践理性的理解和领悟，最终实现培养法律硕士"像法官一样思考"的法律应用能力目标。具体而言：

第一，"问题自觉引导式"案例教学法的学习过程，是任务驱动型自主学习，旨在实现"在案例中学"。学生自主探究式学习的过程，安排根据案例情景组织模拟法庭的任务，引发学生自主学习。通过模拟法庭任务的完成，使学生的自主知识建构过程有坚实的载体。这是学生自主知识建构的起点。

第二，"问题自觉引导式"案例教学法的学习方式，是合作学习，旨在引导学生在合作交流中学习、质疑、反驳并最终建构自身知识。具体在课前、课中、课后的全过程中，均创设合作学习场景。其中，课前、课后学习，以学生之间的小组合作学习为主要形式；课堂学习，通过两轮非模拟法庭组与模拟法庭组交流展开对话。分别是：第一轮：非模拟法庭组预期（指出自己认为的、有可能影响法律适用结果的事实）——模拟法庭组演练（展现事实查明和法官"心证"的过程）；第二轮：非模拟法庭组评价预期（通过认真观看后，总结和评价案例法律知识的应用效果）——模拟法庭组回应（针对非模拟法庭组指出的问题，可以回应对问题的理解和庭审处理）。总之，在课堂学习中，鼓励学生自主围绕模拟法庭查明的事实和法律适用进行问答，以问题发掘式合作学习为主。

第三，教师作用的发挥，非指导性与引导性并重。首先，非指导性原则主要贯穿在合作学习过程中，旨在以建构主义为基础指导学生自主建构知识，忌教师进行他主知识控制。在课前的模拟法庭准备和发现问题后的课后模拟法庭重新准备环节，突出非指导性，即教师完全放手让学生利用学习小组对案例进行深入探究。教学设计的实质是重视学生自身知识建构的起点，使学生在反驳和质疑中慢慢掌握知识。其次，引导性原则主要贯穿在课堂教学评价和总结阶段。针对模拟法庭的效果，如果由老师直接给出点评——公布正确答案，实际上仍然是老师控制知识结果的老师主导性教学。这样会造成模拟法庭组和非模拟法庭组的学生之间缺乏互动，即使在模拟法庭组的学生和老师之间也可能缺乏交流；进而，因为不能发现学生在法律应用中存在的真实问题，直接影响学生自主知识建构，影响教学效果。

第四，案例教学法实施的目标，是引导学生自主形成"问题自觉意识"，旨在使学生明确法律概念的知识意义，完成自主知识建构即引导学生根据自己在课堂合作学习中的回答，发现自身在案例法律应用中存在的知识盲点——知识记忆错漏或知识意义理解偏差。从而，使发现学生在学习过程中存在的"真问题"，真正做到"因材施教"。

（二）"问题自觉引导式"案例教学法的推广价值

第一，从理论基础上看，"问题自觉引导式"案例教学法的设计，符合认知科学和建构主义原理，有助于学生能力培养和自主知识建构。"问题自觉引导式"案例教学法这种以案例任务为载体、发挥学生自主性的探究式学习的教学方法，值得在法律硕士应用能力培养中推广应用，只要是侧重于实务能力要求而非纯理论的法学课程，都有推广的空间。

第二，从现实意义来看，有助于构建法律硕士应用能力培养环节的层级。学生通过多门课程多轮次的案例教学法学习，学会如何分析案例法律问题、如何撰写案例分析报告，这就为案例分析式学位论文的开题和撰写打下了坚实基础，由此构筑起逐步深入的层级培养体系。在这一过程中，法律硕士的知识和能力训练经历了由易到难、由浅入深、循环往复的过程，达到循序渐进、深化认识的良好效果。最终，学生能够打造出自身所具有的、经得起实务检验的执业能力。

第三，从应用前景看，"问题自觉引导式"案例教学法的进一步发展，有助于结合现代教育技术发展，创新高校多元化、多渠道的人才培养模式。进一步将知识细分为讲授性和实践性两部分，并将讲授性知识放到线上，以开发在线课程的方式解决学生对知识的浅层次学习，通过学习软件和学习社区督促学生专注于对知识的记忆和对一定的知识间关联性的理解。而课堂教学，可以在知识的体系化实践应用方面大有作为——课堂教学可以完全以学生实践能力的培养为目标组织教学。总之，"问题自觉引导式"案例教学法与现代教育技术的结合，有利于充分发挥法学院在培养学生能力和启发学生专业认知方面的高等教育优势。

综上所述，"问题自觉引导式"案例教学法的实施有利于培养法律硕士的法律应用能力。传统的教学模式以教师和教材为中心，忽视了对学生的接受情况、学习主动性和学习潜能的开发，导致学生"学而难以致用"。案例教学将理论和实际紧密结合，以案例为驱动，通过教师引导学生进行案例分析，运用理论原则解决实际问题的方式，透过实际问题加深对理论原则的理解，找到理论与实践的结合点。"问题自觉引导式"案例教学法利用典型案例进行适当的模拟法庭任务教学设计，使案例教学区别教学案例和研究案例。教学方法关键不是教什么，而是如何构建起实现教学目的的有效途径。贯穿案例教学法始终的一种教育理念，是教给学生方法比教给学生知识更重要。案例教学法依赖学生的自觉学习与思考，并有助于学生在与他人的辩论中明晰法律的规则，弄清法律的本质。"当他们获得分析和综合能力的时候，他们实际上是获得了法律究竟是什么的知识。"

参考文献

1. 李友根："论基于案例研究的案例教学——以'经济法学'课程为例"，载《中国大学教学》2015 年第 3 期。

2. 夏正江："从'案例教学'到'案例研究'：转换机制探析"，载《全球教育展望》2005 年第 2 期。

3. ［美］本杰明·卡多佐：《司法过程的性质》，苏力译，商务印书馆 2015 年版。

4. ［美］杰罗姆·布鲁纳：《教育文化观》，宋文里译，首都师范大学出版社 2011 年版。

5. 靳玉乐、向眉："论案例教学价值取向的变革——基于对工商管理案例教学的分析"，载《西南大学学报（社会科学版）》2015 年第 1 期。

6. 张伟平、赵倩："基于教师专业标准的（案例示范）述评——以英国的案例示范为例"，载《全球教育展望》2015 年第 6 期。

7. 任明川："哈佛案例教学的'形'与'神'"，载《中国大学教学》2008 年第 4 期。

8. Keener, " The Inductive Method in Legal Education", 17 *Reports of the American Bar Association*, 482.